脳科学マーケティング１００の心理技術

顧客の購買欲求を生み出す脳と心の科学

ロジャー・ドゥーリー

Brainfluence

100 Ways to Persuade and Convince Consumers with Neuromarketing

DIRECT PUBLISHING

Brainfluence

100WAYS TO PERSUADE
AND CONVINCE CONSUMERS
WITH NEUROMARKETING

by ROGER DOOLEY

This translation published under license
with the original publisher John Wiley and Sons,Inc.
through Tuttle-Mori Agency,Inc.,Tokyo

私のことをじっと我慢してくれたキャロル、
そして言葉への興味をかき立ててくれた母へ

はじめに なぜ今 脳科学マーケティングか

今日の一番の課題：より少ないお金でより多くの結果を得る

経済的に厳しいこのご時世、マーケターたちはより多くの成果を出すことを求められている。ただし、より少ない予算と人材（リソース）で。

従来の常識では、費やしたリソースと販売の成功は対をなしている。売り込みの電話を４回かけて１回が売り上げにつながるとすれば、売り上げを２倍にするには、電話をかける回数を２倍に増やせばいい。検索連動型広告が10回クリックされて、平均１回問い合わせが来るとすれば、見込み客の流れを増やすために、広告費を払い続けてより多くのクリック数を稼ぐだけでいい。そのためにはブランドの認知度を高める必要がある？　ならば、より多くの広告を打とう。より多くのイベントのスポンサーになろう。より多くの場所にブランドのロゴを貼りつけよう……。

「より多くのリソースを費やす＝より多くの成功」というビジネスモデルの問題は金がかかることだ。しかも莫大に。最悪なのは、売り上げを得るべく費やしたはずのコストに見合う販売利益が得られないパターンだ。そうなると、このビジネスモデルは完全に崩壊だ。時間と労力を費やせば費やすほど、多くの損失を出す結果となってしまう。

解決策：顧客の脳に訴える。

本書はより賢いマーケティングについて論じている。マーケティングや販売努力の効率性を高めるための方法は確かにたくさんある。しかし本書では１つのテーマ、すなわち顧客の脳の働きを理解し、より少ない資金でより多くの結果を得ることを追求していく。

広告心理学からニューロマーケティングへ

マーケティングやセールスの分野において、人の思考を理解し、それを活用するという考え方は今に始まったことではない。おそらく大昔の市場の商人たちも、現代の私たちが有する、人間性を見抜く力を多少なりとも持っていただろう。そして私たちは何十年もの間、数々の記事や書籍に広告心理学、販売心理学といった言葉がやたらと使われているのを目にしてきた。

では、テレビドラマ『マッドメン』（訳注：1960年代のニューヨーク広告業界を舞台にしたドラマシリーズ）で描かれている1960年代以降、何が変わったのか？　１つの大きな変化は、現代のニューロサイエンス（神経科学）の発達だ。

従来の心理学は多くの研究成果を残してはいるけれども、脳をブラックボックスとして扱っていた。人に刺激を与えると、反応がある。人間の思考に関するより複雑なモデル（たとえばフロイトのモデル）は、観察と実験と推論に基づいたもので、脳科学の詳細な理解には基づいていなかった。

現代のニューロサイエンスは、私たちの脳の内側を見つめ、心理学のブラックボックスを開けるのに役立つツールをもたらした。今や機能的磁気共鳴画像法（fMRI）による脳スキャンという魔法を使えば、たとえば、**高す**

ぎる値段を見聞きしたときの脳の反応が、つねられたときの反応——つまり、痛いと感じたときの反応と非常によく似ていることがわかる。また、脳波計（EEG）の技術のおかげで、ある種の脳の活動を測定するコストが下がり、より多くの統計用サンプルデータが得られるようになったため、広告や製品の確実な最適化が行なわれるようになった。

人はどれほど理性的なのか？

私たちは皆、自分のすることにはもっともな理由があり、自分が下した決断は意識的によく考えた結果だと思いたがる。私たちの決断や行動の多くに理性的な部分が存在するのは確かだが、研究者たちによって、潜在意識が私たちの選択を左右する過程が絶えず明らかにされている。それらの過程では多くの場合、意識はほとんど関与していない。

心理学者たちは学問の初期の段階から、人間の行動は意識の管轄下にはないことを示唆してきた。たとえばフロイトは、抑圧と夢に関する複雑な理論を展開した。現代の多くの科学者は、私たちの行動は進化の歴史に起因すると考えている。進化心理学者に言わせれば、iPhone でツイートしているときでさえ、私たちの脳は狩猟採集民だったころの基本ソフトで動いているのだ。

新しい洞察のすべてが複雑な神経科学的研究によってもたらされているわけではない。世界中で行動科学の研究者たちが人間を対象に単純な実験を行っており、私たちの脳がどのように働き、場合によっては予想とかなり異なる働き方をすることを明らかにしている。米国デューク大学のダン・アリエリー教授も研究者の１人だ。私たちの決断に無意識が影響を及ぼしているなんて信じられないと思うのであれば、アリエリー教授の興味深い著作『予想どおりに不合理』（早川書房）をお読みいただきたい。

ニューロマーケティングとは何か？

私は2005年より「Neuromarketing（ニューロマーケティング）」という名のブログを書いており、マーケターが脳科学のさまざまな側面を活用してよりよい結果を出せるよう、多くの方法を探求してきた。ニューロマーケティングとは一体何を指し、何を指さないのか？　その点に関しては、世界共通の合意はない。脳スキャンに基づくマーケティング分析だけを指す用語としてニューロマーケティングという言葉を使う人もいれば、（たとえば心拍数や呼吸を調べたりする）バイオメトリクス、視標追跡(アイトラッキング)といった関連技術を含める人もいたりする。

私は行動研究も行動に基づく戦略も全部ひっくるめてニューロマーケティングであると定義したい。私に言わせれば、すべてはつながっている。コマーシャルを見ている人の脳が特定のポイントで活性化することをfMRIが示すのは、おそらく脳に潜在的嗜好や「プログラム」があるせいだろう。脳スキャンは消費者に購買行動を起こさせる「ホットボタン」がどこにあるのかを教えることはできても、ホットボタンを変えたり押したりすることはできない。

科学の分野でどう使われているかにかかわらず、**ニューロマーケティングとは、要するに脳の働きを理解し、その知識を活用してマーケティングと商品の両方を改善することだ。**

なかにはニューロマーケティングの概念に恐ろしさを感じる人もいる。顧客を巧みに操る、非倫理的な概念と見なしているのだ。私はそうは思わない。

ニューロマーケティングのテクニックが適切に使われれば、より優れた広告、より優れた商品が生まれ、顧客はより満足する。誰だって気に入ったと思える商品が欲しいし、退屈なコマーシャルは見たくない。企業が効果もないのに費用ばかりかけた広告キャンペーンを打って消費者をいらつかせたほうが、消費者のためになるのだろうか？

どんなマーケティングツールであれ、裏にいる企業が使い方を間違えば「悪」になる。おもしろい広告や、情報を与えてくれる広告もあるが、間違った情報を含んでいたり、商品について事実を曲げて伝えていたりする可能性もある。製品保証は素晴らしい消費者利益だが、企業が要求に対処できないのであれば利益にならない。ニューロマーケティングはマーケターが顧客を理解し、よりよい対応をするために用いるテクニックの１つにすぎない。

ほとんどの企業は、長期にわたりブランドの構築を追求していく。ニューロマーケティングやそのほか、どんな手段であれ、消費者をだましたり操ったりしないはずだ。

本書で扱わないこと

本書は科学の本でもニューロサイエンスの入門書でもない。ブランディングや広告の科学的基礎を説明する試みではないのだ。（その分野について詳しく論じている素晴らしい本はエリク・デュ・プレシスの『The Branded Mind（ブランド化された思考）』だ）。脳の構造図はまったく載っていない。というのも、特定の脳の構造に関する言及は最小限にとどめたからだ（扁桃体や前頭前皮質への言及が時折目についても心配ご無用。テストに出るわけではないし、脳図でその場所を正確に示せないといけないわけでもない！）。

本書はたいそうな概念を論じる本ではない。私はクリス・アンダーソンの『Free（フリー〈無料〉からお金を生みだす新戦略）』（日本放送出版協会）やマルコム・グラッドウェルの『第1感　「最初の２秒」の「なんとなく」が正しい』（光文社）のような、１つのトレンドやトピックを非常に深く探求した本が大好きだ。

よくも悪くも本書はそのような本でもない。もっとささやかな、簡単に理解できる概念を寄せ集めたもので、その１つひとつの概念がニューロサイエンスや行動研究に基づいているというだけだ。

これはマーケター、経営者、事業主向けの実用的アドバイスを紹介する本であって、科学者やニューロサイエンス・オタク向けの本ではない（あなたが科学者やニューロサイエンス・オタクであるなら、それぞれの研究に関する文献でさらに探求を深めてほしい）。

本書の恩恵を受けられる人

本書では、幅広い予算、状況に応用できるよう、100のトピックを選んでいる。本書で紹介するアイデアの中にはfMRI装置のほか、大半の企業では利用できないテクノロジーを用いた金のかかる研究が元になっているものもあるが、各トピックは、どんな組織でも低コストで利用できるマーケティング手法を紹介している。大企業、中小企業双方のマーケターが身に覚えのある問題を見つけ、自分たちのニーズに合った規模で解決策を実行に移せるだろう。

各トピックは、脳の働き方を示す数々の研究結果を説明し、その知識を実社会のマーケティング状況に応用できる構成になっている。知識を実際のビジネスニーズに結びつけるうえで、話がところどころ飛躍するものの、「私がそうしろと言っているのだから、そのとおりにしろ」とは受け取らないでいただきたい。

本書の大部分はビジネス用語を使って顧客やセールスについて語っているが、コンセプトの多くは非営利部門にも応用できる。今日の非営利団体はどこも、より少ないリソースで多くのことを成し遂げなければならない。ここで紹介するトピックの多くはその実現を助けるだろう。

本書は全編残らず読む必要はないし、最初から順番に読む必要さえない。アイデアは大きなカテゴリーごとにまとめられているが、各トピックはそれぞれ独立しているので、自由に拾い読みをしてもらって構わない。

くれぐれもお忘れなく。**「賢いマーケティング」とは、あなたの脳を使うことだけではない。あなたの顧客の脳を使うことでもある**のだ！

Chapter 01 価格が脳に与える影響

Chapter
02 五感を刺激して売り込む

Chapter
03 脳が喜ぶブランディング

Chapter 04 紙媒体と脳の相性がいい理由

Chapter 05 脳が喜ぶ写真の使い方

Chapter 06 顧客の脳の信頼を勝ち取る

Chapter 07 脳が喜ぶ接客スキル

Chapter 08

脳が喜ぶセールステクニック

Chapter 09

脳を刺激するコピーライティング

Chapter 10 脳が喜ぶマーケティング

Chapter 11 男性脳、女性脳それぞれの攻略法

Chapter 12 顧客の脳を買う気にさせる

Chapter 13 脳を刺激する映像メディア活用法

Chapter 14 脳を刺激するインターネット活用法

謝辞

書籍の執筆に協力してくれた人たちの貢献に対しては感謝の言葉を述べるのが常だ。本書および私のブログ「Neuromarketing（ニューロマーケティング）」の制作に携わるパートナーたちはとても熱心な研究者であり、われわれの脳の働きについて、細かな点を１つひとつ探り出すことに人生を捧げている。面識のある人たちもいれば、メールや手紙のやり取り、彼らの著作をとおしてのみ存じ上げている人たちもいる。

ダン・アリエリー、ジョージ・ローウェンスタイン、ロバート・チャルディーニ、ポール・ザック、リード・モンタギューといった多くの人たちがこの分野で大変な尽力をしている。彼らに感謝の言葉を贈ろう。ありがとう！

顧客の潜在意識に訴える

No. 001

ハーバード大学のマーケティング学教授で、著述家でもあるジェラルド・ザルトマンによれば、私たちの思考、感情、学習の95パーセントは意識されることなく生じている。このように考える専門家はザルトマンだけではない。意識下の脳の活動を推定するため、多くの神経科学者がこの95パーセントルールを活用している（ニューロフォーカス社の創業者で、最高経営責任者（ＣＥＯ）でもあるＡ・Ｋ・プラディーブは、『マーケターの知らない「95%」 消費者の「買いたい！」をつくり出す実践脳科学』（阪急コミュニケーションズ）の中で99.999パーセントと推定している）。

明確な数字にたどり着けるかどうかはわからないが、私たちの脳の表面下で多くのことが起きているという点において、すべての神経科学者の意見は一致している。用語を巡っては議論もあり、多くの科学者は正確さを極めるべく、nonconscious（非意識）、もしくはpreconscious（前意識）という言い方を好んで用いるが、私は最もなじみのある言葉であるとの理由で、たいていはsubconscious（潜在意識）を使うようにしている。

脳は８秒前に決断している！

人間の潜在意識が持つパワーを示す１つの証拠が、ある研究によってもたらされている。それによれば、パズルを与えられた被験者たちは、パズルが解けたと意識的に自覚する８秒も前に、実際にはパズルを解いていたのだ。研究者たちは脳波検査（EEG）で被験者の脳の活動をモニターし、問題解決に達したときと関連づけられる脳波パターンを確認することによってそう判断した。意思決定におけるタイムラグを示す研究者もいるし、どうやら私たちの脳は、意識的に自覚する前に決断に達しているようだ。

私たちが取る行動の大部分は無意識のうちに決定されるという認識は、本書で紹介する大半の戦略、そして言うまでもないが、ニューロマーケティング全域の基本前提だ。顧客はたいがい自分がしているさまざまな選択の理由がわかっておらず、きちんと説明することができない。したがって、顧客に質問をして選択理由に関する情報を得ようと努力しても失敗に終わることがほとんどだ。さらに、顧客の意見や自己申告による体験、好み、意向に基づくマーケティング活動も失敗に終わる運命と言えるだろう。

脳科学マーケティングの実践ポイント１

顧客の脳の５パーセントに向けて売り込むのはやめる

本書で紹介するそのほかの実践ポイントのほうがはるかに具体的ですぐに実行しやすいが、この実践ポイントは最も重要だ。人間の意思決定において、理性的かつ意識的な認知過程が及ぼす影響は小さいとわかっていても、私たちはたいていこのような、顧客の思考の狭い部分に焦点を合わせてメッセージの大部分を送ってしまう。統計、特集記事の一覧、便益／費用分析などを提供する一方、**脳の活動の非常に大きな割合を占める感情的かつ非言語的な潜在意識の部分を無視している**のだ。

ほとんどの決断には意識的、理性的な部分が一応存在するが、**マーケターはまず買う側の感情と潜在意識のニーズにアピールしなければならない。**事実に関する詳細も含めてアピールすることが必ずしも悪いわけではない。

というのも、そのおかげで顧客の論理的な脳が自分の決断を正当化しやすくなるのだ。ただし、それが売り上げにつながると期待をしてはいけない！

Chapter

01

価格が脳に与える影響

マーケターは皆、製品ラインをどのように構築し、
価格設定をどうするか決断するのに大変な苦労をしている。
価格設定のちょっとした違いが利益の面で大きな違いを生む可能性もあり、
もし間違えば、売り上げに致命的ダメージを与えることにもなりかねない。
幸いニューロマーケティングは、密接にかかわるこの領域について、
たくさんのことを教えてくれる！

セットで販売する

No. 002

ニューロエコノミクス（神経経済学）とニューロマーケティングの研究が私たちにもたらした重要な発見の１つは、**何かを買う行為により、脳の痛みの中枢が活性化する場合がある**ということだ。

カーネギー・メロン大学とスタンフォード大学の研究者たちが複数の被験者に現金を進呈して機能的磁気共鳴画像法の（fMRI）装置に入ってもらい、値段のついた商品を見せて脳の活動を記録する実験を行った。商品の中には値段が高すぎるモノもあれば、お買い得なモノもある。被験者はもらった現金でそれらの商品を買っても構わないし、金は使わずに取っておいても構わない。研究者たちは、被験者の自己申告による購入意思と、脳スキャンのデータ、実際の購入の有無を比較した。

その研究結果が発表された後、私はカーネギー・メロン大学のジョージ・ローウェンスタイン教授と話をした。教授が研究で明らかになった重要な要素として言及したのは、被験者が自己申告した購入意思とほぼ同様に、脳スキャンが被験者の購買行動を予測していたことだ。言い換えれば、被験者が何をするつもりなのか知らなくても、脳スキャンを見れば、被験者に何をするつもりか直接尋ねたのと同じくらい正確な結果が得られたことになる。

この実験では被験者の購入意思について非常に単刀直入な聞き方をしており、得られた回答で実際の行動は十分予測可能だったそうだ。

ローウェンスタインによると、価格が引き起こす脳の「否定的」活性化は相対的なもの。つまり、単に金額が大きいか小さいかではなく、その商品に対して価格が適正かどうかが問題となる。だから車を買う場合、人はほとんど痛みを感じることなく付属品に何百ドルも費やすかもしれないが、自動販売機に75セント入れて何も出てこなければ頭にくるというわけだ。

セット販売は痛みを最小限に抑える

車を豪華フル装備で販売した場合、その価格には複数のアイテムが含まれているため、脳の否定的活性化は最小限に抑えられる。消費者はセットになっている個々のアイテムと具体的な価格を結びつけることができず、販売価格が適正であるかどうか、あるいは付属品の有用性が価格に見合っているかどうかを簡単には判断できない。

実際にかかる金額が「痛み」を引き起こす唯一の要因ではない。販売価格が適正あるいは不適正であるとの認識こそが、こうした反応を生み出すのだ。ある提案の販売価格以外の部分が不適正との印象を与えた場合も、おそらく値段が高すぎる場合と似たような反応を引き起こすだろう。

あるアイテムの「適正」な価格は１つとは限らない。ほとんどの人たちにとって、スターバックスで販売されるコーヒー１杯の適正価格は、おそらく街角の屋台で売られているコーヒーよりも高くなるだろう。経済学者リチャード・セイラーによる有名な研究が証明しているように、喉が渇いている海水浴客は、寂れた小さな食料品でも売っている同じビールを、浜辺のリゾートホテルで倍近くの料金を払って買い求めようとする。

鎮痛剤としてのクレジットカード

基本的に、ローウェンスタインは自分の研究がニューロマーケティングに活用されることに積極的だったわけではない。クレジットカード会社は、彼が明らかにしようとしているいくつかの原則を利用し、消費者に金を浪費するよう促すことで長年繁栄してきたのだと、ローウェンスタインは指摘する。

問題は、多くの人にとって、クレジットカードが購買行動から（消費者の脳にとっては文字どおり）痛みを取り除く存在になっていることだ。財布から現金を取り出せば、人は購買についてもっと慎重に判断しようという気持ちになる。

脳科学マーケティングの実践ポイント2

痛みを最小限に抑えれば売り上げが最大限に伸びる

価格設定と製品そのものは、支払いの痛みを最小限にとどめるべく最適化をする必要がある。まず、価格が適正と見なされなければならない。**あなたが売る商品がほかの商品より高いなら、それが上質な商品である理由を、時間をかけてよく説明するべきだ。**

いかなる理由であれ、金額が大きいなど、顧客から「痛い！」との反応を生み出しそうな状況であるなら、アイテムを何かプラスしてセット販売にし、痛みを和らげることができないかどうか検討しよう。

支払条件やクレジットカード払いの選択肢を設けることでも、支払いの痛みを軽減できる。金銭的に余裕のない顧客に商品を無理に買わせてはいけないが、裕福な顧客であっても、現金ですぐに支払いをする必要がなくなると、痛みをあまり感じなくなるものだ。

定額料金を設定する

No. 003

私はすしが大好きだ。たいていのすし店では小さなすし１個ごとに個別の値段をつけており、このやり方にはひどく反発を覚える。ひと口食べるたびに値札がくっついてくるような気がするのだ。「うーん、なかなかいける。でも、これひと口で５ドルの価値があっただろうか？　はたして、もう１個食べたものだろうか？」といった具合に。

すし店の典型的価格システムに対する嫌悪に限って言えば、私の脳は正常であることがわかる。前の章で、私はカーネギー・メロン大学で経済学と心理学の教授を務めるジョージ・ローウェンスタインを紹介した。

教授の研究で解明されたもう１つの事実は、**１回１回の消費で値段が上がっていく様子を消費者が目にする販売方法が最大の痛みを引き起こす**ということだ。もちろんこれは肉体的苦痛ではなく、正確には、肉体的苦痛に関連する脳の領域が活性化する。オンラインジャーナル『SmartMoney（スマートマネー）』とのインタビューで、ローウェンスタインは次のように述べている。

［消費者は］現在の満足を取るか、将来の満足を取るかと、じっくり比較検討したりはしない。［ある物にいくら支払わなければいけないのかと考えた

途端］消費者は激しい痛みを覚える（後略）。

AOL がインターネットサービスの料金制度を時間単位から月単位へ切り替えた理由もそれで説明がつく。切り替え措置が取られると、AOL の加入者は急増した（後略）。

なぜ人は前払い制や定額制で料金を支払いたいと思うのか？　繰り返すが、それによって激しい痛みが和らぐからだ。最悪の選択肢はすしの代金の支払いで、この場合、客はすし１個ごとに代金を払っている。あるいは、タクシーのメーターを見て、道を進むごとに料金がいくらになるか分かってしまうのもよろしくない。

痛みを避けるために払う

マーケターたちは何年も前からこの点に気づいており、商品購入に伴う顧客の痛みを最小限にとどめるような売り方で対策を取ってきた。多くの飲食店で、セットメニューやコースメニューが人気となっており、ネットフリックスは、定額「見放題」の価格戦略でビデオレンタルの競合他社を圧倒している。クルージングの人気が高まってきた理由の１つは、一定料金でバケーションが楽しめるからだ。これらのケースは皆、比較的求めやすいパッケージ料金で提供され、逐一の購買経験で生じるさらなる痛みを顧客から取り除いている。

多くの場合、パッケージ価格はレストランのメニュー１品１品、レンタルビデオ１本１本の料金を払った場合よりも実は高くつく。にもかかわらず、**「すべて込み」の料金は多くの消費者の心に訴える可能性が高く**、ローウェインスタインが購買の痛みに最も敏感なタイプと分類する消費者にはとりわけその傾向が高い。

脳科学マーケティングの実践ポイント3

複数の痛点を避ける

顧客の痛みを最小限にとどめるため、マーケターは常に購買過程に点在する痛点を避ける努力をするべきだ。もちろん、個別の購入が避けられないケースもある。たとえば、食料品店は商品1つひとつの価格設定をやめて定額ベースのショッピングを提供するというわけにはいかない。

だが購入ごとではなく、月間もしくは年間料金として価格を設定するなど、通常は個別に購入されているアイテムに定額料金を設定してみることが可能なビジネスモデルはたくさんある。**よりシンプルな価格設定は売り上げを増やすだけはない。一部の消費者は痛みを回避するためなら割高な料金を払うから、利幅も増えるのだ。**

価格をハッキリ見せる

No. 004

「プライミング」の概念はシンプルだが、少しばかり人を不安にさせるものがある。相手に前もってさりげなくヒントとなるイメージを提示しておくと、それに続く相手の行動を左右することができる。

相手はヒントを与えられたことにも、自分の行動に変化が起きていることにもまったく気づいていない。とりわけお金をイメージさせる言葉や画像はより強力なプライミング手法に数えられる。

心理学者のキャスリン・ヴォースはプライミングについて広く研究を行っており、前もってお金に関するヒントを与えられると利己的行動が助長されることを明らかにした。実験の一例だが、ヴォースと同僚の研究者は、被験者である学生たちにお金について言及されたエッセイを読ませるか、さまざまな種類の通貨が描かれたポスターに向かって座らせるかした。

こうして事前にお金のヒントを与えられていた被験者は、そうではない被験者と比べると、ある難しい問題を解決する際、他者に助けを求めるまでに70パーセント長く時間がかかり、助けを必要としている他者（被験者の知らない人物）に力を貸した時間はわずか半分だった。

また、お金にプライミングされた被験者は、そうではない被験者と比べると、独りで作業をすることを好み、単独で楽しむ余暇活動を選ぶ傾向にあった。さらに、ほかの被験者と談笑するときも距離を置いて座っていたそうだ。

ヴォースは次のように結論づけている。たとえわずかではあれ、お金のヒントは人の気分を変える。プライミングされた人たちは他者を頼ることも、他者から頼られることも好まない。

広告でお金を見せてはいけない

お金に関連するテーマを頻繁に活用している広告主にとって、この研究には興味深い含蓄がある。大幅な節約、高利回りの投資、豊かな老後のビジョン、貯金箱からはたまた光り輝く銀行の金庫室までといったさまざまなお金の入れ物……。

広告にはお金のイメージが満載されている。こうした広告の大半は見る側の利己心に訴えるため、そこで生じるプライミング効果は広告の意図と一致する。非常に高い利回りや、裕福そうな退職者のイメージを売り込む投資信託会社が顧客の利己心に訴えようとしているのは明らかであり、広告を見た人がそれらのイメージにつられて資金を託してくれることを望んでいる。

ほかのタイプの広告でも、お金に関連したイメージが多用されているが、そのすべてが見る者の利己心をとらえるわけではない。多くの印刷物、テレビCM、店内の広告が節約を力説している。しかし「お母さんへのプレゼント代を節約」と呼び掛ける広告は、プレゼントを贈ろうとしている人に利己的な感情をそれとなく吹き込むことによって、墓穴を掘っているのではないだろうか？

お金のヒントを活用することにとりわけ慎重を期さないといけないのは、広告を見る人の他者に対する思いやりに訴えようとしている広告主だ。見る側に優しい気持ちや他者を喜ばせたいという気持ちを吹き込んでおいて、お金のことを思い出させるのは自滅的結果を招きかねない。

言うまでもないが、これは相反する目的の妥協点を探る問題なのだ。優秀な営業マンは多くの場合、人の気持ちや感情を利用して売り込みを行い、期限つきの金銭的インセンティブを与えて商談を成立させる。

タイムシェア・リゾートマンションのセールスを受けたことのある人はこのテクニックに気づくだろう。セールストークの大半は、娯楽、家族や友人と過ごす充実した時間がもたらす温かな気持ちを喚起することを目的としている。商談の締めくくりでは、金銭的インセンティブを提供するのが常だ。

たとえば、「特別融資が利用できるのは本日限りです」とか、「48時間限定で値下げします」といった具合に。このアプローチが効果的であることは明らかだ。感情に訴えるアピールをした場合、広告主はお金の話を持ち込むべきかどうか、持ち込むとすればどういう形で行えばいいか適切な判断を下さねばならない。

長年続いている「ダイヤモンドは永遠の輝き」のキャンペーンについて考えてみよう。これはお金にまつわるヒントを慎重に回避しているよい例だ。

広告のターゲットは高級ギフト市場。ピカピカに磨いた炭素の塊は、カルテルによって押しつけられた希少性によって価値が与えられており、他人にそのようなモノをプレゼントするために大金を費やすというのは、利己心に訴えるコンセプトとは言えない。

この効果的な広告キャンペーンは、純粋に感情に訴えているのだ。もし最後の一言で「12月は特別割引！」などと呼びかけたりしたら、せっかくのアピールも台なしになってしまう。このダイヤモンドの広告は、ダイヤモンドの投資価値について語ることさえ避けている。

レストランに学ぶ知恵

価格の前に記されている単純な通貨記号でさえ影響を及ぼす場合がある。コーネル大学のある研究は、普通のレストランのメニュー表示に用いられているいくつかのテクニックに注目した。

ドル記号をつけた数字で表示：$12.00
ドル記号や小数点はつけない数字表示：12
文字で説明：twelve dollars（12ドル）

研究者たちは、価格を文字で記したメニューが最もよい結果が出ると予測したが、価格を数字のみ（ドル記号や小数点はなし）で示したメニューを見た客がほかの2つのメニューを見た客よりもかなり多くの金額を費やしていることがわかった。レストランに行って、こうした数字のみのメニューを目にしたら、その店はニューロマーケティングでは何が最高の成果を生むか分かっているということだ。

脳科学マーケティングの実践ポイント4

お金のヒントを賢く活用する

利己的な感情と調和する商品向けの広告であれば通貨記号を活用しよう。経済的自立を提供する商品や、自分を甘やかして買ってしまうスポーツカーなどの商品がその一例だ。

一方、贈り物もしくは営利目的ではないことをアピールする場合など、他者に何かを与えたり他者を思いやったりする気持ちに重点を置いたキャンペーンをするのであれば、広告主は少し慎重になるべきかもしれないし、金銭的イメージを取り入れるのは避けるべきだろう。

お値打ち感を出す

No.005

こんなシナリオを想像してみよう。あなたは思い切って携帯電話のショップに入っていくことにする（途方に暮れるほどたくさんの種類の電話、オプション、プラン、ややこしい料金体系を検討するのは気が進まなかったにもかかわらず）。

毎度のことながら、担当となる販売員に呼ばれるまで少し順番待ちをしなければならない。店先で出迎えた店員が大きく「97」と印刷されたカードをあなたに手渡し、こう告げる。

「少しだけお待ちいただけますか？　担当させていただく販売員の手が空きましたら、番号97でお呼びいたしますので」

壁にある大きな電光掲示板を見ると、「94」と表示されている。それが95に変わり、96になり、ようやく97になる。受付係が「97番のお客様」と呼び、あなたを担当する販売員がやってくる。

あなたは客に通し番号をつけることなど何とも思っていなかっただろうが、店側には隠れた動機があった可能性もある。あなたが支払う金額を操ろうとしていたのかもしれないのだ。突拍子もない話に思えるだろうか？　それでも続きを読んでほしい。

顧客が提供された価格を検討する際、受け入れるか拒むかを決めるうえでキーとなる要素は、それが適正な価格に思えるか否かという点だ。購買に伴う痛み（支払いに際し、脳内で起こる痛み中枢の活性化）は、価格が高すぎると感じたときに増大することはわかっている。しかし価値を計る方程式はどのように機能するのか？　その答えは「錨を下ろすこと（アンカリング）」にある。

顧客が持つ価格の適正基準

私たちは通常、さまざまな価格に対し、錨（アンカー）となる価格を記憶しており（たとえば、地元のコーヒーショップではコーヒー１杯２ドルなど）、それを基準として相対的価値を判断している。ずいぶん単純な話に聞こえるだろうが、実はそうではない。

アンカー価格の中には、なかなか変動しにくいものもあり、全体的に見れば関係のない要素がこうしたアンカー・ポイントに影響を及ぼす場合もときにはある。マーケターがアンカリング効果の仕組みをよく理解していれば、それだけクリエイティブかつ効果的な価格戦略を展開できる。

まずは、私たちの大半が日常的に対処している、変動性のあるアンカー価格のシナリオを見てみよう。ガソリン価格の変動だ。アメリカでは、１ガロン（訳注：3.785リットル）４ドルを超える価格の急騰が起きた。世界標準で見ると高くはない価格だが、アメリカ人にとっては新たな基準値だ。価格表示の前部に「４」という数字を初めて見たとき、私の脳は痛みを記録したに違いない。私はガソリンの価格として１ガロン３ドル払うことにかろうじて慣れてきたところだったのだ。

しばらくすると、私のアンカー価格はリセットされた。１ガロン４ドルはもはや例外ではなくなり、目にする価格はたいてい4.29ドルという状況になったとすれば、１ガロン4.09ドルはお買い得と頭に記憶されるだろう。１ガロン3.99ドルで提供しているガソリンスタンドを目にすれば――わずか数カ月前ならべらぼうな価格に思えただろうが——さっそく入って「お買い得品」を利用せずにはいられなくなるだろう。

言うまでもなく、ガソリンはほかに類を見ない商品だ。私たちは、ガソリン価格は変動するものと思っており、スタンドを通りかかるたびに、現在の価格設定に関するフィードバックを絶えず得ることになる。この商品に関しては、私たちは常にアンカリングをし直している。

不動産のアンカー価格

アンカー・ポイントが変動しづらいアイテムもある。『予想どおりに不合理』の中で、ダン・アリエリーは、ペンシルベニア大学のユーリー・シモンゾーンと、カーネギー・メロン大学のジョージ・ローウェンスタインの研究について述べている。

それによれば、新しい土地に引っ越した人が家を買う場合、以前暮らしていた場所より不動産価格の相場が高いにしろ低いにしろ、その土地の価格設定になれるまでにおよそ1年かかるのだとか。引っ越してすぐ新しい家を買った人は、たとえ前より大きな家もしくは小さな家を買うことになろうと、前の土地で家を買ったときと同じだけの金額を費やす傾向にあったそうだ。

アンカーがもっとあいまいなアイテムについてはどうだろう？　ガソリンに関しては毎日フィードバックが得られるし、家を買うとすれば、おそらく私たちは自己資産のレベルを判断しようと、類似物件の販売に目を光らせるだろう。なじみがない、あるいは滅多に買わないアイテムの場合は、購入を検討し始めるときにアンカー・ポイントが形成されることもあり得る。

大型画面のテレビを買おうと思った場合、家電量販店ベスト・バイのチラシに載っている1000ドルのテレビに目を留め、気に入るかもしれない。それを買うとは限らないが、アリエリーによると、今度はその価格がアンカーとなり、ほかの提供価格が評価されることになる。

不合理なアンカー

アンカー価格がおかしなことになる例を紹介しよう。人間の脳のちょっとした弱点を語るうえで、私は軽々しく「おかしな」という言葉を使っているわけではない。これまでの例には、脳がアンカリングをする過程を実証する完全に論理的な枠組みがあった。

アリエリーが行った実験により、被験者に無作為の数字——この場合、社会保障番号の下２桁——を思い浮かべてもらうと、その数字は被験者がさまざまなアイテムに対して支払ってもいいと思える価格に影響を与えることが明らかになった。無作為の数字が大きければ大きいほど、支払ってもいいと思える価格は高くなる。

表はアリエリーの実験から引用したデータの１つ。被験者がコードレスのキーボードに支払ってもいいと考えた価格の一覧だ。

表　プライミング効果を持つ数字が、支払い許容価格に与える影響

社会保障番号の数字	キーボードの価格
00-19	$16.09
20-39	$26.92
40-59	$29.27
60-79	$34.55
80-99	$55.64

コードレスのキーボードといったなじみのない商品に対し、被験者が思い浮かべる無作為の数字が、結局は支払おうと思える価格に影響を及ぼしていた。社会保障番号の数字の範囲とこのデータで示された価格の相関係数は、（少なくとも私にとっては）驚くことに0.52だった！（だからといって、店中に数の大きい数字が書かれたポスターを張り始めるのは早計だ。この実験の被験者は、アリエリーが行なった多くの巧みな実験と同様、実際に商品を

購入した人ではなく、アンケートに答えた人たちにすぎない)。

前もってアンカーを提示する

アリエリーによる別の実験では、なじみのないアイテムに対して、あらかじめアンカーを設定しておける可能性があることが実証された。この場合、不快な音を聞くことに対する報酬のアンカー設定だ。事前に「10セントの報酬がもらえるとしたら、この音をもう一度聞く意思があるか」と質問しておき、その後、「実際にいくらもらえるなら聞いてもいいと思うか」と尋ねると、その被験者から引き出された回答額は、事前の同じ質問で90セントの報酬を提示されていた被験者と比べてはるかに低かったのだ。

脳科学マーケティングの実践ポイント 5

錨を下ろす場所にご用心!

マーケターにとって大きなニュースではないが、**ある商品や商品カテゴリーに対し、顧客が特定の価格予想をしている場合がある。**ある商品を顧客の予想よりも低い価格でそのカテゴリーに持ち込むことができれば、魅力的なオファーとなるはずだ。だが自社の商品が高級価格である場合、その商品をできる限り低価格商品から切り離すことが重要となるだろう。

それよりも興味深い挑戦は、顧客の側に明確なアンカー価格が確立されていない新しい商品にどう取り組むかだ。アリエリーの研究は、そのような商品のアンカー価格は設定の切り替えが可能であることを示しており、マーケターはうかつに低いアンカー価格を設定しないほうがいいだろう。最初に高めのアンカー価格が設定できれば、設定を低めに切り替えたときのオファーは顧客にとって魅力的なものとなる。

アップルの価格戦略

アップル社のiPhone導入は、アンカー価格を活用して強い需要を維持したよい例だ。同社が初代iPhoneを発表したときの価格帯は499ドルから599ドル。これまでにないユニークな商品に支払うべき最初のアンカーがこれで設定された。

新しいモノ好きの人たちは悔しい思いをしただろうが、そのわずか数カ月後、アップルはiPhoneの価格を200ドル下げ、買い得に見せかけ、売り上げを促進した。iPhone 3Gを発売する際には、199ドルという低価格を設定し、３日で100万台を売り上げた。

マーケターが最初に高い価格を設定するのには多くの理由がある。大きな理由の１つは需要曲線を操作するためだ。つまり、ある商品の市場において、まず、**それだけの金額を払ってもいいと思っている部分から高額を要求し、その後、価格を下げてより多くの顧客にアピールする**。新商品に対するこの戦略の主な利点は、顧客の気持ちの中に高いアンカー価格が設定され、その後値下げするたびに、買い得感が増すことだ。

マーケターは不合理なアンカー価格の設定を仕かけ、それを巧みに利用することができるだろうか？　仮にファーストフード店で列に並んでいる客に90から99までの数字を思い浮かべてほしいと頼んだら、順番が来たとき、客はハンバーガーにより多くのお金を払ってもいいと思うだろうか？

商店のレジのわきに数の大きい数字が書かれたポスターを張ったらどうだろう？　アリエリーの研究はこの手の不合理なアンカー効果が存在すると示唆してはいるが、私はこのようなテクニックに基づくマーケティング戦略を立てることはお勧めしない。とはいえ、試してみたいのであればどうぞご自由に！

インフォマーシャルとアンカー価格の設定

アンカー価格の設定について間違いなく理解していると思われるマーケター集団は、成功を収めているインフォマーシャルの制作者たちだ。彼らのほとんどは、ユニークな商品や視聴者になじみのない商品を紹介するのが常で、高いアンカー価格を設定しようと努めている。

「デパートで買えば、この手の商品は200ドルするのですが……」

彼らはこんなふうに切り出し、それより低い価格で商品を提供する。そして次のプロセスとして特典をつけるのがお決まりのパターンで、実際に提供する商品の新しいアンカー価格（「送料別でたったの59ドル99セント！」）がさらにお買い得に思えるようにしているのだ。宣伝が終わるころには、商品の提供価格が当初のアンカーよりはるかに下がっているだけでなく、当初よりはるかに多くの商品を含んでいる（あるコマーシャルでは締めくくりとして、「今から20分以内にお電話をいただいたお客様」向けに５ドルの値引きを提供していた。すでに確立していたアンカーよりもさらに好ましいオファーをし、あともう一押し売り込みをかけているのだ）。

マーケターであればどんなタイプであれ、成功を収めているダイレクト・マーケターのテクニックを研究してみても損はしないだろう。ダイレクト・マーケターが生きるか死ぬかは、コマーシャルやカタログ、ウェブサイトの成功にかかっている。あるオファーが何度も繰り返されているのを目にしたら、うまくいっている証拠だと思って間違いないだろう。

高級品は値下げしてはいけない

No.006

ワインのテイスティングのような主観的分野だと、あるワインを飲んでいる人たちが語る感想は、その人が持っているワインに関する知識（あるいは、そのワインについて知っていると思っていること！）に影響されると思いがちだ。だが、高価だと認識されたワインは、知覚の最も基本的なレベルで本当に、安価なワインよりおいしいと認識されているとわかったらびっくりするのではないだろうか。

スタンフォード大学とカリフォルニア工科大学の研究者たちにより、１本５ドルではなく45ドルのワインを飲んでいると思っているときのほうが、人間の脳はより大きな快感を覚えることが実証された。実際に飲んでいるのは安いワインであるにもかかわらずだ！

この研究結果の重要な側面は、調査において被験者が適当なことを言っているのではないということ。つまり彼らがあるワインについて、「値段が高いと知っているし、バカだと思われたくないから」おいしいと答えているわけではないのだ。彼らは本当にこちらのほうがおいしいと思ってワインを味わっている。

脳は高いモノをありがたがる？

価格（あるいは被験者が信じた価格）は、その商品との体験を実際に変化させる。ババ・シヴと仲間の研究者たちは、被験者がワインを味見しているあいだ、fMRIを使って脳の活動をモニターし、ワインをひと口飲むたびに被験者の脳がどのような反応をするか観察した。

認識が価格に左右される商品はワインだけではない。シヴが行った別の実験では、高い金額を払って栄養ドリンクを購入した人は、同じ商品を割引価格で購入した人より、実際にパズルを早く解けることが判明した。値段が高かったドリンクのほうが効果も高まるということだ。

さらにもう１つの研究では、被験者に鎮痛剤のプラセボを渡し、１回分の料金は2.5ドルと伝えると、85％の人は痛みが軽減したと報告したが、１回分10セントと伝えると、61％の人しか痛みの軽減を報告しなかったことが判明した。プラセボにはもちろん有効成分は含まれていない。

ここでマーケターにとって難しい問題が生じてくる。商品の値段が高すぎると認識すると、人は支払いの痛みを感じるようになり、その商品を購入する可能性が低くなることは分かっていた。その一方で、今度は複数の研究によって、ある商品に対して多く支払っているほど、人はその商品を堪能していることが証明されてしまった。マーケターはプライス・ポイント（訳注：大部分の客が買いたくなる価格帯）をどのように決めればいいのか？

価格設定に対するこれら２種類の神経の反応は必ずしも矛盾しているわけではないと私は思う。スタンフォード大学とカリフォルニア工科大学の実験でワインを飲んだ人たちが仮にスーパーマーケットに行かされ、研究所に来る途中でワインを買ってきてくれと頼まれていたとしたら、彼らはワイン１本に高すぎる代金を払うことにきっと痛みを感じたはずだ。ワイン愛好家でもない限り、より安価なワインを選んでいただろう（ワインを選ぶ過程にはほかの要素も影響する可能性がある。たとえば「研究者にワインを選ぶところを見られるだろうか？」「安すぎるワインを選んだら、無知なやつと思われるだろうか？」「むやみに値の張るワインを選んだら、偉そうな金持ちや浪費家に見えないだろうか？」といった思考だ)。

高価なモノが満足感を押し上げるのは、それを購入し、消費した後だ。したがって、マーケターは相変わらず同じ問題に直面している。消費者に受け入れられ、なおかつ利幅と売上高の適切なバランスを生み出す価格の設定だ。

脳科学マーケティングの実践ポイント6

ディスカウントは慎重に

言わんとしているのは、高級品や高級ブランドにとって、価格もブランド体験の重要な一部だとマーケターは理解する必要があるということだ。これは大ニュースではない。

私たちはかつて立派だったブランドが供給過多やディスカウントの横行によって崩壊していく姿を見てきた。消費者が実際にいくら支払うかどうかは問題ではないのだ。前述の実験に参加した被験者は、自分が味見をしたワインに1セントも払っていないが、それでも高価なワインのほうがおいしかったと述べている。

この効果は、ある商品に一定水準以上の価格がつけられていると、消費者が信じているときに生じる。もし私が誰かに1本100ドルのワインをもらったら、それなりの味がすると感じて飲むだろう。ワインショップで同じワインに間違った値段がつけられているのを見つけ、10ドルで買い求めたとしても、私にとってはおそらく100ドルのワインに思えるだろう（と同時に、購入に伴う痛みを大幅に軽減できたはずだ)。

絶妙なワインの価格設定

そのワインが大容量のビンに入って10ドルの値札がつけられ、「大特価：90ドル引き！」と書かれているのを目にしたら、多少疑念が生じるだろう。今年は出来が悪かったのか？　店がケースを暖房装置のわきに置いてしまい、気づいたらワインが悪くなっていたのか？　ロバート・パーカーなどのワイン専門家にひどいレビューを書かれたのか？　こういった疑念により、私がこのワインに対して感じていた知覚価値は下がるに違いない。もし「新価格、お安く10ドルでご提供」と宣伝されたら、私の脳はきっと、このワインは１本100ドルの味はしないと確信を強めるだろう。

商品に対し、顧客に十分アピールできる程度に高く、それでいて大量に売れるだけ低い価格をつけるという、バランスの取れた複雑な価格設定をやり遂げるのは簡単なことではない。私のアドバイスは、**「ターゲット市場にふさわしい価格設定をし、値引きは実際には顧客経験の質を低下させかねないと自覚せよ」**である。だからといって、値引きや低価格が悪いわけではない。値引きや低価格は顧客に絶大な効果も及ぼす。

大半の消費者は、高いほうのワインが（実際にそうであれ、そう認識されたのであれ）本当に差額の分だけおいしいかどうか、しっかり判断できる。だからこそ、２ドルのワインがこれまでに何億本も売れている一方、100ドルするワインの大半がワインショップの棚でほこりをかぶっているのだ。

キリのいい数字は入れない

No.007

カタログ販売のマーケターをしていたころ、私はキリのいい数字をわずかに下回る金額で商品の価格設定をするのが常だった。つまり、安い商品であれば10ドルではなく9ドル97セント。高額な商品であれば、500ドルではなく、499ドル、もしくは499ドル99セントにすることもあった。

このアプローチは2つの前提に基づいていた。まず私は、価格の提示の仕方に関し、顧客にとって好ましいやり方があるはずだ、たとえば、10ドルと提示するより、10ドルでお釣りが来る提示にしたほうがいいと考えた。違いはわずか数セントでも、9ドル97セントのほうがかなりお得と受け取る顧客もいるだろうと思ったのだ。

次に私は、シアーズのような大手小売業者、すなわち、さまざまな価格設定を選んで試す余裕があり、頻繁にそうしてきたであろうマーケターに注目し、彼らが「キリのいい数字をわずかに下回る金額で価格設定をする」アプローチに固執していることに気づいた。結局、私の考えは正しかったのだが、根拠は間違っていた。

消費者はなぜ、500ドルという価格より499ドルによい反応を示すのか。新しい研究がその答えを示している。

キリのいい価格は嫌われる

フロリダ大学のマーケティング教授、クリス・ヤニシェヴスキーとダン・ウィは、オークションでの価格設定に人がどう反応するのかテストをするため、バイヤーをグループに分けて、３種類の開始価格を提示した。

■4988ドル

■5000ドル

■5012ドル

実際には、これらの価格はほとんど変わらないと言えるが、研究者が商品の卸売価格はいくらだと思うかと尋ねると、オークション開始価格が5000ドルだったグループはより低い価格を推定した。5000ドルのグループはアンカー価格から大きく離れただけでなく、卸売価格もキリのいいおおよその数字で推定していた。

ヤニシェヴスキーとウィはこの現象は、開始価格に基づき脳内にものさしがつくり出されたせいだと考えた。20ドルと値のついたトースターが高すぎると思った場合、私たちはその商品を19ドルか18ドルあたりが妥当と見積もっている。同じ商品に19ドル95セントの値がついていた場合、頭のものさしは精密度が増すため、19ドル75セントとか19ドル50セントといった価格が頭に浮かぶのだ。

家の価格に注目した別の研究では、売り手が49万4500ドルといった端数の希望価格で売りに出した場合、その家は50万ドルなど端数のない価格で売り出した家よりも希望価格に近い値段で売れていることが判明した。奇妙なことに、端数のない価格がつけられた家は、売り出し期間が延びるほど価値の下がり方も大きくなる。

脳科学マーケティングの実践ポイント7

価格は細かく設定をする

これらの研究によれば、私は499ドルの商品を502ドル50ドルで売っても構わなかったように思えるが、重要な点は、500ドルというキリのいいおおよその数字を避けることだ。**キリのいい数字は正確さに欠けることをほのめかし、400ドルが適正な価格に近いのではないかと顧客に疑問を持たせてしまう。**

それでも、買う側の意思決定に関して言えば、若干高い価格より、若干低い価格を好意的に受け取る傾向があるのではないかと私は思うのだが、研究者たちはそれについては直接調査していない。さらなる研究が活用できそうなもう１つの分野は、細かい価格設定と、「19」など、飲食店のメニューで見るような（通貨記号も小数点もない）必要最小限の価格設定との比較だ。

この研究は、簡単な価格設定をしろとの要求をかわす武器となる情報をマーケターにもたらすだろう。かつて、こんな忠告が頻繁になされたことを思い出す。

「１セント安い価格にだまされる者はいない。価格はシンプルに、端数のない数字にしよう」

だが、人は細かい数字にだまされるわけではなく、**数字が細かいほうが、商品自体の品質が高いと感じる**のではないだろうか。

おとりの商品を用意する

No. 008

ある商品やサービスの売り上げを伸ばす必要がある？　ならば、これまでの経験に反する意外なアイデアがある。

それは、売りたい商品やサービスとよく似ているが、内容が劣るものを同じ価格で提供することだ。顧客が魅力のないアイテムを実際に購入する可能性は低いが、あなたが売ろうとしているものの売り上げは急上昇する可能性がある。

実例を紹介しよう。私はこの前、缶のシェービングジェルが必要になり、棚１つ分の選択肢をじっと見つめることになった。ジェルタイプあり、泡タイプあり、さらに「敏感肌用」「アロエ配合」「クレンジング」などなど、さまざまな種類の商品が棚にズラリと並んでいる。

たくさんの選択肢に惑わされて突っ立っていた私は、林立するひげ剃り商品の中で頭１つ飛び抜けている「高機能」と書かれたシェービングジェルに目を留めた。この缶はほかにもいくつかある「アドバンスト」と書かれた商品とまったく同じものだったが、缶が数センチ高く、容量が２オンス（訳注：約60ミリリットル）多い。なんと言っても、この缶は小さい缶と値段が同じだったのだ。

私はもう数秒、その缶をじっと眺め、何か見落としていないかどうか確かめた。大丈夫、見落としはない。成分も同じ、容器のデザインも同じ、価格も同じ。ただし20%増量。私の混乱は消滅した。何をどうしたらシェービングジェルが「高機能」になり得るのか、「アロエ配合」と比べてどうなのか、さっぱり分からなかったが、私はその大きな缶をつかみ、さらに探し回って棚の奥のほうにもう1缶あるのを見つけ、両方を持ってレジに向かった。

買い手の混乱がアッという間に予定以上の購買行動へと変化したのはどういうわけか？　答えは、おとりを使ったマーケティングにある。この場合、おとりは意図的なものではなかったが、マーケターがこのテクニックを使って顧客を決断へと導く方法はたくさんある。

シェービングジェルの陳列棚に特大サイズの缶が含まれていたのは、たまたまだ。前の販促キャンペーンで売れ残ったモノがそのままになっていたのだろう。しかし、おとりの原則はちゃんと機能した。この場合、レギュラーサイズの缶がおとりになっている。ほかの商品とほぼ同じなのに、明らかにお買い得な商品に気づいた途端、私の目には新しい掘り出しモノが正しい選択として際立って見えたのだ。

脳は比較するのが得意

おとりを使ったマーケティングでは「相対性」が重要な要素となる。私たちの**脳は絶対的価値を判断するのは苦手だが、常に価値や利益を比較できる状態にある。**マーケターによって積極的に利用された場合、おとりの商品やサービスは別の商品をよりお買い得に見せることができる。

『予想どおりに不合理』の中で、著者のダン・アリエリーは雑誌の年間購読の案内を用いた実験について述べている。アリエリーのほとんどの実験と同様、この実験も一見単純そうに見える。２つの被験者グループに、次に示す『エコノミスト』の購読案内のいずれかを見てもらった。

案内Ａ

■59ドル――ウェブ版だけの購読（68人が選択 e）

■125ドル――ウェブ版と印刷版のセット購読（32人が選択）

■予測される収益――8012ドル

案内Ｂ

■59ドル――ウェブ版だけの購読（16人が選択）

■125ドル――印刷版だけの購読（0人が選択）

■125ドル――ウェブ版と印刷版のセット購読（84人が選択）

■予想される収益――1万1444ドル

この驚くべき結果をよく見てみよう。どちらのオファーも同じで、違うのは、「案内Ｂ」には「印刷版だけの購読」が含まれている点だけだ。

魅力のないオファーを選択した人は１人もいなかったにもかかわらず、そのインパクトは劇的だった。ウェブ版と印刷版のセット購読を選ぶ被験者は62パーセント多くなり、予想される収益も43％増えている。印刷版だけの購読はおとりで、セット購読のほうが得だと思わせる役割を果たしていたのだ。

確かにアリエリーのテストでは、被験者にオファーの選択はさせても、クレジットカードで実際に決済させることはしなかったが、おとりの導入によってセット購読がより魅力的に見えたことは明らかだ。

おとりが機能する仕組み

アリエリーによれば、魅力がほぼ同等な選択肢の中から１つを選ぶとき、おとりは被験者の行動を変える。その一例としてアリエリーが取り上げたのは、ツアーの目的地としてローマかパリのどちらかを選ぶ場合だ。どちらのツアーにも無料の朝食が含まれている。意思決定には時間がかかり、２つの選択肢の間で気持ちがほぼ二分されると思われる。だが朝食なしのローマ・

ツアーをおとりとして導入すると、元のローマ・ツアーがぐんと魅力的に見えるようになるのだとアリエリーは言う。そして、こうしたオプションが与えられたことで、朝食つきローマ・ツアーが同じようなパリ・ツアーをあっさり打ち負かしてしまうのだ。

では、シェービングジェルの話に戻ろう。ドラッグストアが20％増量された販促用シェービングジェルを仕入れるとしたら、店はまず、販促用商品のストックがなくなるまで、標準サイズの商品を片づけておこうと考えるかもしれない。大きい缶も同じ値段なのに、小さいほうの缶を買うバカな客はいないだろう。

しかし、おとりを使ったマーケティングの論理からすると、店は特大サイズの缶と一緒に、小さい缶も数本棚に残しておいたほうが賢明だ。意外に思えるだろうが、小さい缶が少し存在することで、販促用の大きい缶の売り上げが伸びる可能性が高く、ひょっとすると、もともと大きいサイズがある競合品のマーケットシェアを最初から奪い取ることにさえなるかもしれない。

脳スキャンによる証拠

私はこれまでいくつか家を買ったが、不動産業者はよく同じ価格帯の家を何軒か見て回る見学会を企画し、その際最も望ましい物件を最後に残しておくことに気づいた。私にはこれもおとりを使ったマーケティングの１つの形に思える。

特に、最後の１つ手前の物件が、業者が売りたいと思っている家と比べて劣っている場合（たとえば、価格は同じだが、多くの修理が必要になるなど）はなおさらだ。

アリエリーによれば、このやり方は、いずれも２階建てのコロニアル様式の家で部屋数が一緒など、見かけが似ている家を比較するときに最も効果的らしい。家の購入は複雑でリスクを伴い、大きな出費を強いられる。買い手に決断させることが――当人が必要なことだと分かっていても――難しい場合もあるだろう。賢い不動産業者は、買う側の意思決定プロセスにおいて比較が重要な役割を担っており、そのためにしかるべき家を選んで見学をさせることが決断を促すうえで重要なカギになると学んでいる。

ある研究がfMRIによるスキャンを用い、私たちが選択肢の中から1つを選び取るとき、脳内で何が起きているのかを確かめた。その結果、魅力が同等な2つの選択肢から選ぶ場合、選択の難しさが原因で、被験者はイラだちを示すことが確認された。そこに、さほど魅力的でない選択肢がもう1つ加わると、選ぶ過程が前よりもラクで楽しくなることがわかった。

脳科学マーケティングの実践ポイント8

イチ推し商品を勧めるため、「今ひとつ」なおとりを用意してみる

顧客に必要ないものや欲しくないものを買わせるようなテクニックはお勧めしない。ときとして顧客は選択に迷うものだ。**必要とする商品を手に入れるため、顧客はいずれかの方向にひと押ししてくれる何かを求めている。**

たとえば、私はたしかに例の店でシェービングジェルを買うつもりでいたが、意図的ではなかったにしろ、おとりがあったおかげで決断に至ったし、そのプロセスも迅速だった。もしおとりがなかったら、もう何分か余計に時間を費やし、ジェルタイプにするか泡タイプにするか、アロエ配合にするか敏感肌用にするか、安い小型缶にするか高い大型缶にするかなどなど、面倒な問題についてあれこれ考えていただろう。レギュラーサイズのおとりが私をひと押しして同じ価格の特大缶へ向かわせ、「これで手を打とう」となったわけだ。

商品の提供の仕方を企画する場合、ほとんどの企業は最善かつ最も魅力的なオファーを展開しようと努力しているし、私はその習慣を全面的に支持す

る。しかし、**ときには魅力に欠けるオファーを紛れ込ませてみると、顧客に不利益を生じさせることなく、より好ましいオファーの成約を導くようになる**だろう。というわけで、今度「よい、よりよい、最高」とレベル分けしてオファーを提供する際、あなたが一番客を呼び寄せたいオファーと似た（でも、それほどよくない）「今ひとつ」なオファーを投入することを検討してみよう。その結果、イチ推しアイテムの売り上げが伸びたのであれば、おとりが効果を発揮したことが分かるだろう。

二番手商品を売り込む

No. 009

マーケターが企業の商品提供方法について計画を立てる場合、最も論理的な方法で提供しようとするのが常だ。１つの商品をいくつかのレベルに分けて提供することもあるだろう。

必要最小限の装備しかついていないバージョン、標準バージョン、より機能を充実させたバーション、さらに上を行く「ベスト」バーションがあるかもしれない。これらの商品の価格設定は通常、レベルによってかなり違いがあり、おそらく一部、相対的な製造原価に基づいて決められている。

前項では、一見常識外れな価格設定戦略、すなわち、品質が劣る商品に対し、品質が優れた商品と同じ、もしくはほぼ同じ価格を設定すると、優れた商品の売り上げが伸びる仕組みを検証してきた（この場合、品質が劣る商品は「おとり」だ）。

今度は、異なるタイプのおとりを見てみよう。ハイエンドの最新モデルは、それ自体の売れ行きは悪くとも、製品ラインナップ上２番手のモデルの売り上げを伸ばせる可能性があるという例だ。

あるとき、小売業者のウィリアムズソノマ社が275ドルのパン焼き器を売り出した。その後、同社は製品ラインに1.5倍の価格で大型モデルを追加投入した。値が張る大型モデルはあまり売れなかったが、安いほうのモデルの売り上げは倍増した。

いったい何が起きたのか？　簡単に言えば、**高価格のモデルを投入したことで、それまで最も高価だったモデルが妥協案、すなわち極端に高くもなく低くもない中道の選択と定義された**のだ。

もはや買う側は製品ライン上の「最高級品」にお金をかけすぎている状態ではなくなり、むしろ賢く現実的な選択をしていることになる。小売業者がより高価なパン焼き器を追加投入する前だったら、顧客はもっと価格の低い商品を買って妥協していたかもしれないし、ことによると何も買わずに済ませてしまった可能性さえある。

二番手価格の商品が選ばれる

スタンフォード大学が、消費者のグループに購入するカメラを選ばせる実験を行った。第１グループはフル装備のカメラとそうではないカメラの２つから１つを選択する。第２グループは前述の２つのカメラと、さらに高性能のモデルを加えた３つから１つを選択する。

第１グループでは、２つのモデルの間で選択が約半々に分かれた。しかし第２グループでは、最も安いモデルはほとんど売れず、２番目のカメラのほうが売れ行きがよかった。とても高価なモデルを追加したことで、２番目のカメラが合理的な妥協案と映ったのだ。

脳科学マーケティングの実践ポイント９

ハイエンド商品を追加する

つまり、実際的な視点で見ると、最上位モデルに安定した商品がすでにある場合、より高価格の商品をラインナップに加えることで、既存の商品の売り上げがいっそう伸びることになる。

もちろん、新たに加えた高級アイテムは品質のよさそのものによって市場から支持されるかもしれない。そうなった場合、さらに高価な、超高級モデルを導入することで収益が増加する可能性もあるだろう。また、たとえハイエンドの新商品が目覚ましい売り上げをもたらさなくとも、２番手や中価格帯の商品の売り上げを伸ばすことになるかもしれない。

言うまでもないが、注意すべき点もある。まず、顧客はあなたが提供する商品同士を比較しているだけではないかもしれない。ライバルが提供する商品にも目を光らせておこう。次に、商品のバリエーションが多くなりすぎないようにすべきだ。**選択肢が多すぎると売り上げが減少する**ことが研究によって証明されている。分析による麻痺が原因だ。

おとりの商品が必ずと言っていいほど用いられる（かつ成功している）領域はレストランだ。値の張る牛ヒレステーキとロブスターのセットをメニューのトップに載せると、それ自体の注文を生み出すより、ほかのメインディッシュを妥当な値段だと思わせるうえで効果を発揮する可能性が高い。同様に、ワインリストに載っている100ドルのカベルネ・ソーヴィニヨンによって、35ドルのワインは、その価格帯の一番下にある20ドルの安ワインより少しはグレードアップしたものとして受け入れやすくなる。

選択肢をむやみに増やさない

No. 010

消費者は選択肢がたくさんあることを好むはずだ。そうでなければ、なぜ普通のスーパーマーケットの棚には何百ものシャンプー・ブランドや類似品が並ぶのか？　実はだいぶ前から分かっていることだが、**選択肢が多すぎると消費者が購入するモノは減る可能性がある**のだ。

コロンビア大学が、高級食料品店でグルメジャム６種類、もしくは24種類から選択を迫られた場合の消費者行動を比較する研究を行った。選択肢が増えれば、立ち止まって商品をチェックする顧客もたしかに多くなり、その割合は60％、選択肢が限られている場合は40％だ。

この研究の興味深い部分は、購買行動だった。限られた選択肢を提示された場合、顧客の30％が商品を購入したのに対し、豊富な選択肢を目にした顧客で何かしら商品を購入したのはわずか３％だったのだ。

かなり驚くべき結果だ。選択肢が少ないほうが多い場合よりも10倍売れたのだから。

さらなる研究により、**選択を行うと脳が疲労し、その後の意思決定が実際に困難になることがある**とわかっている。

スタンフォード大学のネッド・アウゲンブリックとスコット・ニコルソン

が行った研究では、カリフォルニア州のあるカウンティ（郡）の投票パターンを分析した。その結果、投票用紙の下のほうにある案件ほど、投票者は選択を行わなかったり、最初の選択肢を選ぶなど、手っ取り早い方法を取ったりする傾向が強くなることがわかった。選択を行いながら投票用紙にじっと目を通しているうちに、投票者は先に進むほど、安易な方法を探すようになるのだ。

私たちもオンライン調査に回答するとき、これと同じことを体験している。最初のうちは質問や選択に細かく注意を払っているが、調査が複数のページに及ぶようになると、あまり一生懸命答えなくなる。

現実の世界では、選択肢を削ると効果が出る。ウォルマートではピーナツバターのブランドを２つ減らしたところ、このカテゴリーの売り上げがアップした。同じように、プロクター・アンド・ギャンブル（P&G）では小売店で取り扱うスキンケア商品の品揃えを削ったところ、そのほかの商品の売り上げが増加した。**選択肢が削られた後、顧客は商品の品揃えが豊富になったように思えると報告しているが、これはおそらく商品が前よりも整理され、陳列の仕方がよくなったため**と思われる。

脳科学マーケティングの実践ポイント 10

選択のスイートスポットを見つける

どうやら秘訣は、商品に対する最適な選択肢の数を見つけることらしい。つまり、顧客が満足のいく商品を確実に見つけられるだけのオファーはするが、顧客が戸惑ったり、やる気を失ったりするほどたくさんの選択肢は与えない。

マーケティングの大半の原則と同様、この手の決定をするには、当て推量をするよりテストをしたほうがいい。大まかな結論を導き出すとすれば、豊富な品揃えに見せたいばかりに選択肢を加えるのはよくない戦略ということになる。売り上げが低迷している選択肢を大幅に削ったほうが、実は売り上げが増える可能性があるのだ。

顧客の品選びにアドバイスをする

顧客の案内役を置くのもいいだろう。コロンビア大学の研究によれば、品数があまりにも多すぎると、誰もジャムを買わなかったそうだ。販売員が売り場に立ち、顧客の好みについて１つか２つ質問をした後、イチ推しの商品をこんなふうに強く勧めてみてはどうだろう。

「イチゴがお好きでしたら、きっとこちらのストロベリー・ジンジャーを気に入っていただけるかと思います。フルーツの風味がたっぷり詰まっていると同時に、珍しいスパイシーな香りがする商品です。あるシェフのグループが、当店のジャム全種類の中からこちらのジャムを一番のお気に入りに選んでくださったんですよ」

おそらく、ちょっとした努力で顧客の決断を手伝うと（さらに情報を添えて、決断が正しかったことも実証すると）、多すぎる選択肢が原因で生じる混乱やイラだちを切り取る役に立つだろう。

たとえセルフサービスであっても、ラベルやPOPを活用する形で商品の案内を記しておくと、顧客がニーズや希望に合った商品のほうへ注意を向ける役に立つかもしれない。スーパーマーケットのワイン売り場は、ズラリと並んだ選択肢を前に無力感を味わう場所のよい例だ。ワインショップの場合、顧客に専門家（と思われる人）のアドバイスを提供することで、おびただしい数の選択肢に対処している。

対照的に、スーパーマーケットのワイン売り場の多くは、ワインショップ並みに品揃えが豊富ではあるが、困惑している顧客をサポートするべく訓練を受けたスタッフがいない。私は、いくつかのワインに人目を引く説明や専門家の格付けが記されたラベルをつけて品選びの手助けをしている賢い小売店を見たことがある。

ウェブ上の選択

オンライン小売業は、従来型実店舗よりもはるかに幅広い品揃えを提供できるうえ、推薦（レコメンド）エンジン、並べ替えやランキング機能、評価やレビュー、同じような商品の提案など、ありとあらゆるテクニックを駆使して選択を楽にすることができる。アマゾン・ドットコムは何百万アイテムにもなる商品リストがあるが、それでも適切な選択へと顧客を導くことができている。だが、なかには落第点がつくオンライン小売業者もいる。豊富な品揃えで最初の基準は満たしたものの、それらを分類し、選択肢を絞る手段を提示してくれなかったサイトは利用しなくなった。

幅広い選択肢からジャムを選ぶ段階について述べたが、あれは多くの選択肢を提供しながら、消費者の選択を助ける近道が用意されていなかったよい例だ。アイテムがそれぞれまったく異なるもので、消費者に意味のあるバリエーションを提供していれば、選択の気力をくじくようなことにはならない。**売り上げの機会をつぶすのは、選択肢同士がとてもよく似ていて、消費者に選択の近道を１つも提供しない場合だ。**

どんな小売業であれ、ここで伝える基本的なメッセージは同じだ。選択肢が多いことはよいとは限らない。実際には売り上げを減少させる場合もある。

Chapter 02

五感を刺激して売り込む

人間の感覚と脳は直結している。
感覚に訴える要素を商品やサービス、
マーケティングに組み込むことで、
マーケターは顧客の感情と記憶に直にアピールできる。
五感に訴えるマーケティングは、
魅力に欠けるブランドや商品を
カリスマ的存在へと変えてくれるだろう。

五感を刺激するブランドをつくる

No. 011

五感に訴えるマーケティングの強力な提唱者の１人が、『五感刺激のブランド戦略』（ダイヤモンド社）や『買い物する脳――驚くべきニューロマーケティングの世界』（早川書房）の著者、マーティン・リンストロームだ。『買い物する脳』の一部は、ブランディングと知覚認識の関係を調べたミルワード・ブラウンの国際研究プロジェクトの成果を踏まえて書かれている。

この本におけるリンストロームの趣旨はシンプルだ。多くの感覚に訴えるブランドは、１つか２つの感覚にしか訴えないブランドよりも成功する。訴求の方法としては、一貫して目立つ色やロゴを使うなど、ブランドのPRに取り入れるやり方もいいだろう。携帯電話の着信音、バスグッズの香りなど、商品そのものの特徴としてもいい。

リンストロームによれば、五感ブランディングに最も長けているのはシンガポール航空だ。航空会社らしく、一貫した視覚的テーマを取り入れているほか、香りも統一されており、客室乗務員の香水、おしぼりなど、サービスの演出にはステファン・フロリディアン・ウォーターズのフレグランスが使われている。また、客室乗務員はとても厳しい容姿の基準を満たしていなければならず、機内のインテリアにマッチした、スタイリッシュなシルクの制服を着ている。

シンガポール航空は、顧客がサービスの場面で体感する感覚要素１つひとつを魅力的なものにしようと心血を注ぎ、それに一貫性を与えることにも同等の気配りをしているのだ。同社が、利用者評価ランキングで常に上位を保っているのは、こうした企業努力の賜物だとリンストロームは評している。

ブランドの構成要素は何か

リンストロームのマーケティングの処方箋でカギとなる要素の１つに、彼が提唱するところの「ブランドを砕いてみよう」というのがある。基本的には、何かしら欠けているマーケティング要素があっても、それとわかるブランドにしなくてはいけないという考えだ。

商品や広告からたとえロゴを取り除いたとしても、一目でそのブランドだと認識してもらえるだろうか。色だけでブランドを象徴できるものだろうか。特定の色をブランドカラーだと主張できるほど有力なブランドはもちろん少ない。ここで言いたいのは、**ロゴの色だけに限らない、一貫したテーマカラーがブランド戦略の要素として必要だ**ということだ。

脳科学マーケティングの実践ポイント 11

五感に訴えよう

本当に成功するためには、人間のすべての感覚を包囲するマーケティングを行う必要がある。ここでありとあらゆる種類の感覚的要素を列記するつもりはないが、以下のリストに現在取り組んでいるものはあるか、あなたのブランド独自のものとして顧客に認識されているものはあるか、チェックしてみよう。

視覚：ロゴ、商品のデザイン、色、書体

音：音楽、商品から出る音

味：商品の味、食べられるオマケやプレゼント

におい：売り場やサービス現場の香り、商品の香り

手触り：商品の質感や形状、マーケティング素材、売り場やサービス現場の材質

五感に訴えてブランドを覚えてもらうためのカギは、ともかく一貫性である。上記の要素をいつでもどこでも、毎回感じさせるようにするのだ。次項では、感覚ごとのアプローチ方法を見ていく。

嗅覚を刺激して売る

No. 012

前項で紹介したマーティン・リンストロームによれば、においは意識的な思考を経ずに記憶や感情を呼び起こす作用がとりわけ強い。彼は、**人間の感情の75%はにおいによって引き起こされると推測し、企業のマーケティングのさまざまな局面でできるだけ嗅覚を活用すべき**だと力説する。

フランスの小説家マルセル・プルーストは、この点を真に理解したうえで「無意識的記憶」という概念を打ち出したのだろう。周知のとおり、プルーストはマドレーヌの香りがきっかけで記憶が一気によみがえる現象を描写している。そのようにして呼び起こされた記憶のほうが、思い出そうとして思い出した意識的記憶よりもはるかにリアルで強烈に感じられたのだ。

これについての研究はすでに1935年に行なわれている。ドナルド・レアードの研究によれば、**男性の80%、女性の90%が、においが感情の引き金を引き鮮烈な記憶がよみがえるという体験をしている**ことがわかった。

においが意識に及ぼす影響はそれだけではない。ある実験では、まったく同じナイキのスニーカー２足を別々の部屋で消費者に評価させた。片方の部屋は花の芳香で満たされ、もう片方の部屋は無臭だ。その結果、優に84%の被験者が、香りのする部屋で評価したスニーカーのほうが優れているとした。

大脳辺縁系への刺激

『エモーショナルブランディング――こころに響くブランド戦略』（宣伝会議）の著者、マーク・ゴーベは、すべてのブランドが独自のテーマフレグランスを持つべきだと言い、においは消費者との感情的つながりを深めるための成功要因だと考えている。同書でゴーベが引き合いに出しているロンドン発祥のシャツの名店「トーマス・ピンク」では、天日干ししたリネンの香りを店に漂わせているそうだ。デパートのコーナー、ディスプレイなど、特定のスポットを引き立てるために、そこだけの香りを漂わせてもいいのではないかとゴーベは考える。

消費者心理学の専門家で『心脳マーケティング　顧客の無意識を解き明かす』（ダイヤモンド社）の著者、ジェラルド・ザルトマンは、**五感の中で、嗅覚刺激だけは、大脳辺縁系に直接伝わる**と説く。大脳辺縁系は感情の中枢である。その大脳辺縁系に嗅覚が直結しているために、においが鮮明な記憶を呼び起こすことがあるのだ。

いったん脳に刻み込まれたにおいは、視覚刺激が引き金となってよみがえったり、まれにそのにおいを「嗅いだ」ように感じられたりするとザルトマンは言う。たとえば、テレビコマーシャルでオーブンからピザが出てくる映像を見たりしたとき、脳内で嗅覚応答が起こることもある。

ザルトマンが見出したにおいの効果は数とおり。まず、知らないブランドよりもなじみのあるブランドを想起させる記憶生成効果がある。また、においは人の情報処理の質をも変える。レモンの香りが集中力や記憶力を高めるというのもその一例だ。そうしたにおいが、新商品を売り出すときに役立つのではないかとザルトマンは考える。

さらに、においが人の行動や消費者の意識に影響を与えることもある。ある実験でナイトクラブをオレンジ、ペパーミント、海の香りで満たしたところ、客が踊っている時間が長くなるとの結果が出た。後の聞き取り調査では、香りのするクラブの客のほうが、より楽しい時間を過ごし、より音楽を気に入ったと答えた。

カジノで行なわれた実験では、よい香りをフロアに漂わせると、スロットマシーンに入れる金額が45％増えた。また別の実験では、ほかの機能性はまったく変えなくても、シャンプーの香りを変えただけで、被験者は「泡立ちがよくなった」「すすぎがしやすくなった」「髪のつやがよくなった」と感じることがわかった。

シャンプーの香りを変えただけで、それとは無関係な機能に対する消費者の意識が変わったという事実は、マーケターや商品開発者にとって意味深いものだ。

人間は、においの情報を無意識に処理することもある。エロティックな映画を見た男性が着たシャツと普通の映画を見た男性が着たシャツを、女性の被験者に嗅がせるという、ユニークな実験も行われている。ほぼすべての女性が「何もにおいはしなかった」と答えたのに、機能的磁気共鳴画像（fMRI）で見ると、性的に興奮した男性のシャツを嗅いだ女性の脳は活性の仕方が違っていた。聞き取りやアンケートといった市場調査法で導き出された結果が必ずしも当てにならない理由を示す一例だ。

不快なにおい

消費者の感じる感覚がすべてポジティブなわけではない。リンストロームは、マクドナルドで行われた、顧客の五感調査の結果について詳しく述べている。アメリカでは、顧客の３分の１が、「マクドナルドはすえた油のにおいがする」と感じており、イギリスでも42％の顧客がそう感じ、どちらの顧客も、そのにおいが食べ物のおいしさを損ねていると感じていた。

その反面、残りの顧客は、そのにおいが好きで、食欲をそそられると答えている。通常、焦げついたコーヒーだとか焦げた食べ物といったイヤなにおいは単発的で長くは続かないものだが、マクドナルドの場合は、すえたにおいがあまりにも一貫しているので、ブランド連想の域にまで達しているというわけだ。

脳科学マーケティングの実践ポイント 12

独自のにおいを持とう

嗅覚マーケティングは、テーマフレグランスを開発する余裕のある大企業だけのものと思われるかもしれないが、どんな会社にも独自のにおいというものが存在する。意図したもの・意図していないもの、魅惑的なもの・不快なものといろいろだろうが、皆必ず持っているはずだ。だが、会社の規模にかかわらず、それを意図的に管理できるか否かがカギとなる。

嗅覚ブランディング

最も効果が高いにおいの使い方は、おそらくブランディングだろう。嗅覚ブランディングで重要なのは、一貫性と独自性である。**シンガポール航空が五感ブランディングで成功している理由の１つは、記憶に残る独自のにおいを開発し、それをあらゆる場で何年も使い続けたことだ。**

常連客はそのにおいを学習した。さらに重要なのは、シンガポール航空のほかのサービス体験、すなわち魅力的な客室乗務員や完璧なサービスとそのにおいを無意識に結びつけたことだ。

ブランドのにおいは、必ずしもスプレーや拡散器から出てくるものでなくても構わない。たとえば、バーンズ・アンド・ノーブルは、どの店舗にも真新しい本のいいにおいとスターバックス・コーヒーのにおいが混ざり合った独特の香りが充満している。とは言ってみたが、もしかしたら、店の奥から機械であの香りを出している可能性も否定できない！

ホリスター（訳注：10代に人気のカジュアル系ブランド）などのアパレル小売業者も芳香剤を使っている。ホリスターはSoCalというオリジナル・フレグランスを商品にスプレーしているだけでなく、通りがかりの人を呼び込むため、店の外にまで香らせている。

消費者の嗅覚をコントロールする

嗅覚に訴える商品のマーケティングはいささか直接的だが、大切であることには変わりない。最近のスーパーでは、ロティサリーチキンが以前よりもよく売れており、それは言うまでもなく、おいしそうなローストのにおいが惣菜コーナー一帯に漂っているからにほかならない。総菜コーナーには、意図的であるにしろないにしろ、アロマ・マーケティングのテクニックがほかにもたくさん使われている可能性がある。コーヒーの売り場にはおそらくミルが設置されていて、誰かが豆を挽くたびに香りが漂うだろう。

そのような自然発生的な香りに頼らない店も出てきた。ブルックリンのある食料品店は、最近、購買意欲を刺激するために香り発生器を導入した。お菓子コーナーのチョコレートと生鮮食品コーナーのグレープフルーツといった、天然の組み合わせではつくり出すことも維持することも難しいよいにおいを意図的に香らせているのだ。香りの効果を活用できるのは食料品だけにとどまらない。寝具店に漂うリネンの香りや、アパレルや家具店に漂うレザーの香りなどを考えてほしい。

商品にゴム、プラスチック、木、レザー、オイルなどの材料が使われ、そのにおいがする場合もあるだろう。そこを意図的に強調し、インパクトや一貫性を高めることもできるのだ。目下、心に訴える「新車のにおい」なる芳香商品が考案され、テスト、シミュレーションの段階に入っている。

小売業の店舗では、においの管理が重要になってくる。人はにおいで店や商品を連想する。すえた油のにおいなど、不快なにおいが自社のトレードマークになるのは好ましいことだろうか。たとえ商品とは無関係でも（フローラルの香りとスニーカーはまったく結びつかない）、よい香りで消費者の評価が劇的に上がったナイキの実験を頭に入れておこう。

嗅覚マーケティングのリスク

フレグランスは少量で大きな効果を発揮する。嗅覚が鈍って香水を数滴余計につけてしまったと思われるお年寄りのそばに座ってしまった――。そんな経験を誰もがしているはずだが、けっして心地よいものではない。

同様に、清潔なにおいのするホテルの部屋は気持ちがいいが、芳香剤をジャブジャブ振りかけた部屋は不快なうえに「なんのにおいを消そうとしているのか」と不思議になる。また、においにとても敏感な人にとっては、強い香水や芳香剤はかなりの苦痛となるはずだ。

牛乳の広告の失敗談がある。牛乳が飲みたくなる効果を狙った広告主が、クッキーの香りのついたポスターを屋根つきのバス停に掲げたところ、たった１日で市の当局に撤去を強制された。「環境病団体」などの反対にあったというのが公式な理由だ。

匂いは控えめにし、環境との調和を考慮すべきだ。焼きたてのチョコレートチップクッキーのにおいは、ベーカリーやコーヒーショップなら最高の香りだが、野外のバス停の囲いの中で嗅がされたら違和感を禁じ得ないだろう。消費者の脳は、同じ嗅覚への情報でも、場合によって違う処理をする。ベーカリーでなら本物のにおいとして処理され、バス停では人工的なにおいと判断されるのだ。

場所によってよし悪しが分かれるもう１つの例は、古い本だ。あの、古い紙のにおいやほこり、黄ばんだページは、バーンズ・アンド・ノーブルで手にしたら、とんでもないものに感じられるだろうが、古本屋でなら収集家や学究肌が喜びそうなお宝に思えるかもしれない。

まとめ：においの観点で考える

嗅覚は脳に直結した最も強力な感覚だ。観察と顧客からのフィードバックの双方を使って商品と販売現場をチェックしてみよう。香りに対する取り組みをしなくても、自然に発しているにおいが少なくとも１つはある可能性が高い。そのにおいが強調すべきものであるか、消すべきものであるかをまず判断する。そのうえで香りを使ったブランド戦略を考慮してみることだ。

どんなケースにも適用できるものではないかもしれないが、既成概念にとらわれずに考えてみよう。商品と接客現場の両方をよく吟味しよう。今どんなにおいがしているか。そのにおいのよいところを強調したり、さらに一貫性を与えたりすることはできないだろうか。だが、においを使ったマーケティングにやりすぎは禁物だ。狙った効果を上回る顧客の反感を買ってしまうことになる。

特別感を演出する

No. 013

コーヒーは思考力を高めると言われているが、コーヒーの小売業者のやり方を学べば、あなたの五感マーケティング力も高まるかもしれない。コーヒーの小売業者ほど感覚へ訴える努力をしている企業は少ないからだ。

スターバックスの長期的成功のカギの１つは、どの店舗でも、顧客に一貫した魅力的な感覚刺激を体験させていることだ。音楽も、色も、照明も大切ではあるが、店に足を踏み入れた瞬間、何よりも強烈に入ってくるのは、すばらしいコーヒーの香りである（スターバックスは一時、朝食のサンドウィッチを売り始めたせいで、自らの感覚訴求の効果を損ねてしまったことがある。ゆで卵のにおいが元来のコーヒーの香りを押さえてしまったのだ。好ましくないにおいが出ないようにする調理法が見つかるまで、サンドウィッチはスターバックスの店頭から姿を消した）。

ネスプレッソのジレンマ

私はスターバックスのコーヒーを家で入れるのが好きだが、どうしても店で飲むときと同じ味にはならないようだ。だが、そう感じているのは私一人ではなく、悪いのはわが家のコーヒーメーカーだけでもないことがわかった。

コーヒーショップで飲むコーヒーのほうがおいしく感じるのはたしかな事実なのだ。その理由はちょっと意外に思うかもしれない。別のコーヒーのメーカー、ネスプレッソが行った調査で、店舗の環境がエスプレッソを飲むときの感覚的経験の60%を左右していることがわかったのだ！

超大手食品会社ネスレの子会社であるネスプレッソは、この感覚的経験に関する思いがけない調査結果に頭を抱えた。同社は、コーヒーショップで味わうようなエスプレッソができる家庭用エスプレッソマシーンを開発したところだった。残念なことに、消費者にはそう感じてもらえていなかった。

家で入れたエスプレッソがコーヒーショップで飲むエスプレッソのようにおいしくならないのは、たいして驚くべきことではない。どこで誰がつくったものかという先入観に加え、コーヒーショップの心地よい感覚的経験を考慮すると、家庭で入れたエスプレッソは、実際、どんなに味がよくても不利である。

消費者にしみついたこの意識を払拭する手段として、ネスレはまず、主要大都市に高級コーヒーショップをオープンした。第1の目的は、人がコーヒーショップに期待する、五感に強烈に訴える体験を演出することだが、それに加え、店と同等の高品質なエスプレッソが家庭でもつくれることを顧客に示す目的もあった。

次に行ったのは、家庭用エスプレッソマシーンからもっと香りが立つよう改良することだった。これは、私も個人的に証言できるが、皆が見落としがちな見事な戦略だ。

五感に訴える機会の喪失

私は以前、とてもおいしくコーヒーが入れられるメリタのコーヒーメーカーを持っていた。これはコーヒーがうまく抽出されるほか、できたコーヒーを（ヒーターによる保温で風味が損なわれないよう）ステンレス断熱ポットで保温するタイプだった。ポットは密閉されていないものの、抽出されたコーヒーは、ほとんど外気に触れることなく直接ポットに入る。

このシステムは、風味を保つという意味ではとても優れているかもしれないが、問題はお察しのとおり。アロマがほとんど外に逃げない、つまり漂ってこないのだ。

今の前に使っていたブラウンのコーヒーメーカーは、それよりずっと原始的なものだったが、家じゅうを入れたてのコーヒーのアロマで満たしてくれるという点では間違いなかった。

脳科学マーケティングの実践ポイント 13

感覚に訴えるひとひねりを商品に加えよう

感覚的訴求力を高める取り組みにネスプレッソほど手間をかけている消費者向け企業はないのではないかと思う。彼らは感覚刺激をより高めるために商品そのものを改良しただけでなく、家で入れるコーヒーはおいしくないという消費者の意識を打開するためだけに、まったくの新しい販売網（ブランド直営のコーヒーショップ）まで築いた。わざわざ小売店のチェーンを開設しようと考える企業は少ないと思うが、主力商品の感覚属性を見直すことならどんな会社にとっても有効だ。

ネスプレッソのように、五感に訴えるチャンスを逃していると感じたなら（たとえそれがその商品の品質や機能に無関係な点だとしても）、変更を加えることを恐れてはいけない。

心地よくなるBGMを流す

No.014

何年か前、イギリスの研究者たちが、ＢＧＭが顧客の購買決定にどう影響するかを評価することになった。実験場所としてワインショップが選ばれた。ワインは、原産地がわかりやすいためだ。フランスの音楽とドイツの音楽を１日おきに流したところ、驚くべき結果が得られた。フランスの音楽を流した日はフランスワインが、ドイツの音楽を流した日はドイツワインが、他方のワインの数倍も売れたのだった。

研究チームは野心的に音楽の効果を突き詰め、このようなことも発見した。**心地よいＢＧＭ、適切なＢＧＭが流れていると、顧客は、対面でも電話でも、長い列や長い待ち時間に耐える**ことがわかったのだ。

ミューザック社をはじめとする複数の企業が機能的ＢＧＭの配信で大規模な事業を展開している。彼らが商業施設向けに配信しているのは、ほとんど気づかれもしない地味なＢＧＭだが、それが音環境を変えるだけでなく、場合によっては消費者行動にも影響を及ぼすのだ。

ＢＧＭが消費者に与える影響

ＢＧＭがさまざまな行動にどのような効果を及ぼすかを示した研究はほか

にもある。ある研究では、心を落ち着かせるＢＧＭがあると、情緒障害や行動障害を持った子どもたちの数学の学習速度が速くなることがわかった。

別の研究では、銀行にＢＧＭを流すと、その銀行に対する顧客の意識がどれほど変わるかが測定された。クラシック音楽が流れていると、その銀行を「元気づけられる」と評した人が音楽のない状態と比べ、233％も増えた。

脳科学マーケティングの実践ポイント 14

効果的なＢＧＭを使おう

どんな小売現場でも「このタイプが一番」というようなＢＧＭは存在しない。10代の若者向けアパレルショップならばヒップホップをガンガン鳴り響かせたほうが集客数も売り上げもアップするかもしれないが、オーガニックのボディケア商品を売る店ならヒーリング・ミュージックのほうが適しているだろう。ワインショップの実験でわかったとおり、売ろうとしている商品に合わせて音楽を選びたい。

音楽をまったく流さなかったり、適当な FM 放送を流したりするのは顧客と売り上げの減少につながる。

ブランドに合ったテーマ曲をつくる

No. 015

販促キャンペーンは、概して視覚に重点を置いたものが多い。印刷広告や看板のような純然たる視覚広告もあれば、テレビコマーシャルや小売店舗のように音と組み合わさったものもある。単に商品のよさを伝えたり（コマーシャルで免責条項などを早口で読み上げたり）する以外の目的で音声を使い、強力なブランディングそのほかのマーケティング・ツールとするにはどうしたらよいのだろう。

たいていのマーケターは、音を使うことが選択肢にあるなら、それを無視することはしない。雰囲気を出すための音楽とか、買わせるためのサブリミナルメッセージなど、実用的な使い方をするだろう。そうしたダイレクトな使い方意外にも、いろいろな活用法があるのだ。

オーディオ・ブランディング

前述のミューザック社は、何十年にわたって、ＢＧＭのニーズを巧みにとらえた商売をしてきた。とは言っても、わりと最近までは、退屈ないわゆる「エレベーター・ミュージック」（高域と低域の周波数帯域をカットして聞きやすくした、無難なインストゥルメンタル音楽）の配信が主だった。

この手の音楽は、聞き手の邪魔にならないというところがポイントだった。しかし今のミューザックは、自らを、オーディオ・ブランディング会社と位置づける。企業のブランディングとポジショニング戦略に特化したＢＧＭの制作に力を入れているのだ。

導入例として、ジョワ・ド・ヴィーヴルというブティックホテルのチェーンの１つ、ホテル・ヴィターレがある。ミューザックは、スパにいるような心地よい音環境を演出するために、心を穏やかにするやさしいインストゥルメンタルのプログラムをつくった。このホテルの視覚、触覚、聴覚的配慮に合わせたものだ。

さて、オーディオ・ブランディングは実際に効果があるのだろうか。特定の企業や空間にぴったりのブランディング音楽をデザインするオーディオ・アーキテクトの仕事は、推測に頼らざるを得ないところが多分にあるだろう。たとえ完璧でなかったり、効果が証明できなかったりしても、音環境づくりに熱心に取り組むことは、オーディオ・ブランディングの概念を無視するよりはよほどいい。

音楽ロゴ

ユナイテッド航空は、よく知られているジョージ・ガーシュウィンの「ラプソディ・イン・ブルー」を自社のテーマ曲として採用している（それに呆れる音楽ファンも少なくないのだが）。ユナイテッドは、同曲を大半のコマーシャルに使っているが、１フレーズをさまざまにアレンジし、コマーシャルの内容に合わせるといった巧みな使い方をしている。

たとえばアジア路線を宣伝するテレビコマーシャルでは、耳慣れたラプソディにアジア風のアレンジを加えている。また、この局は、飛行場のユナイテッド航空の管轄エリアでもよく流れている。この、手が加わって価値の下がったガーシュウィンの曲を何時間も聞いていたいという人はいないが、人通りが多くても長くとどまることのない乗り換えエリアなどで聞こえてくる分には、面白いアクセントになる。

音楽以外の音

雰囲気づくりの手段として音楽はとても有効かもしれないが、音楽以外にも、聴覚に大きなインパクトを与える音はある。メルセデス・ベンツのドア閉めチームのことはご存じだと思う。最も魅力的な、ドアを閉める音の開発に専念するプロジェクトチームなのだ。

私が見てきた企業のオーディオ・ブランディングの取り組みの中で特に感心したものとして、スプリントの傘下に入った携帯電話会社、ネクステルが挙げられる。ネクステルは、これまでずっと独自のトランシーバー機能を提供してきた。ネクステルの利用者同士なら、ワンタッチでボタンを押しながらトランシーバーのように会話ができるのだ。通常の携帯電話は、ユーザーが数ある着信音の中から好みのものを選ぶが、ネクステルはちょっと違う、もっと賢い手段に出た。

ネクステルの携帯電話は、トランシーバーモードのとき、１台１台が個別の着信音を鳴らすのだ。それぞれが違う音なので、ネクステルに加入している受け手なら相手を瞬時に識別できる。この着信音はネクステルのテレビコマーシャルでもフィーチャーされ、街でもよく聞かれるようになった。

このオーディオ・ブランディング手法は強力な影響力を発揮したが、そのためにネクステルのしたことといったら、勇気を持って、この着信音を一貫して使い続けたことだけだった。新しいスタイルや機種が出ても、トランシーバー機能の着信音は絶対に変えず、また利用者にも簡単には変えられないようにしたのだ。

残念なことに、ネクステルはブランディングの成果では埋め合わせきれないさまざまな事業問題を抱えている。スプリントがネクステルを買収してからというもの、ネクステルのブランドは、スプリントの陰に隠れてしまっている。

脳科学マーケティングの実践ポイント15

ブランドのカギとなるブランド音を見つけ使い続けよう

ここでも一貫して使い続けることが効果的なオーディオ・ブランディングのカギとなる。携帯の着信音であれ、「ラプソディ・イン・ブルー」のアレンジバージョンであれ、何度も繰り返すことで親しみが生まれるのだ。

もちろんラプソディは、ガーシュウィンが作曲したとおりに演奏されても、もともと特徴的なすばらしい楽曲だが、ユナイテッド航空が成功したのはそのせいではない。おそらくどんな曲を取り入れても、ユナイテッドは何年も繰り返し使い続け、やがて瞬時にそれとわかってもらえる、ブランドの代名詞へと育てていただろう。

数年ごと、あるいは新しい主力商品が出るたびに、テーマ曲やブランド音を変えたくなる誘惑を振り払える会社はそうはない。なぜかは私にもよくわからない。その一方、コーポレート・アイデンティティーは、ほとんどの企業が変えようとせず、同じロゴを、マイナーチェンジだけで何十年と使い続けている。もし彼らが、オーディオ・ブランディングの音も変えないようにしていれば、もっと多くの企業が消費者に認識してもらえるブランド音を確保していただろう。

においを記憶させる

No. 016

分子発生生物学者で『ブレイン・ルール――脳の力を100％活用する』（NHK出版）のジョン・メディナは、とても興味深い、簡易実験を行った。その目的は、記憶の形成を助けるにおいの効力を測定することだった。メディナは、分子生物学の複雑なトピックを２クラスに教えながらその実験をした。

一方のクラスには、毎回の授業の前に、壁にブリュットという男性用の香水を吹きかけておいた。もう一方のクラスには何もしなかった（香水の香る部屋に入った学生たちがそれについて何と言ったか、メディナは言及していない）。期末試験のときだけは、全員がブリュットの部屋を使った。すると、それまでブリュットの香りの中で講義を受けていた学生のほうが、テストではるかに高い点数を取ったのだ。

この実験は、厳密に管理された科学実験ではないが、記憶が形成されたときに受けた感覚入力を再び受けると、それによってそのときの記憶が呼び起こされるという説と一致していた（プルーストを思い出そう！）。

この手法を実社会で試しているマーケターもいる。ある韓国の政治家は、「グレート・コリア」という香水を選挙運動中のイベントで使い、投票日に各投票所付近にその香水を吹きかけた。

脳科学マーケティングの実践ポイント 16

においを使って覚えてもらおう

メディナの実験は単純記憶を試したものではないが、この知識は、マーケティングでも、顧客の購買決定を促す手段として応用できる。スターバックスやベーカリーなどの小売店はこうしたマーケティングを日々行っている。**店の前を通っただけでコーヒーや焼きたてのパンやお菓子の香りを嗅いだ顧客は、パブロフの犬と同じ無意識の条件反射と、その場所で過去によいことがあったという記憶に、間違いなく影響される。**

記憶をよくするにおい

メディナがやったような実験の成果の大事なポイントは、においと記憶の内容が必ずしも関連している必要はないということだ。彼の実験で言えば、ブリュットの香りは、分子生物学の講義内容となんらかかわりを持たない。それでも講義内容を思い出させる効果を持っていた。

被験者の記憶を呼び起こさせるカギはやはり、記憶形成時に香りを一貫して使った点である。

ブリュットを繰り返し嗅ぐことで頭がよくなったとは思わない。しかし、メディナの実験手法では、理論上、その可能性を排除することができない。

香りつきの商品をつくる

No. 017

あなたは、香りつきの鉛筆が好みだろうか。テニスボールなら？　タイヤは？　どっちでもいいという人もいるだろうし、とにかくにおいの攻撃は苦手と言う人もいるだろう。

研究によると、**商品に香りがついていたほうが、その商品のことを思い出してもらいやすい**ことがわかっているのだ。

研究者たちは、香りが商品の独自性を高めることを発見した。被験者に無臭の鉛筆、普通の香り（松）のついた鉛筆、珍しい香り（ティーツリー）のついた鉛筆を評価させたところ、被験者たちは、無臭よりも香りつきの鉛筆をよく覚えており、その違いは時が経てば経つほど大きくなっていった。特に、珍しいティーツリーの香りは、その記憶が最も長く持続した。

キャッチフレーズを覚えてもらう

さてここがマーケターに注目してほしい点だが、上記の実験で被験者が覚えていたのは、鉛筆そのものだけではない。実験では「グリーン・シールの環境基準認定商品」「高品質の黒鉛を使用」「カリフォルニア産の上質なオーク材を使用」といった商品の特徴も提示され、被験者は香りつきの鉛筆について、そのような特徴まで覚えていた。

なぜ珍しい香りのほうが記憶に残りやすいかを説明した別の実験もある。初めてのにおいを嗅いだとき、人間の脳は、なじみのあるにおいとは違った方法で処理をする。においを快もしくは不快の経験と結びつけるこの特別な処理過程は、嗅覚特有のものである。たとえば、初めての音を聞いても、そのような記憶との結びつけは行われない。

鉛筆の実験結果を読んでいて、私はノベルティ効果について考えた。ティーツリーの香りのする鉛筆を覚えているのは、単に筆記用具としてはなじみのない意外な香りだったからではないだろうか。

喜ばしいことに、この実験は、講義の実験とは異なり、再度その香りを嗅がなくても、記憶の向上が見られた。ゆえに、実験中にその香りを嗅がせていれば、より高い記憶力が発揮されたであろうことは間違いない。

あるバーで、ある酒類商品の売り上げを調べた、小規模だが興味深い調査がある。その酒の香りをあたりに漂わせ、同時に視覚広告を見せると、そこにいる客は、広告を見ただけの客の２倍の確率でその酒を買った。

脳科学マーケティングの実践ポイント 17

独特な香りは記憶されやすい

商品、あるいは広告コピーにさえ、香りがついていたほうが、人はその商品についてより多くのことを覚えていてくれる。だがもし、ある商品カテゴリー内の多くの、あるいはすべての商品に香りがついていたら、どれほどの効果があるかわからない。だから香りマーケティングは、先に取り入れた者勝ちになるのではないだろうか。もし**あなたの商品に意外な香りがついていて、競合品にはついていなかったら、人はその香りを覚えてくれるだけでなく、その商品についての説明まで覚えてくれる**のだ。

においの商標登録

先に取り入れた者勝ちのもう１つの理由は、少なくともアメリカにおいては、においを商標登録できる点にある。つまり、商品に特定の香りをつけた場合、競争相手はその香りを使えなくなるということだ。

どんな香りでもないよりはましだが、独特な香りのほうが、商品や商品の特徴についての記憶をさらに高めてくれる。それは、鉛筆の実験と、初めてのにおいは知っているにおいとは違った方法で記憶されるという実験によって裏づけられている。可能ならば、普通の香りより、珍しい香りを選ぼう。

使いやすい容器で提供する

No. 018

私はあまりヨーグルトが好きではない。「生きた菌」なんて、ほかのたいていの食べ物では許されないし、恐ろしいことなのに、なぜかヨーグルトに関してはそれがよいとされるのだ。このドロドロした乳製品に関するニューロマーケティングの研究から学べることもある。

まず質問させてほしい。ヨーグルトを食べる過程を想像し、「容器を見る」「手に取る」「開ける」「スプーンを入れてフルーツの部分と混ぜる」「においを嗅ぐ」「ひと口目を食べる」「ふた口目を食べる」の動作のうち、最も脳が喜ぶのはどれだろう？

『マーケターの知らない「95%」　消費者の「買いたい！」をつくり出す実践脳科学』の著者、A. K. プラディープ博士によれば、聞かれた人のほとんどが、「スプーンを入れてかき混ぜる」を選ぶと言う。もちろん第2の候補は、クリーミーな「ひと口目」だろう。

プラディープの会社であるNeuroFocus社が、研究室でヨーグルトの消費過程を調べたところ、意外な結果が得られた。（調べられた消費者たちの脳に関して言えば）最も重要な過程は、容器にかかったホイルの蓋をつまんで引きはがす動作だったのだ。

ニューロマーケティングの意外な事実

NeuroFocusでは、このことをニューロロジカル・アイコニック・シグネチャーズ（NISs）と呼んでいる。もう1つのNISの例は、ポテトチップのカリカリと食べる音だ。これはプラディープが言ったことではないが、ニューロマーケティングができるずっと前に、ある広告主が自社のNISに目をつけ、PRに使っている。ライス・クリスピーに牛乳をかけたときに出る音を、メーカーが「ピチ、パチ、プチ」というキャッチフレーズにした。

脳科学マーケティングの実践ポイント 18

商品の重要な特徴は意外なところにあるかもしれない

ヨーグルトを食べるときに最も重要な感覚要素が、ホイルの蓋をはがす動作だという発見は、実験の資金提供者であるヨーグルトメーカーにとってはもちろんのこと、すべての商品マーケターにとって重要である。**商品のわかりやすい特徴だけが重要だと思い込んではいけない。**ヨーグルトの場合、普通に頭で考えると、味や、食感、香りのほうが容器よりも大切なのではないかと思われる。そうではなかったのだ。

この結果が出たからといって、ヨーグルトの商品としての成功に、風味などの特徴はさほど大事ではないというわけではない。ヨーグルトがおいしくなかったり、変なにおいがしたりしたら絶対に売れない。

ニューロマーケティングの調査で、こうした意外な事実が明らかになることはあるが、必ずしも高い費用をかけた研究が必要というわけではない。ライス・クリスピーのマーケターたちは、競合ブランドが風味を宣伝する中、自社シリアルの音に注目して宣伝した。

そのために脳の分析を行ったりはしていない。それでも、自分たちのブランドを何十年ものロングセラー伝説に育て上げることに成功したのだ。

Chapter 03

脳が喜ぶ
ブランディング

脳は知っているブランドを愛する

マーケターは昔からブランドの威力を理解していたが、ブランドの影響がいかに強力であるか確証が持てるようになったのはごく最近のことだ。ドイツのある研究で、被験者にさまざまなブランドの画像を示し、機能的磁気共鳴画像法（fMRI）でその間の脳の活動をスキャンする実験が行われた。画像にはなじみのある有名ブランドもあれば、あまり知られていないブランドも含まれている。

結果は驚くべきものだった。**知名度のある強いブランドを示された場合、肯定的感情、報酬、自己認識と関連のある脳の領域が活性化したのに対し、知名度が劣るブランドを示された場合は、記憶や（見たことがあるブランドかどうか判断しようとしたのだろう）否定的感情の領域が活性化した**のだ。

ブランドは感覚に勝る

強いブランドが持つ影響力は私たちの感覚をもしのいでしまう。あの有名な「ペプシ・チャレンジ」を覚えているだろうか？　ペプシ社は目隠しをした消費者にペプシ・コーラとコカ・コーラを飲み比べてもらい、常に勝利した。その結果を広告で活用し、長期にわたってコカ・コーラに攻勢をかけたため、ついには規模で上回るコカ・コーラ社が「ニュー・コーク」の開発に追い込まれた。調合の変更を行ったコークは、ブラインド・テストでペプシに勝つことはできたが、マーケティングで完全に失敗したため、危うくブランドのイメージを損なうところだった。

その後、ベイラー医科大学ヒューマン・ニューロイメージング研究所の所長、リード・モンタギューが、ペプシ・チャレンジを新しい方法で再び行った。被験者にコーラを飲んでもらい、脳がどのような反応をするかfMRIで確認するという実験だ。

ブラインド・テストでは、元祖ペプシ・チャレンジと同じ結果が確認され、被験者は「ペプシのほうがおいしい」と答えた。だがそれだけではない。脳もそれに同意した。つまり、コークよりペプシを飲んだときのほうが、脳の報酬中枢が５倍活性化することが実証されたのだ。

どちらのブランドを飲むかが事前にわかっていた場合、ほぼすべての被験者がコークのほうがおいしいと答えた。ここで重要なのは、脳の活性の仕方にも変化があった点だ。ブランド名が分かる状態でコークを飲むと、脳の自己認識にかかわる領域がかなり活性化する。

コーラのラベルを取り換えても結果は変わらなかった。つまり、被験者が実際に味わっているのがコークなのかペプシなのかにかかわりなく、コークは支配的な力を持っていたということだ。

ブランドが私たちの脳に絶大な影響力を及ぼすことがわかったところで、マーケターがブランドを強化し、十分活用できるようにするための方法をいくつか紹介しよう。

ブランドメッセージを発信する

No.019

ジークムント・フロイトが最初にこの理論を提唱し、カナダの心理学者ドナルド・ヘッブが磨きをかけたが、簡潔な言葉でまとめたのは神経科学者のカーラ・シャッツだ。

一緒に発火するニューロンは一緒につながる。

研究者たちは、訓練によって脳地図（体の個々の部位と対応する脳の部位の配置）が書き換えられることを発見した。ある実験で、サルの指２本を結びつけ、数カ月間、実質的に１本の指として機能するようにしたところ、以前は２本の指それぞれ分かれて対応していた脳地図が１つに融合することがわかった。これは極端な例だが、ほかにも多くの例が訓練によって脳の地図が書き換えられることを示している。

マーティン・リンストロームは、ニューロマーケティングに関する人気書『買い物する脳―驚くべきニューロマーケティングの世界』の中で、喫煙者の脳をfMIRでスキャンして観察すると、たばこの警告ラベルはたばこに対する欲求を刺激することが判明したと述べている。

喫煙者を脅かすことを目的とする警告ラベルそのものが、繰り返し目に触れているうちに、たばこを吸いたい気持ちを想起させる合図と化した。たばこのパッケージ１つひとつの裏に印刷された警告ラベルが、たばこに対する強い欲求を満たすときの快感を連想させるものとなったのだ。

気に入る理由はよくわからない

メラニー・デンプシー（ライアーソン大学）とアンドリュー・A・ミッチェル（トロント大学）は、架空のブランド名を好きか嫌いになるよう消費者に条件づけをし、ブランドが発するメッセージの威力をテストしようと試みた。２人は消費者に数百枚の画像を見せた。そのうちの20枚は架空のブランド名と肯定的な言葉や写真が組み合わされており、別の20枚には別のブランド名と否定的な言葉や写真が組み合わされている。

すべての画像を見終わったとき、被験者はどのブランドに肯定的メッセージが結びつき、どのブランドに否定的メッセージが結びついていたか思い出すことはできなかったが、彼らが「気に入った」と述べたのは、肯定的イメージと結びつけられていたブランドのほうだった。２人の研究者はこの現象を「気に入ったけど、どうしてかわからない」効果と呼んでいる。

こうした無意識のブランド選好が有する効力についてさらに調べるため、デンプシーとミッチェルは２つ目の実験を行い、それまでの条件づけとは矛盾する実際の商品情報を被験者に提示した。すると被験者は、思ったより品質が劣るとわかってもなお、最初に肯定的イメージを受け取ったブランドのほうを好んだ。

その後の実験で、買い物意欲の高い被験者であっても、最初の条件づけを克服できないことがわかった。研究者はこう結論づけている。

「消費者の選択は、合理的情報（商品の特性）の評価だけで決まるのではなく、概して合理的にはコントロールできない力によっても促されている」

一連の実験は、たとえ目にする時間がわずかで、意識的に思い出せない場合であっても、ブランドが発するメッセージが驚くべき影響力を及ぼし得ることを示している。

条件反射によるブランディング

パブロフを思い出してほしい。エサの時間を知らせるベルの音を聞くと、エサが出されなくともよだれを流すよう犬を訓練したあのパブロフだ。ブランドもあなたの脳を同じやり方で訓練している。

カリフォルニア工科大学の研究により、特定のシンボルには実際に感じた味を連想させる力があり、そのシンボルを見せられただけで、人の脳は活性化することがわかった。被験者がその味がもたらす報酬を気に入っていればいるほど、脳内で学習された反応が強く出る。Mの形をしたマクドナルドのシンボルマークを見れば、身に覚えがある人もいるのでは？

脳科学マーケティングの実践ポイント 19

ブランド連想を首尾一貫させる

ここで伝えたいニューロマーケティングのアドバイスはこうだ。ブランドや商品が首尾一貫した顧客経験を提供していけば、両者は密接に結びつくようになる。リンストロームが実証したところによれば、商品に組み込まれたブランドメッセージ、たとえばコカ・コーラやマルボロのシンボルカラーである赤は――長年マルボロがスポンサーを務めたレースチームの車と似ているだけの赤いレースカーでさえ――ブランド名や商品名を表に出さなくともその商品に対する欲求を刺激することができる。マルボロやコカ・コーラほどの市場規模を持つ企業は少数ではあるが、首尾一貫したブランドメッセージを送るアイデアを断念すべきとは限らない。

ブランドの特性以上に、顧客経験がこの手の連想をもたらす要因となる。**顧客が商品やサービスに一貫して満足している場合、その快い経験がブランドと結びついていく**だろう。

逆に言えば、悪い経験がこびりついてしまう場合もある。悪い連想がいったん確立されると、それを変えるのは至難の業だ。

顧客の脳は常に新しい連想を形成している。ブランドに望みどおりの連想を形成させるためには、顧客のブランド経験が一貫して素晴らしいものになるよう努力すべきだ。

広告で露出を増やす

No.020

われわれが広告に関してよく口にする２つの重要な疑問は「この広告は消費者の注目を集めたのか？」と「この広告は消費者の注意をつなぎ止めておけたのか？」だ。とても適切かつ重要な疑問ではあるけれど、関心を持ってもらえないからといって、広告にインパクトがないとは限らない。

注目されるのはいいことだ。視聴者の関心を引き、説得力のある広告を出せばブランド認知を向上させるチャンスになると考えるのは筋が通っている。しかし、視聴者が関心を持たず、広告を見たことさえ思い出せない場合はどうだろう？

記憶されるブランドの条件

知っていると自覚していなくても、消費者の心は感化されるという考えは決して新しいものではない。数十年前、ヴァンス・パッカードが記した『The Hidden Persuaders（かくれた説得者）』の根拠となったのが、サブリミナル・メッセージだ。現代では、外部刺激が私たちの意識を迂回して作用する例がたくさん存在する。10年ほど前、ロバート・ヒース博士が『Admap』誌向けに重要な記事を書き、「低関与処理」もしくは「低関心処理」という考え方が支持されるようになった。

ヒースは広告効果に関する一般的な考えを次のようにまとめている。

広告が機能する仕組みについて、従来の理論は、効果が出るよう消費者によって意識的に情報処理がなされるべきであるとの仮説に基づいていた。言い換えれば、広告は私たちの注意や関心を引き、広告やそこに含まれたメッセージについて私たちに「考えさせ」たり記憶させたりするものであるべきだということになる。そこまでに至らなかった広告は概して役に立たないものと見なされる。

その後ヒースは、私たちが実は、意識の上で気づいていなくても広告を処理していること、感覚による連想はとりわけ強力であること、私たちが購入を決める際、記憶されたこれらのブランド連想が大きく影響している可能性があるとの説を打ち出している。

無視されるテレビコマーシャル

テレビコマーシャルを使った研究がヒースの説を裏づけている。『Brand Immortality（不朽のブランド）』の中で、著者のハミシュ・プリングルとピーター・フィールドは、市場調査会社イプソスが行った一連の実験について述べている。被験者に新しいテレビドラマの評価をしてもらうとの名目でコマーシャルを見せるという実験だ。

視聴後、被験者はコマーシャルを思い出せるかどうか、ブランド認知になんらかの変化があったかどうかテストを受けた。実験に参加した被験者は9万7000人、視聴されたコマーシャルは512本、関係企業は47社、実に大量のデータが得られた。

実験の結果、広告に関心を払い、内容を描写できた被験者（高関心処理者）ではブランド認知の変化は平均7.3%であることがわかった。だが、それより興味深いのは、広告にほとんど、あるいはまったく関心を払わなかった被験者（低関心処理者、超低関心処理者）のブランド認知に前向きな変化が認められたことだ。

実験主催者に描写してもらった場合にしか広告を思い出せなかった低関心処理者で2.7%の変化があり、広告をまったく思い出せなかった超低関心処理者でさえ、1.2%の変化が認められた。驚くほどの変化ではないかもしれないが、統計的には有意であるし、無意識のうちに広告を見せられた回数がわずか１回でこの数字は確かに悪くない。関心が高かったグループでさえ認知度の変化が7.3%であったことを考えると、いい数字にさえ思える。

早送りブランディング

では、見たことも思い出せないコマーシャルでもインパクトがあるのだとしたら、早送りで飛ばしてしまうコマーシャルはどうなのだろう？　驚くことに、このような無視されたコマーシャルでさえインパクトがあるということが、研究によってわかった。

ニューロマーケティングを行なっているインナースコープ・リサーチ社の研究で、同じコマーシャルを普通に見た被験者と、早送りをして見た被験者を比較した。予想どおり、コマーシャルを生で見たグループの記憶が最もよかった。音声と映像内容のほとんどが損なわれているにもかかわらず、早送りをしたグループも広告を思い出し、ブランドの認知レベルは、広告をまったく見せられなかった場合に予測されたレベルの２倍高かったのだ。

エリク・デュ・プレシスは『The Branded Mind（ブランド化された思考)』の中で、関心についてまるまる１章を割いており、早送りされたコマーシャルの有効性を強く主張している。彼は南アフリカで広告の露出とその有効性を何年にもわたり測定し、そこで集めた膨大なデータで自説の根拠を示した。

デュ・プレシスが報告した興味深い結果の１つは、早送りされたコマーシャルのインパクトは、視聴者がその広告を通常の速度で最低１回見たことがある場合、最も高くなるということだ。一度普通に視聴していると、後はどうやら早送りされた映像を見ただけで、その内容が想起されるらしい。よって、広告が２回目以降「飛ばされ」ても、通常の速度で見た場合とほぼ同等の効果を発揮するのだ。

見ることなくブランディングする

広く知られていることではないが、**人間には主要な視覚処理システムに加えて、もっと原始的な第２のシステムがあり、潜在意識に直接情報を入力している。**それを最も驚くべき形で実証する現象が「盲視」だ。

脳の損傷によって目が見えなくなった人たちに関する複数の研究が盲視のメカニズムを説明している。室内で行われた管理実験で明らかになったのは、視覚野の損傷で完全に目が見えなくなった人の中に、自分でもどうやっているのかわからないが障害物を避けて廊下を進める人がいることだった。

盲視は、モノの明暗や輪郭を判断するだけの初歩的な認知にすぎないのではなかっただろうか？　驚いたことに、答えは「ノー」だ。

「感情的盲視」も存在する。一部の被験者は恐怖を示す顔の画像に対し、見ていると自覚していないにもかかわらず反応することができるのだ。この点から、盲視という原始的な視覚システムには、物体だけでなく、社会的シグナルも銘記する能力が存在することがわかる。

顧客のほとんどは脳の難病に冒されているわけではないのに、盲視に関する知識など、なんの役に立つのだろう。仮にこの原始的システムがブランドのイメージを処理したとしても、どのような処理の仕方をするのかはわからない。

消費者が意識せずにブランド情報を処理していることはたしかにわかっている。視覚情報が脳に送られる経路は複数存在するのだ。

単純接触効果

数十年前、心理学者のロバート・ザイアンスは、非中国語圏の被験者２グループに、表意文字である５つの漢字を見せることで、いわゆる「単純接触効果」を実証してみせた。１つのグループはシンボルを５回見せられる、すなわちシンボルに５回「接触」し、もう１つのグループは１回しか接触しない。

いずれのケースも接触時間は1000分の５秒以下。意識的処理をするには短すぎる時間だ。次に、ザイアンスは最初に見せた漢字に加え、新しい漢字やほかのシンボルも含まれたたくさんの画像を被験者に見せた。その時間はまるまる１秒。画像を見たと自覚するには十分だ。その後、ザイアンスはそれぞれの漢字について、どれくらい好きか被験者に質問した。

意識下（サブリミナル）で漢字を５回見せられた被験者は、１回しか目にしなかった被験者よりも漢字を好きになっていた。

この実験の結論は、**私たちはなじみのあるものを提示されると、たとえそれに接触した自覚がなくても気分がよくなる**こと。その後の研究により、この**単純接触効果は知覚的流暢性――なじみの深いものだと脳の情報処理が楽になる現象――と関係している**ことが示唆されている。

ザイアンスの実験では漢字を使ったが、ブランドのシンボルに対する無意識の接触も同じような効果を発揮するのではないかと言っても、話が飛躍しすぎることにはならないだろう。

脳科学マーケティングの実践ポイント 20

「注目されない」から「結果が出ない」とは限らない

要するに、たとえ広告が意識の上で気づいてもらえなくとも、ブランドメッセージはインパクトを及ぼしており、それは大量のデータによって証明されている。マーケターにとってキーポイントとなるのは、人が関心を払っていないように見えても、ブランドを露出し続けることだ。

その視覚的情報に肯定的連想が伴えば、なお好ましい。「待たされてイライラする」「スタッフの態度が失礼」といった文脈でブランドを記憶されたいとは思わないだろう。笑顔の出迎えや心地よい香りを連想してもらったほうがいいのでは？

そうは言っても、サブリミナル・イメージに関する研究が示唆するところでは、いかなる露出であれ、何もないよりはましで、それが後々肯定的な連想をもたらす場合もある。ブランドが常に目につくよう商品にラベルを貼るのも１つのやり方だ。

商品が使用されたり、公の場に運ばれたりするたびにブランドが人目に触れることになる。スポンサーになるのも１つの手だ。空港にある手荷物カートにどのブランドが広告を出しているか意識して見る人が何人いるだろう？　おそらくごく少数だ。しかしあの広告が人目に触れる機会は１年で何十億回にもなるのだ。

サムスンは、スポンサーシップを通じて巧妙なブランディングをする達人だ。同社は最近、電子機器の充電ステーションを設置する方法でブランディングを行っている。電子機器ブランドと肯定的連想を結びつけるこれ以上の方法が想像できるだろうか？　空港で缶詰の状態の人が充電器を持っていないのにスマートフォンのバッテリーが切れそうになり、このエレクトリック・オアシスを発見する。そのときのほっとした気持ちを想像してみてほしい！

サムスン並みの予算がないとしても、環境を変えられる立場にあるのであれば、ブランドが常に人目につくようにしておこう。地元のイベントでスポンサーになる場合は、ほかのすべてのマーケティングと一貫したブランドシンボルを用いること。費用をかけずにブランドを強く印象づける独創的な方法を探すのだ。

販促用のウエアやグッズは安く済ませることができるし、あまり費用をかけずに現行のブランドを露出させる手段となる（もし販促用アイテムにラベルを貼るつもりなら、くれぐれも顧客が使ってくれそうなもの、あるいはせめて目につくものを使うように！）。

ファンを社員として雇用する

No.021

『Passion Brands: Why Some Brands Are Just Gotta Have, Drive All Night For, and Tell All Your Friends About（パッション・ブランド：なぜ一部のブランドだけが「絶対欲しい」「一晩車を飛ばしてでも買いに行く」「みんなに勧める」と言わせるのか）』の著者、ケイト・ニューリンが考える最も好ましいブランドは、彼女が言うところの情熱（パッション）ブランドだ。それは消費者が愛着心を抱き、友人に熱心に勧めるブランド。実際、パッション・ブランドは支持者を伝道活動へと駆り立て、彼らは友人が自分のアドバイスに従ってくれなかったときは失望を味わうのだ。

ニューリンは、**パッション・ブランドをつくり出すには「献身的情熱家（パッショニスタ）」を雇うべき**だと考えている。このような社員は担当する商品カテゴリーやブランドに個人的な情熱を注いでくれる。

パッショニスタと接する人たちは、彼らの本物の情熱を目にして、感化される者も出てくるだろう。ニューリンはこう記している。

「パッション・ブランドは熱心なファンを生むが、それは熱烈な社員によってもたらされる場合が非常に多い。私は創業時のレッドブルのエピソードを思い出す。当時、粘り強い営業マンたちは空き缶をバーへ持っていっては、それをつぶして店のあちこちに置き、レッドブルが人気ブランドに見えるようにしていた。レッドブルが実際に人気ブランドとなるだいぶ前のことだ」

スタッフを採用する過程で、われわれは学歴、経験、業績など、客観的事実に注目するのが常だ。グループ内の情熱を維持し、顧客にまで広げていきたいと本気で思うなら、主観的な必要条件にも情熱を加える必要がある。

情熱ある者だけが問題解決できる

私は数年にわたり、ＩＴビジネスを経営しており、ネットワーク・エンジニアを含め、技術系のスタッフを雇用する必要があった。私が応募者に尋ねた質問で最も有効だったのは、「自宅のコンピューターはどんなふうにセットアップしてる？」だ。

私がよく採用したのは、顔を輝かせ、回収されたハードウェアやベータ版のソフトウェアでつくった複雑なネットワークについて説明する応募者だ。このような人たちは、技術専門学校に出ていた募集広告で高い給料が保証されていたから応募してきたのではないと、私にはわかっていた。

彼らは（本当に男ばかりなのだが）、オペレーション・システム（ＯＳ）の再インストールを楽しんでするような連中なのだ！　情熱的なコンピューター技術者はいつだってテクノロジーに関する最新ニュースに通じていたし、誰よりも迅速に問題の解決ができ、顧客から最も敬意を表されていた。

脳科学マーケティングの実践ポイント 21

情熱を感じる

意識して熱意をアピールしようとしなくても、顧客はスタッフの情熱を感じ取れるものだ。ボディランゲージや話し方などを手がかりとして、この担当者は自分が扱う商品を心からよいと思っているとの安心感を与えられるだろう。

顧客にブランドを愛してもらいたいと思うなら、応募者の履歴書を見る際、事実以上に、情熱を求めるようにしよう！

共通の敵をつくる

No. 022

ブランドにとって最もためになる存在が敵である場合もある。敵とは、広告の攻撃対象、顧客の嫌悪の対象となり得るライバルブランドだ。

たとえばアップル社。ありとあらゆる企業の羨望の的となっている。アップルは初期の家庭用コンピューターの製造から始まったが、やがて大勢の顧客を熱狂的伝道者へと変えてしまった企業だ。実際、アップルの「熱狂的信者」をfMRIで検査すると、通常、宗教に反応する脳の部位が活性化していることがわかる。

スティーヴ・ジョブズのような指導者もおらず、アップルより資金も人材も少ない場合、この手の忠誠心を築くことは可能だろうか？　いいニュースがある。

明確なビジョンを持つカリスマCEO（最高経営責任者）がいることは大きなプラスではあるが、**必ずしも象徴的指導者がいなくても、ファン層、いや熱狂的ファン層さえ築くことができる**のだ。アップルが成功した秘密の1つは、40年前に行われたある実験に見ることができる。

集団への帰属意識を利用する

心理学者のヘンリ・タジフェルは、一見、正常な人たちがどうして大量虐殺を犯し得るのか知りたいと考えた。そして被験者にある集団に対する帰属意識を持たせると、ほかの集団を差別させることがどの程度簡単か、あるいは難しいのかを探る実験を行なった。

驚きの結果が出た。**ごくささいな違いを与えるだけで、ある集団に対する人工の忠誠心が形成され、被験者たちはほかの集団に属する人たちを差別する**ようになるのだ。

タジフェルは被験者に対し、「好きな画家を１人か２人選ばせる」「画面に表れる点の数を推測させる」など、ほとんど意味のないテストを行った。それから、表向きはテストの結果に基づく２つのグループをつくり、各被験者を振り分けた。

すると、実際にもらえる報酬の分配を求められた場合、被験者は自分が属するグループに忠実になり、もう一方のグループに対してはケチになった。その後、同じ実験で多くのバリエーションが試された結果、実際には違いがなくとも、人はアッという間に集団への忠誠心を持つようになることがわかった。被験者たちは意味のない集団に感情的にのめり込むようにすらなり、自分のグループが報酬を得られるよう声援を送り、一方のグループをバカにするようになる。

タジフェルの実験は「社会的アイデンティティ理論」を導き出した。それによれば、人には本来、自分をなんらかの集団に分類する傾向がある。そして、**自分のアイデンティティの――少なくとも一部分――を集団に所属することに置き、ほかの集団と区別するための境界を築いている。**

私たちＶＳ彼らというアプローチ

ニューロマーケティングの観点で見ると、私たちの脳は１つ以上の集団に属したくなるようにできている。**特定集団の顧客に狙いを定めることができるブランドの場合、その取り組みと、顧客の集団に所属したいという欲求が重なって、境界がさらに強化されることになる。さらに、そのブランドの顧客は、ほかのブランド集団への反感を深める傾向にある。**

アップルの例に戻り、同社が数十年にわたり「私たち」と「彼ら」を対比させるアプローチを活用してきた経緯を見てみよう。1984年に登場した「1984」と題されたＣＭでは、列をなしてぼんやり座っている洗脳された男たちの中にたった独りで乗り込んでくる魅力的な女性アスリートの違いを明確に描き出している。

その翌年に発表した少々重苦しくて気味の悪い「レミングス」でも引き続き、人々を２つの陣営のどちらかに分ける手法が採られている。ウィンドウズのユーザーは思慮のない集団として描かれ、この場合、目隠しをしたビジネスマンが、崖から次々と飛び降りて集団自殺をするレミング（訳注：ネズミ科の一種。周期的に大繁殖することで知られる）の役割を果たしている。(ちなみに、レミングの行為は実は集団自殺ではない。レミングが集団移動を始めるのは確かだが、海や川に落ちてしまうのはたまたまであり、頑張って泳ぐものの、結局渡りきれずに溺れてしまうのだ)。

最近のＣＭまで早送りし、好評を博した「『マックです』ＶＳ『パソコンです』」を見てみると、このＣＭでも「君が仲間になりたいのはイケてる連中？　それともダサいやつら？」という明確な区別が提示されている。

商品ではなく、人を対比させる

以上を含め、アップルの多くのコマーシャルに共通する特徴がある。商品ではなく、それを愛用する「人」に焦点が絞られている点に注目してほしい。これらの広告は、実際の商品に関する情報をほとんど、あるいはまったく伝えていない。その代わり、ウィンドウズユーザーを茶化し、アップルユーザーが好ましく感じられるような描き方をしているのだ。

もちろんほかのブランドも直接的、間接的な手法でこのコンセプトを巧みに利用してきた。コカ・コーラのブランドはペプシのブランドよりも（試飲された現物がどちらであれ）人の脳を活性化させるという驚くべき事実は、より多くの人が自分を「ペプシ派」ではなく「コーク派」だと思っている結果と言えるのだろうか？　有名な「ペプシジェネレーション」キャンペーンの一番の目的は、ペプシを飲む人たちを好ましい集団（若くて、魅力的で、楽しい人たち）として確立することだったが、結局、コカ・コーラはトップの地位を維持し続けている。

乗用車やトラックのメーカーは「私たちＶＳ彼ら」の切り口をあまり活用してこなかったが、顧客の側ではこのコンセプトに間違いなく気づいている。シボレーとフォードのオーナー間で続いている対立を見てもわかるように、車の中でもとりわけトラックのオーナーは自分をグループの一員と思っているようだ。

対立軸をつくる

「私たちＶＳ彼ら」の戦略は商品が他者の目に見えるもの（車、衣料品、たばこなど）である場合、より効果を発揮するが、人が少しでも愛着を感じるブランドであれば、活用できない理由はない。顧客に自分は人とは違うと思わせ、うわべの広告のキャッチフレーズでそう言うよりも信憑性のあるやり方で顧客と接することが極めて重要だ。

エッツイは、アートやハンドメイド向けのウェブ市場で驚異的な成功を収めている。アップルのようなメガブランドとの共通点はあまりなさそうに思えるが、創設者のロブ・カリンがスティーヴ・ジョブズのやり方を見習ってきたことが少なくとも１つある。エッツイにとって重要な顧客は、このサイトで自分の作品を売る選択をした何千人ものアーチストたちであり、カリンは大企業ではなく、彼らの味方と自分を位置づけ、この集団にアピールしてきたのだ。

エッツイ自体が大企業になろうとしているにもかかわらず、カリンは自身をＣＥＯではなく手工芸愛好家司令官（クラフター・イン・チーフ）と呼び、「小さな事業主であるわれわれが一致団結して立ち向かう相手は大企業だ」と語る。ベンチャーキャピタルより数千万ドルの資金を調達した企業を言い表す言葉としては滑稽に思えるが、今のところうまくいっているらしい。「私たち」（エッツィとアーチスト）対「彼ら」（背広組と大企業）の対決だ。

パーミッション・マーケティング

著作家セス・ゴーディンもこの考え方に同調しているが、独自の言い方でそれを表現している。

ブランド・マネジメントは時代遅れだ。

これまでのブランド・マネジメントはトップダウン方式で、焦点が内向きで、政治的で、金が基盤になっていた。ＭＢＡを持つ人間がかかわり、ブランドや広告や売り場のスペースなどを管理する。部族（トライブ）マネジメントは、世界をまったく違った目で見る方法だ……。

人々が本当に求めているのは、企業とではなく、仲間とつながり合えることだ。だから企業は顧客の許可（パーミッション）を得たうえで、自分たちからメッセージを受け取りたいと思っている人々を集め、トライブをつくる。顧客が互いにつながり、仲間を見つけ、語り合い披露し合えるストーリーを手に入れる力になればよいのだ……。

人は企業が存在しようがしまいがトライブを形成する。われわれの課題はトライブのために働き、トライブをよりよい存在にしていくことだ。

脳科学マーケティングの実践ポイント22

顧客にグループの一員のようだと思わせる

あなたの顧客に、競合他社の顧客とは違うと感じさせることができているだろうか？

あなたのブランドにはトライブがあるだろうか？

あなたの集団の結束を強めてくれる敵集団を定義できているだろうか？

これを成し遂げ、競争を煽ることができれば、より忠実な顧客をつくり出せるだけでなく、ブランドの支持者や伝道者も生み出せるだろう。

さりげないヒントが役に立つ

ライバルとの間に何かしらターゲット層の違い（自社のほうがターゲットとなる顧客層が若いなど）がある場合、それをイメージさせるヒントをさりげなく与えておくと、グループの区別を際立たせることができる。

支持政党が決まっていない無党派層を対象に、政治的なウソを信じるかどうかを調べるテストを行い、その際、カードに自分の年齢を書くよう求めたところ、ジョン・マケインはもうろくしているというウソを信じる人の割合が２倍近く増えた。同様に、カードに自分の人種を記した人は、バラク・オバマは社会主義者だと信じる傾向が２倍になった。

無党派層が、「オバマ社会主義者説」が真実と考える確率はわずか25％だったのに、自分の人種をカードに書き込むよう求められると、その確率が62％に上がったのだ。

はっきり申し上げておくが、競合他社についてであれ、自分の商品についてであれ、ウソを言うことを推奨しているわけではない。今、紹介した実験成果は、真実を述べることにも当てはまると私は思っている。あなたのターゲット層に前もってヒントを与え、競合他社をひいきにしているほかの顧客グループから切り離しておければ、彼らがあなたのメッセージを信じる可能性は高くなるだろう。

ほかのグループと区別する形でターゲット層を分類できたら、さりげなくでも構わないので、その違いを彼らに気づかせよう。それにより、あなたのメッセージの信頼性は強化され、グループの一員としての顧客の地位は向上する。

Chapter 04

紙媒体と脳の相性がいい理由

印刷広告無用論

従来の紙媒体は、どの形態もデジタル化の波にさらされている。私は、紙媒体の名簿作成を主要事業とする企業数社で働いた経験がある。印刷媒体は、検索が容易で、情報を即時にアップデートできるデジタル媒体のメリットに押されて衰退し、そうした会社はどこも、オンライン名簿など、デジタル媒体の商材づくりを余儀なくされた。新聞も、雑誌も、本も、皆デジタル化の煽りを受けている。

とは言っても、紙媒体はまだ当分の間は存続しそうだ。このセクションでは、印刷媒体のほかの媒体と異なる点を分析し、その有効性を最大限に活用する方法を検討していく。

ここでの話題は、主に印刷媒体を対象としたものだが、電子媒体に当てはまる事柄もある。たとえば書体の効果などは、紙媒体にもデジタル媒体にも通じることだ。

脳を活性化させる紙媒体を利用する

No.023

ダイレクトメールなんてまさに前世紀的……と思われているかもしれない。超効率的（かつ比較的低コスト）なデジタルマーケティングが、人の手で行われる紙とインクのマーケティングに取って代わることはほぼ確実だ。

早まってはいけない。ブランド戦略を専門とする大手広告代理店ミルワード・ブラウンの調査結果を見る限り、どうやら製紙工場を廃業するのは早計のようだ。

その調査プロジェクトでは、機能的磁気共鳴画像法（fMRI）による脳スキャンが用いられた。人間の脳が、紙媒体を使った広告とデジタル媒体を使った広告をそれぞれ異なる方法で処理していること、とりわけ印刷広告に対しては脳内で感情的処理が行なわれることが実証された。

調査の結果、**印刷広告のほうが脳に「より深い痕跡」を残す**ことがわかった。デジタル媒体と違って、手で触れることができる有形媒体は触覚も刺激するのだが、その点を考慮して補正を行ってもなお、（紙などの）有形媒体が有利だった。

研究者らは紙広告を見ると脳のどの部位が活性化されるかを確認し、その結果、有形媒体のほうが脳にとってより「現実的」なものであると結論づけた。有形物は物理的位置を持つので、脳内の、空間記憶にかかわる神経回路網を活性化するのだ。

また、有形媒体は被験者の脳内の感情的処理を増大させた。紙媒体の広告の記憶のほうがより鮮明であり、感情を伴って残るということだ。

印刷広告とデジタル広告の相違点

すっかりその気になって印刷部数を増やす前に、前記の実験結果について留意すべき点がいくつかある。最も重要な点は、デジタル広告と印刷広告の今述べたような要素だけを取り出して比較しても、それは現実世界でのマーケティングの状況を映し出すものではないということ。

デジタル広告は、動画や音声、インタラクティブ要素を組み込めるなど、印刷広告には太刀打ちできない機能を持っている。さらに、デジタル広告は、(たとえば検索連動型広告やコンテンツ連動型広告のように)閲覧者の興味関心や過去の行動履歴などに基づいたターゲティングを行えるため、印刷とは比べものにならないほど効率的に、的を絞ったターゲットに届けることができるのだ。

紙媒体を使ったマーケティングの最適化

ダイレクトマーケティングに長年携わってきた私としては、昔ながらの紙媒体にもまだまだデジタルに勝る長所があることがハイテクの脳スキャンで示されてうれしい。ただミルワード・ブラウンの調査では、どうしたら印刷広告の最適化を図れるかが検討されていないので、ここにちょっとした秘訣を挙げたい。

- **広告素材の触感に配慮しよう。**厚紙素材や、ダイカット(型抜き)、ちぎり、エンボスなど、紙の質感を出す特殊加工は、手で触れられるという郵送物の特徴を強調する。

- 有形媒体に対する脳の感情的反応を利用して、感情に訴えるメッセージをつくり出そう。
- ブランドイメージを植えつけよう。紙媒体をうまく使えばブランドをより強く印象つけることができる。

一方、デジタルマーケターは、印刷広告が少し進化しただけのバナー広告で満足していてはいけない（バナーブラインドネスという言葉の普及も、多くのデジタル広告が低効果に終わっていることの表れだ！）。ターゲットを絞り込んだ、魅力的なリッチメディア広告ならば、印刷広告と比較して勝てるとは言わないまでも、五分五分の効果だと思っている。

デジタル広告は閲覧者の複数の感覚を刺激し、驚かせたり、インタラクティブなやりとりをしたりと、総じて言えば、脳に働きかける可能性を秘めている。さまざまな広告において、デジタル広告のこうした長所は、手で触れられるという紙媒体の長所に対抗できる部分だと私は考えている。

脳科学マーケティングの実践ポイント23

紙媒体は感情に訴える

特に自分ですべての側面をコントロールすることのできる郵送物や、高級ブランドの広告や内容が満載された雑誌に関して言えば、同じようなものをデジタル広告で見せるよりも、紙媒体のほうが強いパンチ力がある。内容や質に妥協せず、紙媒体の長所をフルに生かしたい。

媒体の強みを最大限に活用すべきという点は、デジタルマーケターも同じだ。いくらデジタルでも、単なる広告では閲覧者を引きつけない。そのような、紙よりも訴求力が劣るデジタル広告に、動画、音声、インタラクティブ機能、正確なターゲティングを加えれば、効果がグンと高まる。

臨場感あふれる写真を使う

No.024

数週間前の、あのバターたっぷりのポップコーン。あれはもしかしたらあなたが現実に食べたものではなくて、雑誌広告によってつくり出された記憶だったかもしれないのだ。信じがたい話かもしれないが、研究によると、印刷の印象があまりに強くて、実際にはありもしないモノを試食したという虚偽記憶をつくり出してしまうことがあるという！

プリヤリ・ラジャゴパル（サザン・メソジスト大学）とニコル・モントゴメリー（ウィリアム・アンド・メアリー大学）の研究チームは、被験者に「オーヴィル・レデンバッカー・グルメ・フレッシュ」という実在しないポップコーン製品の印刷広告を見せる実験をした。あるグループは、高解像度の広告画像を見せられ試食はなし。その対照群は、低解像度の画像を見せられ試食はなし。そして３番目のグループは、同社の別のポップコーンを新製品だと告げられ試食を許された。

疑似体験できる写真の使い方

１週間後、アンケート調査で、すべての被験者の製品に対する感想とその確信度が調べられた。すると驚いたことに、鮮明なほうの画像を見たグループは、実際に食べたグループと同じ割合で試食をしたと答えたのだ。低解像度の画像を見たグループは、試食をしたと答える割合は低く、製品に対する評価も低かった。

ブランド名を「ポップ・ジョイズ・グルメ・フレッシュ」という無名なものに変えて同じ実験を行うと、虚偽記憶の効果は減少した。私が推測するに、製品名やブランド名になじみがあればあるほど、虚偽記憶が生じやすいのだと思う。マセラッティや、スコッチウィスキーのマッカラン25年物の広告を見せても、それを実際に運転したとか飲んだつもりになる消費者は少ないだろう。

脳科学マーケティングの実践ポイント24

印刷媒体では鮮明な画像を使う

広告で虚偽記憶をつくり出そうと言おうとしているわけではない。いくらなんでもそれはあり得ないだろう。この研究成果の要点は、鮮明な画像を使った印刷広告がどれほど強い印象を残すかということだ。紙媒体の威力がここでも証明されたのだ。**印刷広告は２次元の静止画ではあるが、製品を実際に試したような印象を消費者の脳に残し、製品に対する肯定的な意識を高めるのだ。**

この研究は、時間を費やして高品質な画像をつくり出す価値があることを示唆している。たとえば、食品広告ならおいしそうで見栄えのする食品のクローズアップ写真。それ以外のものなら、製品の、触覚や嗅覚といった感覚に訴える要素を強調するような画像にする。

手触りやにおいを感じるのは見る人の心の中だが、それでよいのだ。われわれは世界を色つきで見ているので、やはり白黒よりもカラー写真のほうが、製品を試したかのような現実感が高まるだろう。これらの研究成果は、高品質で現実味あふれる鮮明な広告画像を掲載できる雑誌社にとって朗報だ。

紙媒体は重く厚くする

No.025

紙に印刷された情報を見るときのほうが、画面で見るときよりも、脳内の感情的処理がより多く行われる。そのことは先に学んだが、紙媒体のほうが勝ると言えるものが実はもう１つある。それは重さだ。

被験者に、クリップボードに挟んだ就職希望者の履歴書を見て吟味してもらう実験が行われた。被験者たちにはそれぞれ、軽いクリップボードか重いクリップボードのどちらかが渡された。その結果、軽いクリップボードの人よりも、重いクリップボードを渡された人のほうが、応募者がその仕事により真剣な関心を持っているという判断を下した。

重量と重要性の関係

奇妙な効果だと思われるだろうが、この現象はわれわれの言語にも表れている。「重い」という言葉は、特定の文脈（たとえば「重い内容」とか「重厚な作品」といったように）において「真剣」の類義語なのだ。

この２つの言葉は「重々しい」という共通の概念で結ばれている。それは、われわれの印刷の習慣にも反映されている。書類を読む人を感心させたいときほど、より重く厚い紙に印刷し、表面に厚いコーティング加工などを施してさらに重厚感を加えたりする。

この、重みの効果が、紙ＶＳデジタルの問題にも影響を及ぼしているのではないだろうか。同じ画像を、重みのある印刷物で見るのと、画面の「無重量」のテキストで見るのを比較した場合、クリップボードの実験と同じ効果が働いている可能性がある。もしそうだとすれば、印刷書類のほうが、デジタルよりも、より重大な印象を与えるということになる。

脳科学マーケティングの実践ポイント25

印象づけたいなら厚く重く

紙媒体とデジタル媒体における重量と重要度の関係は、まだ検証されていない。とりあえず、クリップボードの実験からニューロマーケティングのポイントを学び取ろう。

- **重量の重い（厚い）書類のほうが、軽い（薄い）書類よりも重要な印象を与える。**
- **触覚刺激は潜在意識に確実に働きかけるので、印刷物の硬さ、質感、エンボス、型抜きといった特殊加工も効果を持つ。**
- **厚紙印刷が高くつきすぎると言うなら、読む人にレンガを持ってもらおう**

——というのは冗談だ。しかしナンセンスなのは、見込み客にレンガを渡すという部分だけ。実際、レンガの重みは効果を発揮する。視覚対象と無関係な触覚刺激でも、行動を左右するということが実験でわかっているのだ。

シンプルな書体を使う

No.026

申込書に記入するよう顧客を説得したり、NPOのチャリティー・イベントでのボランティアを募集したりする必要がある場合は、シンプルで読みやすい書体を使って説明書きを書いたほうが、成功しやすい。

ヒョンジン・ソンとノルベルト・シュワルツの行った研究は、書体のシンプルさ、あるいは複雑さが人の情報認知度を驚くほど左右することを示した。特筆すべきは、**シンプルな書体で説明を読んだ人のほうが、内容にコミットする確率が高い**との結果が出たことだ。

研究者らは、エクササイズメニューを人が実践するかどうかは、その人がワークアウトの長さをどの程度に見積もるかにかかっていると予測した。推定所要時間が長いほど大きなコミットメントとなるから、実践する可能性が低くなると考えたのだ。ここまでは単純な理論である。

読みやすい書体はどれか

ソンとシュワルツは、被験者を2つの対照群に分けて、書体の比較実験をすることにした。片方のグループには、シンプルな書体「Arial」で書かれたエクササイズの説明を読ませ、もう片方のグループには、まったく同じ文章を読みにくい「Brush」という書体で印字したものを読ませた。すると驚くべき結果が出た。

表に示したとおり、同じ説明文でも、読みにくい書体で読んだ被験者は、対照群に比べ、運動の所要時間を２倍近く長く見積もったのだ。読みにくい書体のグループが推定した所要時間は平均15.1分、シンプルな書体のグループは8.2分だった。たったの８分で済むと考えたグループのほうが「メニューを実践する」と言った確率が高かったという結果は驚くに当たらない。

表　印字書体の違いによるエクササイズの推定所要時間

エクササイズの説明	被験者が推定した所要時間
Tuck your chin into your chest, and then lift your chin up as far as pOSsible. 6?10 repetITions. Lower your left ear toward your left shoulder and then your right ear toward your right shoulder. 6-10 repetITions.	8.2分
Tuck your chin into your chest, and then lift your chin up as far as pOSsible. 6?10 repetITions. Lower your left ear toward your left shoulder and then your right ear toward your right shoulder. 6-10 repetITions.	15.1分

※英文訳
あごを胸に引きつけてから思いきり上を向く。これをできるだけ早く６～10回繰り返す。左耳を左肩に、右耳を右肩につけるよう首を曲げる。往復６～10回。

ソンとシュワルツは、被験者の推定時間の違いを生んだのは、知覚的流暢性——つまり情報の処理と理解のしやすさだとしている。彼らは、同じ実験をすしのレシピでも行った。つくり方を「Arial」の書体で読んだ被験者は所要時間を5.6分と推定、込み入った感じの「Mistral」で読んだ被験者は9.3分かかると推定した。

脳科学マーケティングの実践ポイント 26

シンプルな書体が行動を促す

何年もの間、KISS——Keep it simple, stupid!（シンプルにわかりやすく）を心がけるよう言われ続けてきたが、その提唱者は正しかったのだ。顧客やクライアント、寄付者に何かをさせようとするなら、シンプルで読みやすい書体で手順を説明しよう。

ラクにできそうだという推定は、知覚的流暢性（説明の読みやすさ）に比例するため、**読みやすい大きさの書体で、シンプルな言葉と文章構成を使って書く**べきだ。そうすれば、簡単にできそうだと思ってもらうことができ、成功率が上がる。

このアプローチはオンラインの文章にも十分当てはまる。たとえばフォームに記入してもらいたければ、フォームそのものを煩雑に見せないようにするほか、手順の説明文も短くし、シンプルな書体で表示する。

高級品は知的さをアピールする

No. 027

前項は、常にシンプルな書体を使うのがベストであるかのような内容だったが、シンプルな書体より、凝った読みにくい書体のほうがふさわしいケースが少なくとも1つある。

高価なものを売ろうとしている場合、読みにくい書体で説明したほうが、見る者に大変な思いをしてその商品をつくったという印象を与えることができるのだ。現在も続く、認知難易度に関する研究の一環として、ミシガン大学のヒョンジン・ソンとノルベルト・シュワルツは、レストランのメニューがそれに該当することを発見した。

研究チームはメニューに載っているある料理について、シンプルな書体で書かれた説明と、読みにくい書体で書かれた説明のいずれかを被験者に見せた。そして、この料理が必要とするシェフの技術を想定させたところ、難解な書体で読んだ被験者は、シンプルな書体で読んだ被験者よりも非常に高い確率で高い技術を必要とすると答えた。

高級品には凝った書体を使う

したがって、うちの料理は高いだけの価値がありますと主張したいレストランは、複雑な書体でメニューの説明書きを印字するとよい。また、凝った書体の効果を一層高めるために、補助手段を使って説明書きを分かりにくくすることもできる。**難しい言葉を使った長い説明も、読む人の理解を遅くし、その料理は多大な手間と技術を要するという印象を与える**のだ。

もちろん書体だけでなく説明文自体でも、手間と技術が必要なことを説明すべきだし、少なくともほのめかしておくべきだろう。ほかのマーケティングの心構えでも言えることだが、すべての要素が相乗効果を発揮したとき、最高の結果が生まれるのだ。

脳科学マーケティングの実践ポイント27

商品をよく見せるには複雑な書体と難しい言葉を使う

この教えは、どんなビジネスにも当てはまる。複雑な書体と難解な文章は、ものごとを難しそうに見せる。自社商品をつくるには非常な手間がかかる、あるいは、自社サービスは高い技術を要すると顧客に思わせたければ、読みにくい書体と難しい言葉を使って、すっと理解できないようにしよう。

複雑な文章が知的とは限らない

凝った書体と複雑な文章で、知覚的流暢性を操作する試みは危険でもある。あなたが、手塩にかけた製品であることを印象づけるために複雑な説明をしても、読む人が、あなたの意図とは異なる連想をしてしまう危険があるのだ。

たとえばあなたが、プログラムやテストに膨大な時間を費やし、ユーザーフレンドリーが売りのソフトウェアをつくったとする。手間がかかったことを伝えようと、凝った書体の長い説明書きをすると、顧客に「使いにくい」という印象を持たれてしまう可能性がある。

もう１つの危険は、**読みにくい文章だと、見込み客が読む気力を失ってしまう**ことだ。レストランの客なら、食べたいものを決めて注文するために仕方なく読んでくれるだろう。

しかし、商品のパンフレットや印刷広告を見込み客に読ませる場合、文章が複雑だと読み飛ばされてしまうかもしれない。パッと見が複雑だとその印象が続いてしまうだろうか。おそらく続くと思ったほうがよい。だからこの手法は多用すべきものではない。やりすぎると、顧客にまったく関心を持ってもらえなくなる恐れがある。

ときには複雑な表現を用いる

No.028

自分の情報を人に覚えてもらいたい場合、シンプルで読みやすい書体と、複雑で読みにくい書体のどちらを使うべきなのだろう。おそらくシンプルが一番と考える人がほとんどだと思う。だが驚くなかれ、シンプルさを選んだ人は実は間違っている。

シンプルな書体で印字された教材と複雑な書体の教材では、どちらが学生の記憶にとどまりやすいかを比較したプリンストン大学の調査により、**複雑な書体で書かれたもののほうがはるかに覚えやすい**ことがわかった。

それはなぜなのだろう。どうやら複雑な書体（流れの悪い書体とも呼ばれる）は努力をしないと読めないため、より深く考えさせられことになり、結果として長く記憶に残るらしい。調査では、シンプルな書体には「Arial」が、複雑な書体には「Comic Sans italic」「Monotype Corsiva」「Haettenschweiler」が使われた。

読み手の頭を働かせる

この調査は、教育現場で記憶力を伸ばすために行われたものだが、マーケティングにも応用できる理論だ。たとえば電話番号とか、自社商品の競合品に勝る特性などを人に覚えてもらいたかったら、読み手に少し頭を働かせてもらうことで、より忘れにくい記憶となる。

だが私は、長い広告文を「Monotype Corsiva」で書こうとは、今のところまだ思わない。先に学んだように、流れの悪い書体ほど、大変な仕事を連想させるが、同時に、読みにくい書体でびっしりの文章は、読む気をそいでしまう可能性がある。また、読み始めても、シンプルな書体の場合より早くギブアップしてしまうかもしれない。

脳科学マーケティングの実践ポイント 28

複雑な書体を使って記憶力を高めよう

マーケティングに大事な情報を覚えてもらうなら、読みづらい書体を使おう。ただしやりすぎは禁物。

キャッチフレーズか電話番号くらいにとどめ、長い広告文などに使うのはやめておきたい。複雑さが度を超すと、せっかくのすばらしい宣伝コピーが読み飛ばされてしまう！

Chapter 05

脳が喜ぶ写真の使い方

画像は現実を映し出すものと人は素直にとらえている。
だから写真やイラストは広告コンテンツを補足する強力な武器なのだ。

広告には赤ちゃんの写真を入れる

No. 029

広告業界では、「赤ちゃんの写真はどんな画像よりも読者の注目を引きつける」と昔から言われている。そのため、どんなに広告内容との関連性が低かろうが、あらゆる商品やサービスの広告に赤ちゃんの写真が貼りつけられてきた。

今にしてみれば、そんな広告主たちの手法は正しかったのだ。人間の脳は赤ちゃんの顔や、大人の顔の赤ちゃん的な特徴にも反応するようにできているのだから。

脳の活動を瞬時に測定できる脳磁図（MEG）という神経画像技術を使って、人間が赤ちゃんの写真にどのように反応するかを調べる実験が行われた。驚いたことに、赤ちゃんの顔写真を見せられたわずか150ミリ秒後に、被験者の内側眼窩前頭皮質に強い活動が見られた。内側眼窩前頭皮質は情動に関係する部位だ。大人の写真を見せても、この領域の活動はほとんど変わらなかった。

脳は赤ちゃんが大好き

これには、おそらく進化にかかわる理由があると思われる。人間の赤ちゃんは無力な存在であり、両親はもとより、ほかの大人たちの気を引くことで生き残る可能性が高くなる。

マーケターが直感や従来の調査手法で得た知識が神経科学の研究によって裏づけられることはよくあるが、赤ちゃんの写真の訴求力はその最たる例だ。この研究の興味深い一面は、赤ちゃんの顔に反応する人間の脳のプログラムが、大人の顔を見たときの認知処理にも影響していることだ。

男性は、赤ちゃんぽい特徴を持つ女性の顔を好むことが研究でわかっている。一方、**女性の嗜好はもっと複雑で、排卵周期のどの時期にいるかによって、男らしい顔を好んだり、赤ちゃんぽい顔を好んだりする。**

脳科学マーケティングの実践ポイント29

赤ちゃんの写真は人の目を引く

閲覧者の注意を引きたければ赤ちゃんの写真を使おう。もちろん、その後、引いた注意を自社商品やブランドのメッセージに向けなければならず、赤ちゃんとまったく関係のない内容だとそれは難しくなるかもしれない。われわれは、脳スキャンで証明される前から、赤ちゃんが人目を引くことを知ってはいたが、ここへ来て、その現象の理由がよくわかった。

モデルの目線は商品に合わせる

No.030

前項では、読者を引きつけ、読者の脳を刺激するのに赤ちゃんの写真が非常に有効であることを学んだ。今度は、かわいい赤ちゃんや広告メッセージに、より大きな注目を向けさせるテクニックを見ていこう！

オーストラリアのユーザビリティの専門家、ジェイムズ・ブリーズは、被験者の視線の動きや停留時間を測定するアイトラッキングの技術を使って、赤ちゃんを起用した広告を人がどのように閲覧するかを調べた。赤ちゃんがまっすぐこちらを見ている広告を見た被験者は、赤ちゃんの顔だけを凝視し、その傍らの見出しや広告文にはほとんど注目していないことが、ヒートマップで表示された。閲覧者が赤ちゃんの顔にフォーカスしているのは、驚くことではない。

モデルは読者を目線を合わせる

ブリーズは、同じ広告で、赤ちゃんが広告の見出しのほうを向いている別バージョンを試した。この場合も、やはり赤ちゃんの顔に閲覧者の目線が集まってはいたが、見出しにも広告文にも、一方のバージョンよりはるかに注目が集まったのだ！

ブリーズはこう結論づける。

「広告を見ている人は、広告の中のモデルが見ているところに注目する。モデルがまっすぐこちらを見ている場合は、ただその顔に注目するだけで、ほかへは目を向けないのだ」

脳科学マーケティングの実践ポイント30

注目してほしい場所に赤ちゃんの目線を向けよう

広告写真の顔は人の注目を集めるが、必ずその顔が、見出しや商品写真など、閲覧者に見てほしい広告の主役のほうを向いているようにすること。閲覧者は顔をチェックした後、その目が見ているように思えるスポットに、無意識に注目する。

この目線の効果は、大人のモデルのときでも有効だ。読者にニッコリほほ笑みかける代わりに、広告内容のほうを見ているようにモデルを配置しよう！

美人モデルを起用する

No.031

男性の読者に少々お聞きしたい。ローンのキャンペーン案内にきれいな女性の写真が載っていたら、そのためにあなたは、どのくらい余計に金利を払うだろうか。「たかが小さな写真だろう？　１銭も余計になんて払わないね」という声が聞こえてきそうだ。しかし、人間の行動に関する多くの予測と同様、この予測もはずれなのだ。

マーケターたちは、販促サービスでいかに顧客を引きつけるかということに絶えず頭を悩ませている。送料無料にしたほうが10ドルのクーポンをつけるより多くの注文件数につながるだろうか。10%割引と、トートバッグの無料進呈ではどちらがいいか。

賢いマーケターはわかっている。明確な答えを得るには、実際に市場で試してみるしかないのだ。

南アフリカのある銀行がローン業務拡大を図るため、それを実行した。5万人の顧客にローンのキャンペーン案内を郵送した。そのダイレクトメールは数種類のバージョンに分かれていた。

まず、さまざまな金利がランダムに割り振られた。理屈で考えれば、ローンの条件がよいかどうかの判断材料として最も重要なのは金利（と支払い条件）のはず。基本的に、ローンの金利というのは、商品の価格に当たる。

顧客の心を動かすテクニック

銀行は一部のキャンペーン案内に心理テクニックを導入した。ローンの内容とは無関係ではあるが、顧客の行動になんらかの作用を及ぼすようなディテールを加えたのだ。結果は調査を行った者たちを驚かせた。内容に無関係なこれらの違いがキャンペーンへの反応件数を上げただけでなく、金利が非常に高いというローンの悪条件をも相殺し、申し込みを促すことがわかったのだ。

この実験で適用された金利は3.25％から11.75％と、かなり広範囲にわたる。また、キャンペーン案内には、ローンの説明方法、競合ローンとの比較、男女のさまざまな写真、暗示といったテクニックもいろいろと使われた。

金利はもちろん重要な要素ではあったが、心理効果を狙ったテクニックの中にも大きな影響を及ぼしたものがある。興味深いことに、心理テクニックは、商品内容が魅力に欠ける場合に最も大きな効果を発揮した。

顧客の学歴や収入は、心理テクニックの作用に一切影響しなかった。調査者らはこう結論づけている。

「たとえ、大きな買い物、経験値の高い顧客というマーケット環境であっても、隠れた心理テクニックが強力に顧客の行動を喚起するようだ」

私が個人的に一番驚いたのは、男性顧客の場合、ダイレクトメールに女性の写真が載っていると、写真が男性だった場合より反応件数が高くなり、その違いはなんと金利が4.5％下がった場合に匹敵したということだ。一方、女性の顧客は、写真のジェンダーには左右されなかった。

ローンの案内にたかが１枚女性の写真を載せただけで、ほぼ５％の金利の違い——貸金業では極めて大きな数字——に匹敵する効果が得られたとは、本当に驚きだ。

脳科学マーケティングの実践ポイント31

人の写真をいろいろ試そう

ダイレクトメールにきれいな女性の写真を貼りつけただけで本当に反応率が上がるのか。販促の対象が男性ならば上がるのかもしれない。だが女性が、内容に関係ない写真に影響されることはほとんどないようだ。それは安心材料とも言える。男性のレスポンスを狙って女性の写真を使ったことが、女性の不評を買ったら困るからだ。

この調査に学ぶ２つ目のポイントは、特定のテクニックが効果を発揮するだろうとの思い込みや推測は禁物ということだ。**いろいろな特典や案内方法、また奇抜なアイデアを１つか２つ実際に試してみて初めてキャンペーンが功を奏する**のだ。

セクシーな広告をつくる

No.032

魅力的な女性がローンの金利４％、５％分の効力を持つならば、その人がビキニを着ていたらどうだろう。男性向けの商品の販売に露出度の高い女性を起用するというのは、何十年も前から行われているが、似たようなことは、おそらく何千年にもわたって行われているのではないだろうか。

典型的な男性の脳が、魅力的な女性の姿や露出度の高い格好に反応するようにできていることに疑問の余地はない。これは注目を集めるだけの低俗な手口であり、実は大した売り上げにつながらないのではないだろうか。それとも本当に効果があるのか。

この疑問に新たな光を当てた研究者たちがいる。被験者にビキニ姿の女性の映像と普通の映像のどちらかを見せ、意思決定能力を調べたのだ。その結果、**ビキニ姿の女性を見ている男性は、金銭のオファーを受けた際、判断力が低下する**ことがわかった。

具体的に言うと、男性被験者たちは、ある金額（約25ドル）を①今受け取る、または、②交渉して、１週間あるいは１カ月後により多くの金額を受け取るという選択肢を与えられた。どの被験者も一応②を選んだが、セクシーな画像を見た被験者とそうでない被験者では、交渉結果に違いが出た。

ビキニ画像を見た男性は、対照群の男性に比べて交渉が手ぬるく、低い金額に甘んじたのだ。たとえば、ビキニ画像を見た男性が７ドルプラスの金額を１カ月後に受け取ることで合意したとすると、対照群の男性は同じ期間待って14ドルプラスの金額を得ることに成功したということだ。

もちろん画像に影響された度合いには個人差はあるが、平均で見ても、毎回、セクシー画像を見せられた男性のほうが、より早く、不利な交渉結果を受け入れていた。研究者らは、よりセクシーな画像は、男性をより衝動的にし、目先の利益に走らせるとの結論を導いた。

性的興奮度が高いほど判断力が低下

神経経済学の専門家である、カーネギー・メロン大学のジョージ・ローウェンスタインとマサチューセッツ工科大学（ＭＩＴ）のダン・アリエリーは、以前、若い男性に、性的に興奮していないときと、しているときに同じ質問を繰り返し、その答えを分析した。無防備な性交渉とか、相手を酒に酔わせて言いなりにさせるといった話題に対して、性的興奮状態にある男性は、そうではないときと大きく異なる回答をした。ビキニの実験と同様、性的興奮は、男性被験者を、長期的な正論よりも即座に欲望を満たす傾向へと変えた。

著者ブライアン・アレキサンダーはこのように述べている。

一般的に、われわれの脳は、ローウェンスタインの考えるように、「２つの心」、すなわち基本的欲求に沿った感情システム（「すげえ！　いくらかかるかなんて関係ない！　セクシーな女だ！」）と、思考システム（「その金は個人年金の積み立て分だぞ！」）に分かれているという言い方ができるだろう。あるいは、一方の肩に天使、もう一方の肩に悪魔がいる様子を思い描いてもいい。たとえ興奮で舞い上がっているときでも、もう１人の自分の声が「間違いを犯していること、わかっているよな」とささやく。ただ問題は、その声が、感情システムによってかき消されてしまうことだ。

われわれの中では常に２つのシステムが駆け引きをしている。経済学者はそこに着目しているのだ。なぜなら、それこそが購買決定のプロセスだからである。

大きければ大きいほどいい？

男性の目を引くために女性の写真を使うとき、大きいほどいいのはなんだろう。それは決まっているだろうと思うかもしれない。女性の瞳と答えた人が正解だ！

研究者たちが男性に横20センチ×縦25センチの女性たちの写真を見せ、その魅力を評価させた。半分の女性は瞳孔が開いており、半分は開いていない。瞳孔の開きは性的興奮を意味する。男性たちは、そのことを意識の上ではわかっていないものの、瞳孔の開いた女性をより魅力的であると評価した。

脳科学マーケティングの実践ポイント32

セクシーな女性は男性の判断力を鈍らせる

マーケターはこの事実をどう受け取るべきだろう。ピンナップ写真のカレンダーを配るツールメーカーの戦略は、やはり方向性として正しかったのだろうか。ビキニ姿の女性は本当に売り上げに貢献するのだろうか。答えは「正しい条件のもとなら、おそらくする」だ。

まず、その効果は短期的なものなので、最も効力を発揮するのは購入時の店頭だ。理想的な販売方法は、言うまでもなく、ビキニギャルに直接売ってもらうこと。それなら、最大のインパクトを与えられるし、希望の商品に対し購買行動を喚起できること間違いなしだ。

そのような販売方法に適した商品は少ないので、ある程度効果的な代替手段として、ポスターや、店頭ディスプレイ、商品のパッケージを使うといいだろう。言うまでもないが、そうした画像は女性客に不快感を与えかねないことを十分に心得ておかねばならない。また、画像が、ブランドイメージに合っていることも大切だ。一時のセックスアピール・キャンペーンで、せっかく築いたブランドイメージを安っぽくしてしまっては損だ。

逆効果になるセクシー広告

マーケターに注意してほしいのは、セクシー広告が、ニューロマーケティングにおいて逆効果になってしまうことだ。というのは、性的画像や性的状況によって、ブランドが覚えてもらえにくくなるという研究結果もあるからだ（セクシーなテレビ番組で流したコマーシャルと、そうではない番組で流したコマーシャルを比較した実験の結果)。

つまるところ、ビキニギャルの起用がマーケティング戦略としてふさわしい商品（どんな商品カテゴリーかは読者の判断にお任せする！）であるなら、販売時の店頭でその素材を使おう。テレビコマーシャルや印刷広告など、店頭以外の場所で使うのは、セクシーイメージが、ブランド戦略に常時欠かせない要素である場合に限る。

少し地味な作戦ではあるが、男性を引きつけたい場合の広告写真は、モデルの目がはっきり見え、瞳孔が開いているものにしよう。

写真入り
ダイレクトメールを送る

No.033

写真が人目を引くことはすでにわかっているが、レントゲン技師は、患者の写真がカルテに入っていると、作業がより几帳面になるという、興味深い実験報告がある。医師たちがレントゲン写真を見るときもまた、写真があったほうが、患者により親しみを感じると答えた。レントゲン技師が患者と直接対面することはめったにない。

患者の写真を加えただけで、医療のプロたちの患者の扱い方が無意識に変わるというなら、医療記録の管理や送信方法にも大きくかかわってくるかもしれない。さて、この知識をマーケターはどのように使うべきだろう。

脳科学マーケティングの実践ポイント33

共感を得ることがチャリティーに役立つなら写真を使おう

寄付を募る組織の大半は、すでに個人写真の力を理解しているはずだ。狡猾なＮＰＯのマーケターたちは、寄付を受け取る人物の写真や名前、詳細なプロフィールなどを活用している。ダイレクトメールで「飢餓をなくそう」

といった、よくある言葉を使って寄付者に訴えかけるよりも、子供の写真や、名前、置かれている状況などを加えて具体的なイメージを喚起するほうが効果的だ。大学が寄付を募る場合も同様で、その恩恵を受ける個々の学生の写真やストーリーが盛り込まれる。

写真入り名刺は好印象を与えない

不動産業界とほんの一握りの業界を除けば、写真入り名刺や便箋が使われることは少ないし、下手をすると、なんとなく素人くさい印象を与えかねない。「フォーチュン500」企業のＣＥＯの名刺に満面の笑顔の写真がついていることなどまずない。

とは言うものの、マーケティング戦略に写真を取り入れることがもっと考慮されてもいいと思う。もちろん、ただの写真ではなく、顧客と実際に接する担当者の写真だ。

たとえば、営業のアポイントメントを促すダイレクトメールを定期的に出している会社なら、その手紙に営業担当者の写真を載せるのだ。担当者がアポ取りの電話をかける際、写真のちょっとした工夫のおかげで、少し余計に注意を払ってもらえるだろう。

人の写真が行動を変えるという事実の裏づけはドンドン増えている。どのような状況にどのような写真が効果的なのかを判断するのがマーケターの課題である。

Chapter

06

顧客の脳の信頼を勝ち取る

忠誠心と信頼は人と人とのつながりを連想させるのが普通だが、
ブランドにも同じことがあてはまる。ブランドに対する忠誠心が確立されれば、
それは驚くほど有効なツールとなり、マーケティングコストを削減してくれる。
忠実な顧客を失わずにいるほうが、
新しい購買者を顧客へと転換するよりずっと安く済むからだ。
それ以上に重要なのは、本当に忠実な顧客はブランドの強力な支持者となり、
マーケティングのリーチをさらに拡大してくれる。

「もしも買わなかったら」と問いかける

No. 034

ジョージ・ベイリーを覚えているだろうか？　映画『素晴らしき哉！人生』に登場するビジネスマンだ。ジョージは絶望に陥っていたが、そこへクラレンスという天使が現れ、自分が生まれてこなかったら街がどれほどひどくなっていたかを見せてくれる。

するとジョージの絶望は強い意欲へと変わった。もう１つの過去を見せてくれるクラレンスという名の守護天使がいる人などまずいない。しかし、「もしもの世界」のシナリオを想像することは、現実の世界で強力なツールとなる。

忠誠心はなくてはならない必需品だ。ビジネスでは忠実なスタッフが求められ、マーケターは忠実な顧客を求める。忠誠心は長い時間をかけて獲得するのが普通だが、割と簡単な方法で高められることがわかっている。

ハル・エルスナー＝ハーシュフィールドが率いる、ノースウエスタン大学とカリフォルニア大学バークレー校の研究者たちにより、被験者に歴史上の別のシナリオを思い浮かべてもらうと、彼らの愛国心が強まることが明らかになった。同様に、ある会社の従業員に創設時の会社が不安定だったことを振り返らせると、社員の態度はより前向きになった。

研究者たちは一連のテストを行った。まず被験者にアメリカ合衆国がどのように生まれたかを振り返ってもらう。半分の被験者には、アメリカ合衆国が誕生していなかったら世の中はどうなっていたかを考えてもらい（これは反事実的思考と呼ばれている）、もう半分の被験者には、アメリカ合衆国が誕生したせいでどんな世の中になったかを考えてもらった（事実的思考）。「もしアメリカ合衆国が誕生しなかったら」のシナリオを想像するように言われた被験者は、現状について考えることを求められた被験者より高いレベルの愛国心を示した。

もう１つのシナリオを想像することで喚起されるのは愛国心だけではない。これはビジネスでも効果を発揮する。被験者に自分が勤める会社ができたころのことを考えさせるという、似たようなテストを行ったところ、事実に反する状況、すなわち、会社がつくられていなかったら、世の中や自分の生活は今とどう違っていたかについて考えた人たちは、会社に対する前向きな気持ちが深まることがわかった。

脳科学マーケティングの実践ポイント 34

事実に反するシナリオを活用し、忠誠心を高める

もしも会社が生き残っていなかったら？

ほとんどの会社は過去に何かしらの危機に陥ったことがあるはずだ。有名な例として、この研究論文の著者たちはフェデックス社について言及している。

あるとき、同社には手持ち資金がほとんどなくなっていたのだが、創業者のフレッド・スミスがラスベガスのカジノへ飛び、最後の土壇場で給料を払えるだけの資金を得ることができた（そう、スミスはブラックジャックで大当たりし、社員に給料を払うことができたのだ。現在、フェデックスの従業員は世界中に27万5000人おり、いくら賭け金の限度額が高いカジノであれ、これだけの大所帯の給料がまかなえるところがあるかどうかは疑問だ！）。

ほとんどの企業に（フェデックスの例ほど劇的でないにせよ）同じようなエピソードがあるだろう。今とは違う状況になっていたら、自分たちにどのような影響があったかと考えさせることで、社員の忠誠は高まる可能性がある。

もしもこの会社に入っていなかったら？

研究者たちはこのアプローチを試してはいないが、「昇進した」「昇給した」「家や車を買った」など、雇われて以来、好ましい経験をしてきた社員の場合は特に、その経験の中で会社が果たしてきた役割を振り返ったり、別のシナリオについて考えたりすると、会社に対する肯定的感情が増幅されるのではないだろうか。

もしも顧客が自社商品／サービスを購入しなかったら？

顧客はあなたの会社との関係から好ましい経験や本当の恩恵を得てきたか？　顧客はコストを削減し、効率性を上げているか？　以前の配送業者より配送時の問題が少なくなっているか？　顧客が別のシナリオを思い描きやすくすることが、企業との関係における顧客の肯定的感情を高める１つの方法となる。

顧客の忠誠心を深める

活用は慎重に。このテクニックを活用するも、アプローチの仕方がまずかったがために、逆効果となってしまう例はたくさんある。スタッフをあなたのオフィスに呼びつけて「この会社に雇われていなかったら、君の人生はどうなっていたか考えてみなさい」などと言えば、スタッフから肯定的な感情は生まれないだろう。

同じように、「前の信用できないサプライヤーと相変わらず取引をしていたら、生産スケジュールがどれほど遅れたか想像してみてください」と顧客に言えば、前向きなプロフェッショナルとの印象は与えられない。

しかし、下手なアプローチを避け、**もう１つのシナリオをそれとなく持ち出せば、相手を遠ざけることなく、顧客の忠誠心（ロイヤルティ）や感情を好ましい形で深めることになる**だろう。もちろん、クラレンスという天使を雇えるのであれば、ぜひともそうしてほしい！

メンバーズカードで顧客を囲い込む

No.035

近ごろではどこでもロイヤルティ・プログラムを実施している。コーヒーを１杯注文すると、スタンプカードがもらえ、スタンプが一定の数に達するとコーヒーが１杯無料になるといったサービスだ。スーパーで買い物をするとポイントがつき、そのポイントでガソリン代が割引になるサービスもある。

私たちの財布は半ばスタンプカードで膨らみ、キーホルダーはバーコードつきの小さなメンバーズカードでいっぱいになっている。すべてはロイヤルティのためだ。これらのサービスは実際に効果があるのだろうか？

端的に言えば、答えは「イエス」だ。シンガポールの研究者たちにより、ロイヤルティ・プログラムはたしかに消費者の購買動機になっていることがわかった。理想的な評価対象として研究者が選んだのはクレジットカード。というのも、クレジットカードは特徴が似たり寄ったりになりがちで、顧客が複数のカードを持っている場合、使うカードを簡単に切り替えることができるからだ。

魅力的な報酬プログラムがついているクレジットカードは、消費者の財布の中でたしかに効率よく大きなシェアを獲得していた。つまり、消費者は自分が気に入っている報酬プログラムがついているほうのカードを頻繁に使うのだ。

ロイヤルティ・ポイントの威力

当然のことながら、ロイヤルティ・プログラムに効果を発揮させるには、考慮すべき要素がいくつかある。

- その商品やサービスが、消費者の目に少なくともライバルと同等に映らなければならない。
- 提供される報酬が消費者にとって魅力的でなくてはならない。
- ブランド選好など、ほかの要因がロイヤルティ・プログラムに勝る場合もある。
- 「スイッチング・コスト」（利用するブランドを変えるために消費者が払う犠牲）が現在のブランドへのロイヤルティを高め、競合するロイヤルティ・プログラムのインパクトを低下させる場合もある。
- 消費者をプログラムにつなぎ止めておけるだけの購買頻度がある商品やサービスでなければならない。たとえば、コーヒーやガソリンは理想的だが、電化製品や車は理想的とは言えない。

ロイヤルティ・プログラムの可能性を示す証拠はまだある。ある研究で、意味のない情報（この場合、ほとんど価値のないロイヤルティ・ポイント）でも消費者の購買決定を左右することが実証された。

研究者たちがこの実験で確認した事実は、ロイヤルティ・プログラムに通常期待される効果を超えていた。ポイントの価値を示すだけで、消費者の購買決定に影響があったのだ。**ロイヤルティ・ポイントの価値が、現金の価格差よりも低い場合であっても、消費者はロイヤルティ・ポイントに左右された。**

スターバックスＶＳパネラ

インターネット上で管理するロイヤルティ・プログラムは、顧客の購買行動を追跡してスペシャルオファーや特典を適用しやすくできるため、理想的と言える。現在それを実施している例を２つ紹介しよう。どちらもコーヒーショップだ。

スターバックスでは、チャージ式のプリペイドカードとロイヤルティ・プログラムを一体化させたシステムを取っている。プリペイドカードで支払いをするとロイヤルティ・プログラムがアップデートされるため、顧客はカードを１枚持っていればそれで済む。これをベースとして、さらに購入回数が規定の数を超えると、特別なゴールドカードが発行される（訳注：今のところ北米のみ)。ゴールドカードには、「無料ドリンク」「おかわり自由」といった具体的なメリットがあるだけでない。カードの所有者により高いステータスを与えることにもなるのだ。

もう１つのコーヒーショップはパネラ・ブレッド（訳注：全米でチェーン展開するベーカリーカフェ）だ。パネラのロイヤルティ・プログラムは、プリペイドカードとの一体化ではなく、来店特典を蓄積し、報酬を受け取るシステムになっている。

来店時に客がメンバーズカードを提示し、来店頻度が規定に達していると、店員がその旨を客に伝え、無料のペストリーなどを進呈するのだ。不思議なことに、スターバックスでは報酬を提供する場合、無料ドリンク券を郵送するという、古めかしい手段を取っている。ネット上で目に見えない形でステータスをアップデートするより、郵便で実物を送るほうがインパクトがあると判断したのではないだろうか？

スターバックスもパネラも、顧客が目で見てすぐにわかるタイプのポイント制は取っていないし、ゴールに向かって前進している気にさせるシステムにもなっていない。その点では従来のスタンプカードは両者に勝っている。スターバックスとパメラのシステムは、新規会員を引き止めるべく、早い段階で報酬を与えるプログラムになっているのだ。

脳科学マーケティングの実践ポイント35

ロイヤルティの報酬を提供する

商品やサービスがそれなりの頻度で購買されているとすれば、顧客にロイヤルティ・プログラムを提供しよう。これは確実に効果を発揮する。さらに、顧客に自分の進み具合をチェックさせる。もし可能であれば、しばらく購入しないでいる顧客にプログラムのことを思い出させるなどして、プログラムから離脱させないように努めよう。

ロイヤルティの効果もさることながら、購入時に顧客にポイント数について言及するだけで、ロイヤルティ・プログラムの効率性は倍増する。顧客に新商品のサンプルを勧めたい？　ステータスのアップグレードを促したい？　ライバル店ではなく、うちの店に来てほしい？　ならば、こんなフレーズを試してみよう。

「ご購入１回ごとに100ポイントを特別進呈！」

ここで注意すべきは、ポイントが大きければ、それだけ顧客には重要に感じられるという点だ。したがって、わずかなポイントアップであっても効果は上がる可能性がある。

モバイル・マーケティングの技術と、個々の顧客に対応するパーソナル・ターゲティングを活用すれば、より効果的なロイヤルティ・プログラムをつくれることはまず間違いない（それに、キーホルダーにじゃらじゃら下げていないといけなかった会員カードは過去のものとなるだろう！）。ロイヤルティ・プログラムを実施、もしくは計画しているなら、モバイル・ターゲティングを用いた場合にプログラムがどう機能するのかを必ず評価しよう。

優良顧客には特典をつける

No.036

1930年代に、研究者たちが興味深い発見をした。食べものを求めて迷路を走っているネズミは、食べものに近づくほど走る速度が上がる。この発見は「目標に近づく傾向は、目標の接近とともに増していく」という「目標勾配仮説」を導いた。簡単に言えば、**目標が近づけば近づくほど、そこへたどり着くためにより多くの努力を払うようになる**ということだ。

数年前、コロンビア大学の研究者たちが、ネズミではなく、状況を知らされていない人間を被験者として目標勾配仮説を試す実験を行い、人もネズミと同じように報酬を得ようとすることがわかった。

スタンプがいっぱいになったらコーヒーが１杯無料で飲めるカードを与えられると、人は迷路のゴール前でスパートをかけるネズミと同様、スタンプが満杯に近づくにつれ、コーヒーを飲む頻度が上がる。

同じように、オンラインの音楽サイトでポイント券と引き換えに楽曲のレビューを書くユーザーは、報酬が得られるポイントが近づくにつれ、サイトを訪問する頻度が上がり、より多くの楽曲を評価する。

ゴールが近づくと、やる気がアップする

最も興味深い発見の１つは、ゴールに向かって前進している気にさせるだけで、人はコーヒーをより頻繁に買う気になることだった。実験では２種類のカードを発行した。

１つはスタンプが10カ所押せるカードで、スタンプはまだ１個も押されていない。もう１つはスタンプが12カ所押せるカードで、すでにスタンプが２個押されている。

どちらのケースも、無料のコーヒーをもらうためにはスタンプを10個押してもらわないといけない。必要とされるスタンプ数は同じであるにもかかわらず、一見、前進中であるかのように思える状態でスタートしたグループのほうが、スタンプ数ゼロからスタートしたグループよりもコーヒーを買う頻度が高かった。

脳科学マーケティングの実践ポイント 36

有利なスタートを切る

ロイヤルティ・プログラムは効果があるとわかっている。しかし、**顧客にメンバーズカード（あるいはオンライン・アカウント）を与えるだけでなく、最初のゴールに早く到達できるよう、幸先のいいスタートが切れたと思わせてあげよう。**

人はものごとの進み具合を何割達成したかというとらえ方をするため、すでに目標の一部が達成された状況を提供すれば、ロイヤルティ・プログラムを効果的に促進することができる。２万5000マイレージ必要とする航空券と、３万5000マイレージ必要とする航空券がある場合、もし後者を利用する顧客にロイヤルティ・プログラムの入会特典として最初から１万マイレージ

が付与されていれば、こちらのほうが目標としては近そうに感じるはずだ。

コーヒーショップの場合、無料ドリンクがもらえる条件として、コーヒーの購入数を１、２杯追加する必要が出てくるが、それと同時に、店員がメンバーカードを発行する際、追加した分と同じ数だけ最初にスタンプを押して顧客に渡すようにするといい。顧客はゴールが近くなったように感じ、店やスタッフは気前のよさに対して点数を稼ぐことができる。

ロイヤルティ・プログラムはどの商品にも適しているわけではないが、適している場合、ゴールの報酬に向かって顧客をどんどん前進させることが、モチベーションと忠誠心の維持につながるに違いない。

顧客の話をトコトン聞く

No.037

今日ではこれまで以上に、セールスや顧客サービスの生産性が重視されすぎているような気がする。発注や注文状況のチェックといったことを顧客が自分でするためのツールを与える事業者がどんどん増えている。対面式の営業は何百ドルもコストがかかるため（数千ドルを超えるとの見積もりもあるうえ、遠方への出張ではさらにコストがかさむ）、効率性が重視されるのは無理もない。それに私自身、客の立場として、昼夜を問わずいつでも注文ができたり状況をチェックできたりするのはありがたいことだと思っている。

また、顧客関係管理（カスタマー・リレーションシップ・マネージメント：ＣＲＭ）のソフトウェアを活用して営業活動の生産性をさらに改善する努力がなされている。顧客を優先すべきグループに分類し、最も重要なグループを最優先して接触するようにしているのだ。ＣＲＭシステムの基本的なメリットは、価値が低い顧客に時間を無駄にする機会が最小限に抑えられることだ。

このように効率性を求める努力をしながらも、企業は顧客と接触する時間の重要性に気づく必要がある。では、似ても似つかない３種類の「顧客」グループについて検討し、接触する時間が顧客の満足度をいかに左右するか見ていくことにしよう。

有罪判決を受けた重罪犯

重罪犯、すなわち有罪判決を受けた重罪犯は法的手続きの公平さをどのように評価しているのだろう？　刑期といった客観的基準で判断するなら、不満度は高めを示すのではないかと思われるかもしれない（結局、弁護はうまくいかなかったのだから）。
『あなたはなぜ値札にダマされるのか？—不合理な意思決定にひそむスウェイの法則』（ＮＨＫ出版）の著者オリ・ブラフマンとロム・ブラフマンによれば、研究者たちが数百名の重罪犯を調査した結果、たしかに刑期は公平さを判断する大きな要因になっていた。刑期が短い者は訴訟手続きを公平と評価し、刑期が長くなった者はあまり公平ではなかったと評価している。

意外な発見は、裁判の結果とほぼ同じくらい、弁護士と過ごした時間が重要視されていたことだ。裁判の結果は同じでも、弁護士と過ごした時間が長い犯罪者は、そうではない犯罪者よりも手続きを公平と評価する傾向が高かった。ブラフマン兄弟は「結果がまったく同じでも、私たちは懸念を口にできなくなると、自分がしている体験の公平性全般に対する受け止め方が違ってくる」と述べている。

信頼されるベンチャー・キャピタリスト

たとえ起業家から強欲と見なされる存在であろうと、シリコンバレーのベンチャー・キャピタリストの感じ方と、重犯罪者の研究に登場した麻薬の売人や武装強盗犯の感じ方は、どう考えてもかなり違っているはずだと思われるかもしれない。しかし、ベンチャー・キャピタリストと重犯罪者は、注ぎ込んだ時間と金で高い利益を求めるという点以外にも共通点があることが判明している。

ベンチャー・キャピタリストの投資の仕方や投資先経営陣との関係について調査を行なった際、研究者たちは、それぞれの投資に対する金銭的見返りにのみ、抜け目なく重点が置かれているものと予想した。しょせん、投資の目的は資本を元に高い利益を得ることであり、ベンチャー・キャピタルは数字に基づき、のるかそるかのビジネスをしているのだ。

ブラフマン兄弟によると、研究者たちは予期せぬ発見をした。起業家及びその経営戦略に対するベンチャー・キャピタリストの信頼度や支持度を決める主な要因は、起業家からのフィードバックの量や頻度であることがわかったのだ。

起業家が常に最新情報を報告しようという意志を見せていると、最終的損益がどう出ようとほとんど関係がなくなり、ベンチャー・キャピタリストを最善とは言えない決断へと傾かせる可能性さえあると、ブラフマン兄弟は指摘する。（投資先企業の状況の良し悪しと、起業家がベンチャー・キャピタリストと積極的に話をしようとする意志との間には相互関係があるかもしれず、その場合、今述べたようなバイアスが生じても仕方がないとも言える。研究者たちはこの点を考慮して分析の調整を行った）。

被害を受けた患者

『第１感「最初の２秒」の「なんとなく」が正しい』の中で、マルコム・グラッドウェルは、医者の過失により被害を受けた人の大半は訴訟を起こさないと述べている。被害を受けた患者を対象に行った詳細なインタビューに基づきわかったのは、訴えを起こす患者はたいがい、急かされた、無視された、あるいは医者からぞんざいな扱いを受けたと感じていることだ。

それについて考えてみてほしい。医療ミスで深刻な被害を受けた可能性がある人たちであっても、自分は「公平に扱われた」「医者は最善を尽くしてくれた」と感じた場合は訴えを起こさない。言い換えれば、こうした信頼は、費やした時間と両者の交流の質に基づいている。

脳科学マーケティングの実践ポイント37

接触する時間の質が肝心

すべてのカスタマー・リレーションシップは顧客の声に耳を傾ける時間を取るべきだ。これまで紹介してきたさまざまなデータがそれを証明している。**大口の顧客であれば直接会い、個人の顧客であれば、電話やチャットで話を聞く**のもいいだろう。また、こうした接触は一方通行の売り込みになってはならない。顧客が自分の懸念に耳を傾けてもらったと確信できるようにする必要があるのだ。

これは難しいことだろうか？　多くの場合、答えはイエスだ。コストがかかる？　おそらくかからないだろう。

どんなカスタマー・リレーションシップでも、ある時点でなんらかの試練に遭遇する。納期の遅れ、予想外の物価上昇、強気で手段を選ばぬライバルの出現。ミスがあっても患者に擁護される医者のような企業にしたいと思うのなら、試練を受ける前に顧客との関係を深めることに時間を費やすべきだろう。時間は本当に貴重なのだ。

キラー・フレーズを持つ

No. 038

あなたは広告の最後に短いフレーズを１つ添えるだけで顧客の信頼度を大幅に上げられると思うだろうか？　信じられないかもしれないが、これは事実。研究者たちが明らかにしたところでは、ある自動車整備会社向けの広告で、最後に次の言葉を添えたら、信頼度が一気に33％もアップしたのだ！

「お任せください。私たちがお役に立ちます」

わざわざ言うまでもないような言葉に思えるだろうか？　あらゆる広告や顧客との関係において語られる言葉には、「仕事をいただければやり遂げます」という意味が込められているのは間違いない。だがこの短いフレーズは、「仕事をきちんとやり遂げます」「他社よりうまくやり遂げます」「迅速にやり遂げます」とは一言も主張していないし、「笑顔でやり遂げます」とさえ言っていない。

顧客を買う気にさせるフレーズ

にもかかわらず、このフレーズのおかげで、会社の評価がすべてのカテゴリーにおいてアップしたのだ。

- 適正価格——７％アップ
- 気遣い——11％アップ
- 公平な対応——20％アップ
- 品質——30％アップ
- 業務遂行能力（コンピテンシー）——33％アップ

「お任せください」といった漠然とした言葉であるのに、業務の特定の分野で大幅に評価が上がるとは、実に驚くべきことだ。

脳科学マーケティングの実践ポイント38

「お任せください」と伝える

顧客に信頼してもらいたいのなら、あなたが信頼に値するということを顧客に念を押すべきだ。ぜひやってみてほしい。私を信頼してほしい。

商品を無料でお試ししてもらう

No.039

顧客に信頼してもらいたい？　ならば、あなたが顧客を信頼していることを示そう！　常識に反するような気がするかもしれないが、ニューロマーケティング的には理にかなった根拠があるのだ。この考え方は、あのオキシトシンという物質にまつわるものだ。

オキシトシンは、神経系に作用する魔法のような物質で、信頼関係を構築するうえで重要な役割を果たす。クレアモント大学院大学神経経済学研究センターの所長であり、「非公認オキシトシン伝道者」であるポール・ザックは、若いころ、ちょっとした詐欺に遭ったいきさつを紹介している。詐欺に引っかかった大きな要因は、詐欺師がザックを信頼しているとはっきり示した点にあると結論づけている。

ザックが特に言及しているのは、「人は、他者を助けると、脳の働きで気分がよくなる」という点だ。だからこそ、私たちは家族や友人に愛着を覚え、他人とさえ協力する（これはたいてい、いいことだ。相手がペテン師でない限り！）。

ザックの説明によれば、こうした行動はすべて、彼が言うところのヒト・オキシトシン媒介愛着システム（THOMAS：the human oxytocinmediated attachment system）の一環だ。THOMASはわれわれの他者への共感を促し、社会的関係構築に重要な役割を果たしている。

どうしてこれを理解することが、より効率的な販売に役立つのか？　**信頼の構築は販売プロセスにおける必要不可欠な部分であり、信頼を育むためにできることはなんであれ利益を生む**と思われるからだ。

脳科学マーケティングの実践ポイント39

信頼されるために信頼を示す

ザックの提案をさらに強化するうえで、顧客の信頼を育むカギは、「われわれはあなたを信頼しています」と顧客にはっきり示すことにある。もちろん、あなた自身が率直で信頼に値する態度で行動することも重要だ。

信頼されるとお返ししたくなる

では、顧客に信頼を示すにはどうすればいいのか？　アイディアを少し紹介しよう。

- あまり制約をつけずに商品の貸し出し／試用をさせる。
- 長ったらしい書類の記入、面倒な審査抜きで、信用取引を開始する。
- 守秘義務契約書にサインさせることなく、顧客と社内情報を共有する。

信頼を示すと言っても、不必要なビジネスリスクを冒せという意味ではないので注意してほしい。あなたの行為が確実に顧客への信頼を表しているようにすると同時に、目立たない形で信用調査をするといい。

顧客との関係に応じて、ほかにも信頼を示す方法は思いつくかもしれない。自分は信頼されていると思っている顧客は、それに報いてくれる可能性がはるかに高くなる。

Chapter 07

脳が喜ぶ接客スキル

遠隔コミュニケーションによるビジネスがますます盛んになり、
対面でのやりとりがほとんどなくなってきているが、
顧客と顔を合わせて話すこともたまにはある。
われわれは、リッチメディアや没入型広告(訳注:ユーザーが回遊できる3D空間を組み込んであるバナー広告)技術についてよく語ったりするが、
よく考えてみれば、対面接客以上にリッチでリアルな体験はあり得ない。
複数の感覚を働かせ、視線を交わし、
ボディランゲージを使ってメッセージを伝え合うのだから。
人間の脳は、もともとこうした知覚情報を処理するようにできている。
このセクションでは、最近まれになってきている対面接客において
成功する確率を最大化する方法を検討する。

雑談のスキルを磨く

No.040

私がこれまでで一番気に入っているテレビコマーシャルの１つが、ユナイテッド航空が1990年に流した有名なＣＭだ。営業スタッフが顧客に会いに行くための航空券を上司が配るというストーリーになっている。このコマーシャルがつくられたのは、まだＥメールやインターネットが普及する前の時代だが、それでも電話やファクスを使えば直接会うよりは安くついた。

ユナイテッド航空のＣＭが成功したのは、その筋書きが、視聴者の共感を呼んだからである。また、演技や制作技術が秀でていたこともある。本格的なビジネスドラマが60秒のコマーシャルに凝縮されていた。

実は、対面接客に代わるものはないという、このユナイテッド航空の主張を裏づける研究報告がある。古きよき**対面接客は、信頼感と行動に大きく影響する**のだ。

科学者たちは、現実世界を模した状況を人工的につくり出すことを好むが、その中でよく知られるのが、「最後通牒ゲーム」というゲーム実験だ。このゲームでは、２人の被験者Ａ、Ｂのうち、Ａのほうが、ある金額（たとえば10ドル）をＢとどのように分配するかの決定権を持つ。Ｂは、Ａの分配案を受け入れてもよいし、拒否してもよい。

拒否した場合は、どちらも一切の分配金を受け取ることができない。古典的経済理論では、ゼロ以外の金額ならどんな額でも受け入れるのが得策だ(何ももらえないよりは1ドルでももらったほうがましということ)。ところが現実には、人は、不公正と思える提案、つまり被験者Aだけが有利になるような分配案だと、拒否する傾向にあるのだ。

標準的な最後通牒ゲームでは、公正な分配、すなわち10%以内の誤差でほぼ等分に分けるケースが半数を占める。なかには経済理論にのっとって、ゼロ以外の金額ならどんな分配案でも受け入れる被験者もいるが、全体の分配案の3分の1は拒否される。

アル・ロスという研究者は、この最後通牒ゲームに興味深いアレンジを加えてみた。ゲームの前に、被験者同士を直接対面させ話をさせたのだ。すると驚いたことに、被験者たちの会話内容がたとえゲームに無関係な他愛のない話題でも、おしゃべりをした場合は、合意に至る確率が大幅に上がったのだ。会話をすると、公平な分配を提案する確率が83%に上り、提案が拒否される確率はわずか5%に減ったのだ。

これは驚くべき変化であり、**相手と親交を深めることで本当に行動が変わる**ことが示された。

INSEADという社会科学研究機関が行った、被験者の1人に卸売業者、もう1人に小売業者の役をやらせる実験でも同様の結果が出ている。この実験では、互いが自己の利益だけを追求するシナリオもあり得るが、最大の総売上高と利益は、双方が協力し合い、小売価格を低く抑えたときに達成される。ゲームの前に被験者同士が社会的人間関係を築いていると、双方とも、より協力的で公平に振る舞い、関係を築いていない組よりも高い利益を上げた。

脳科学マーケティングの実践ポイント40

まず雑談をし、交渉は後

急いで仕事の話に入らない。子供の話やゴルフの話、今週末の予定などを話すのは時間のムダと思うかもしれないが、相互への尊敬の念や信頼感の下地づくりとなる。そして双方が満足できる内容で話がまとまる可能性が高まるのだ。

興味深いのは、ソーシャルメディアでつながっても、おそらく同様の効果が得られるということだ。そしてスカイプやウェブ会議など、フル画像で交信できれば、ある程度対面交流と同じ効果が期待できるだろう。直接出向くことができないなら、コンピューター上でおしゃべりをし、相手と打ち解けよう。

必ず2回握手する

No. 041

営業やビジネスのエキスパートたちは皆、相手によい第一印象を与え良好な人間関係を築く手段として、握手がどれだけ有効かを論じてきた。

それは調査によっても裏づけられている。アイオワ大学の研究で、よい握手をした新卒の就職希望者は雇用される能力（エンプロイアビリティ）が高いということが示された。

その調査では、「握手の専門家」たちが応募者の握手の質を判定する一方、採用担当者たちがエンプロイアビリティやそのほかの面を採点した。結果、握手の点数が最も高い学生たちは、エンプロイアビリティ、積極性、総体的社会的スキルの順位も高かった。一方、力のない握手をした応募者は、エンプロイアビリティも積極性も低く採点されていた。

では、握手のいったい何が、２種類の参加者の態度を分けているというのか。神経科学者でオキシトシンのエキスパートであるポール・ザックによると、事前に人の体に触れることで脳からオキシトシンが分泌されるそうだ。

オキシトシンを分泌させる方法

ザックは、被験者同士が金銭を供与し合うゲーム実験を行い、２つの被験者グループを比べた（訳注：ある被験者が別の被験者に一定金額を送金すると、それが３倍になって相手に届くシステムになっている。受け取った側は、それを全額キープしてもよいし、くれた相手に一部を返してもよい。赤の他人と利益を共有する意思がどの程度あるかを測るための実験）。一方の被験者グループは、ゲームを開始する前に15分間のマッサージを受け、もう一方は何もせず休んでいた。マッサージを受けた被験者たちの脳はより多くのオキシトシンを分泌したことになるが、このグループは、自分にお金をくれた人に対する「お返し」の平均金額も対照群の2.5倍だったのだ。

ザックは、人間の脳はオキシトシンを使って、相手が信頼できる人物かどうかを無意識に判断しているのではないかという仮説を唱えている。**脳は、今会っている人からの五感情報を、過去に出会った人の記憶と照らし合わせる。そして今目の前にいる知らない人の情報が、これまで出会った信頼できる人の情報と一致し、似ているということになれば、その人が「信頼しても大丈夫」であることを知らせる合図として、脳はオキシトシンを分泌する。**

脳の報酬中枢からは、それと同時にドーパミンも出る。信頼する人を「快」の感覚と結びつけたということだ。これで、次にその人に会ったときは、情報処理がより早く行われる。オキシトシンは、このようにわれわれを向社会的にする。思いやり、寛大さ、愛情といった系統の感情は、このサイクルに基づいている。

ザックの研究は、力強い握手がよいなら、マッサージはもっと効果的なのではないかということを示唆している。おそらくそれは正しい考えだと思う。あいにく、就職の面接試験や営業の客先でそのようなことをするわけにはいかないが……。

脳科学マーケティングの実践ポイント41

スキンシップは重要

オキシトシンやそのほかの研究で、スキンシップが信頼感を築くためのツールとして大切であることが明らかにされている。最も頻繁に実践できるのが握手だ。アイオワ大学の研究者たちによると、**理想的なのは「相手の手を強く完全に握り、目を見ながら、強く上下に振る」握手**だそうだ。ただし、痛いほど強く握るのはいただけない。

ビジネスで人に会う場合、たいていは２度握手をする機会がある。商談や打ち合わせの前と後だ。その２度のチャンスを最大限に生かそう。

それ以外で体に触れること——たとえば、面接に来た人をドアから招き入れる際に触れるなど——も、ザックの言う絆づくりに役立つかもしれないが、注意も必要である。他人の体に触れるというのは、潜在的リスクを伴う戦略であり、相手の文化的背景や個人的な要素によって、受け取られ方が大きく異なる。

ある人にとっては自然なタッチでも、ほかの人にしてみれば不自然あるいは不快に感じられることもあるのだ。それでも適切な範囲でやっていれば、信頼感の確立に役立つ。

女性オンリーの作戦

別の研究では、人の肩に軽く触れると、触れられた人は、よりリスクの高い選択肢を選ぶ気になるという結果が示されている。ある金額をそのまま受け取るか、あるいは、もっと高額を受け取るかまったく受け取れないかの賭けをするという選択肢を被験者に示すという実験の結果だ。

奇妙なことに、ショルダータッチの効果が見られたのは、触れる側が女性の場合のみだった。男性が肩を触った場合は何の効果もなく、女性が触ったときだけ、相手の性別とは関係なく効果があった。

「新しい製品を試す」とか、「供給先を変える」といった、購買に関する意思決定にはいつもリスクがつきまとう。女性は、状況が適切なら、担当者に対しショルダータッチ作戦を試してみてはどうだろう。

誰もが握手を好むとは限らない。握手嫌いで最も知られるのは不動産王のドナルド・トランプだ。トランプは、自身のブログでこんなことを言っている。

「よい握手に勝るのは、なんと言っても、握手などまったくしないことだ。私は前々から言っているが、細菌をまき散らす握手は最悪の習慣だ」

トランプなら、「われわれも日本人のおじぎの習慣を取り入れたほうがいい」と言い出してもおかしくない。ただおじぎでは、細菌の心配がない代わりに、オキシトシンが出ない。

顧客には右側から話しかける

No.042

誰かに何かをしてもらいたいと思ったら、その人の右耳に話しかけよう。この結論を導いたのは、イタリアはキエーティの、ガブリエレ・ダヌンツィオ大学のルカ・トンマージ博士とダニエレ・マルツォーリ博士だ。２人の実験によって、人は右耳から話しかけられることを好むほか、右耳から頼んだときのほうが、頼みごとがかなえられる確率が高いことがわかったのだ。

トンマージとマルツォーリは、聴覚の傾向の実験現場としてすばらしい場所を選んだ。それは大音響のナイトクラブだ。１つの実験では、クラブの客を単に観察し、人々の会話の４分の３において、聞き手が右耳を使っていることを発見した。

どちらに座るかで成約率が変わる

次に、研究チームのスタッフがクラブ客の中に入り込み、右耳か左耳のどちらかから、「たばこをください」と頼む実験が行われた。すると驚いたことに、右耳から話しかけた場合のほうが、たばこをもらえる確率がはるかに高かったのだ。

脳科学マーケティングの実践ポイント 42

見込み客の右耳をひいきにしよう

当然のことながら、セールスで、片方の耳にがなり立てて成約することはあまりない。とはいえ、この研究成果を実際の場面で応用する方法はある。ここにいくつか挙げよう。

- 食事の席順：２人以上で食事をするとき、トークを任されている担当者が顧客側の意思決定者の右に座る。
- 営業所のレイアウト：典型的な営業事務所では、顧客と向かい合って商談をする。つまり両耳で聞いてもらうケースがほとんどだが、少なくとも、販売スタッフが見込み客の左から話しかけるようなレイアウトは避けよう。
- ネットワーキングの場で：ビジネスパーソンなら誰でも、ネットワーキングのパーティーやトレードショーなどのイベント会場で、音楽などが騒々しい中、人の耳元に話しかけなければならない経験をしていると思う。そんなときはたいてい、聞き手のほうが、自然に自分の聞きやすい耳を向けるものだ。だが、話しかける側としても右耳のほうが自分に有利であることを頭に入れておこう。そのようなイベント会場は、右耳から話しかけたときのほうが、頼みごとの成功率がはるかに高かった。前述の実験の設定状況と非常によく似ている。

この実験のよいところは、人工的に設定、整備された環境ではなく、現実の場所で、何も知らない被験者を使って行われた点だ。そんな現実に即した実験であるだけに、その成果を応用したら、成功率もそれなりに高いはずだ。

いつも笑顔を絶やさない

No. 043

小売店や飲食店の店長が、新しい従業員にまず教えることは何か。第一は「現金を盗まないこと！」かもしれないが、その次にくるのは「笑顔で接客！」である。それが、皆が思っているより有効なアドバイスであることが研究で明らかになった。被験者に笑顔かしかめ面をほんの一瞬――見たと自覚できないくらいの短時間――見せると、実際それによって、その人が飲み物に対して支払ってもよいと感じる金額に違いが出たのだった！

ポジティブな態度で笑顔を浮かべている従業員のほうが、しかめ面をしている者より売り上げが多いということは想像に難しくない。カリフォルニア大学サンディエゴ校のピオトル・ウィンキールマンとミシガン大学のケント・C・ベリッジが数年前に行った研究で、たとえサブリミナル画像であっても、笑顔の効用は大きいということがわかった。

被験者たちは、笑っても怒ってもいない普通の顔の写真を、時間にして0.5秒を少し下回る間見せられた。これは人の顔を識別したり、性別を見分けたりするのに十分な時間だ。それが被験者たちに指示された表向きの作業だった。

実際は、わずか16ミリ秒にわたって、そこに笑顔またはしかめ面の写真が挟み込まれていた。被験者たちはそれを見せられたことに意識の上では気づいておらず、気分が変わったという自覚も持っていなかった。にもかかわらず、飲み物を出されると、のどが渇いた状態で笑顔を見せられた被験者は、同じくのどが渇いていてしかめ面を見せられた被験者よりも多い量を飲んだ。

笑顔の値段はタダではない

次に行われた実験で示されたのは、のどが渇いた被験者は、笑顔のサブリミナル画像を見た場合、その飲み物に対し、怒った顔を見た場合の２倍の金額を支払う気になったことである。

のどの渇きという要素がこの実験で果たしている役割は、飲み物をたくさん飲む、あるいは高く価値つけるという情緒反応が生物心理学的なものであり、笑顔や怒り顔を意識的に知覚したことによるものではないということを示すことだ。このように、被験者が、刺激を受けたことも、それによって気分が変化したことも自覚してはいないのに、実際に気分の変化が起きる現象のことを、論文の著者らは無意識感情と呼んでいる。

脳科学マーケティングの実践ポイント 43

笑顔は、たとえ写真であっても売り上げに貢献する

ハンバーガーショップで並ぶ客に笑顔のサブリミナル画像をちらつかせるというのは、あまり現実的な手法とは言えないし、さらに言えば、倫理的とも言えない。この研究成果の要点は、被験者が自分で気づきさえしない程度のわずかな気分の高揚でも、顧客の消費量と購買意欲に影響を及ぼすということだ。

つまるところ、従業員に笑顔を教える店長は、正しいことをしていたのだ。また、小売店の店頭ではポジティブな視覚イメージをつくり出し、人の写真を使う場合は笑顔の写真にすること。

２番目のポイントは、市場調査の際に人の気持ちを聞くときは、十分な注意が必要ということだ。上述の研究では、被験者が自覚していないような気分の変化でさえ、行動に違いを及ぼした。したがって、単に人に質問をしただけでは、脳内で何が起きているかの正確な情報は得られないということだ。

自信満々で説得する

No. 044

実際に専門知識を持つのとそのように振る舞うのではどちらが効果的だろうか。コンサルタント、セールス、チームのメンバーなどなんであれ、人を説得する職業や、自分を信じてもらう必要がある立場にある人は、自信ある振る舞いをするのが得策だ。

カーネギーメロン大学行動意思決定研究センターのドン・ムーアが行った研究によると、**他者の信頼を得るには、正確さよりも、自信に満ちた振る舞いのほうが効力を発揮する**ことが明らかになった。

ムーアは、ボランティア参加者５名グループに、写真に写っているさまざまな人々の体重を当てるように言った。当たった参加者には現金が与えられ、次の試行の際にはそのお金を使って、ほかの４人の参加者の１人からアドバイスがもらえることになっていた。参加者各自は、ほかの４人の答えを知ることはできなかったが、それぞれの自己申請による自信度を見ることはできた。

消費者は自信のある話し方を好む

当然ながら、最初から、より高い自信度を示す参加者がアドバイザーとして人気を集め、アドバイス料を稼いだ。ゲームが繰り返されるうちに、アドバイザー選びの条件として互いの正解実績に重点が置かれるようになり、答えを多く外した参加者は選ばれなくなったものの、やはり自信の度合いのほうが依然強い選択基準だった。つまり、自信のほうが、実際に示された正確さよりも重要視されたというわけだ。

この実験結果は、それほど驚くことではないかもしれない。人は自然に、「自信＝知識がある」という連想をするものだからだ。しかし、正しくないくせに自信ありげな発言をしていると、自信を持つ者が信用を得るという原理は成り立たなくなる。その一方、気候の変動だとか将来の経済動向といった複雑な話題の場合は、単純で自信ありげな説明のほうが、真のエキスパートによる精巧な見解よりも、信用されるかもしれない。

後者は、正確さと完璧さを求めるがゆえ、想定し得るさまざまな状況とそれに対する懸念についていちいち説明したりする傾向があるからだ。そのようなわけで、**専門家よりも、自信ありげに単純明快な説明をする人間のほうが信頼感を勝ち取ることが多い**のだ。

自信満々の好例は、ＣＮＢＣの投資情報番組『マッド・マネー』のジム・クレイマーだ。すべての投資アドバイザーがそうであるように、市場や個々の銘柄に関する彼の予測は当たることもあれば外れることもある。それでも彼は、冠番組を持ち、絶大な支持を集めている。

クレイマーが視聴者獲得に成功している大きなカギは、彼の自信と専門家然とした態度である。視聴者が、あまり知られていないような会社について電話質問をしてくるコーナーでは、クレイマーはテキパキとその企業の銘柄コード、事業の概要、自分がその企業を気に入っている、あるいはいない理由を述べ、買いか売りかをズバリ勧める（効果音や点滅照明まで使って）。

あいまいなことを言ったり、さまざまな状況を説明したり、どっちつかずの「様子見」を勧めたりすることは絶対せず、深い知識と明確な意見をパッパと提示する。これぞ自信ある態度。少なくともクレイマーはそれで成功している。

生まれながらのマインドリーダー

われわれが自信満々の人を好む背景には、ミラーニューロンが関与しているらしい。人と人が対話するとき、**相手の動作や身振り手振りに対して脳内のミラーニューロンが共感し発火するが、実はミラーニューロンが反応しているのはそれだけでなく、相手の心理状態にも反応している**ことが複数の研究で明らかにされている。

このことがわかってから、科学者たちは、**人間には人の気持ちを読む能力が生まれながらに備わっている**と考えるようになった。幼いときから他者を観察することで感情のデータベースのようなものを構築し、それを使って人の気持ちを解釈しているというわけだ。この作業が意識下で自動的に行われ、われわれの行動を左右している。つまり、他者の自信が自分の自信を生むということだ。

脳科学マーケティングの実践ポイント 44

自信を示そう

では、皆それぞれが自分の意見に鼻持ちならぬ自信を持ち、ほかの考え方には一切の価値を認めるなということだろうか。それはもちろん違う。販売の成約、プロジェクトの承認など、他者を説得しないと達成できないようなことを成功させたいのなら、自分の自信を相手に伝える必要がある。

けっして「他者を操るために虚勢を張れ」と言っているのではない。昔ながらの正当なやり方で本当の自信をつければいいのだ。それなりの知識をきちんと習得しておけば、自信は後からついてくる。

ときには、本当に不確かなことだってある。「この製品はある条件下ではうまく機能しないかもしれない」「この手術によって症状が悪化してしまう可能性もある」「このプロジェクトが画期的な研究成果につながるとは限らない」といった状況だ。ネガティブな結果になる可能性を一切無視するのは愚かな行為だし、倫理にも反する。

そのような不安材料があるときは、悪いほうのシナリオを説明し、可能なら、その可能性を示そう。しかし、自分の勧める方法が最善策だと信じるならば、想定し得る状況について「ああでもないこうでもない」と言って時間を費やすのはやめよう。

聞いている人を混乱させ、不信感を与えてしまう。人に何かを勧めるときは、正直で、ガラス張りで、自信のある態度で臨もう。

最初に小さな頼みごとをする

No. 045

誰でも、自分のあまりよく知らない人に何かを頼まなくてはならないことはたまにある。契約を成約させたいセールスパーソン、新しいＩＴ担当者に自分のコンピューターを先に直してほしい事務職、見込み寄付者に献金を約束させたい資金調達者などを思い浮かべてほしい。

そんなとき、メインの要求以外の頼みごとなどしたくないのが自然の心理だ。頼みごとをされただけでも迷惑なのに、いくつもされるなんて最悪だ――。ついそう考えてしまわないだろうか。

複数の頼みごとをするのは賢明ではないという、この普通で一見筋の通った考えは、実は間違っていた。先にある頼みごとをしたうえでもう１つの頼みごとをすると、２番目の頼みごとが聞き入れられる確率が大幅に上がるという研究報告があるのだ！

時間を聞くと、教えてもらえる理由

事前に１つ頼みごとをしておくと２つ目の成功率が上がるという、この直感に反する理論に私が初めて遭遇したのは、街角で行われたある実験について読んだときだった。実験者の１人が、通行人に面倒な道順を尋ねるのだが、すべての被験者が協力的とは言えなかった。一部の被験者に対しては、事前に、時間を教えてもらうというごく小さなお願いをした。これには、ほぼすべての通行人が時計をチェックし時間を答えた。

興味深いのはここからだ。最初の小さなリクエストに応じた被験者のほうが、次の、より面倒なリクエストに応える確率がはるかに高かったのである。最初の頼みを聞いたのだから、多少大きくても次の頼みも聞くのが筋という潜在意識のようなものが働いたと思われる。

成功の看板

もっと最近では、持ち家の主たちに「安全運転を心がけよう」という約90センチ×１メートル80センチの立て看板を掲げてくださいと頼むという実験が行われた。看板の足を打ち込むための穴掘りはすべて取りつけ作業員がやりますという、ちょっと恐ろしい申し出をしたにもかかわらず、ある高級住宅街では、リクエストに応じた人はわずか17%だった。

ところが、同様の住宅地、同様のリクエストでも、その２週間前に「私はセーフドライバーです」という小さなサインを窓に貼ってほしいと頼んだ場合は、なんと76%が立て看板も承諾したのだ。窓のサインのほうは、小さな面倒ということで、ほぼすべての家主が応じていた。

作業員がやってきて自宅の庭に穴を掘り大きな立て看板を立てることを、４分の３が承諾したとはかなり驚きである。私には、最初の17%の承諾率でさえちょっと意外に思えたので、２番目の、あらかじめ小さなお願いをしておけば成功率が４倍以上になるという結果は、実に驚くべきものだ。

また別の実験では、人々のクローゼットや飾り棚にどんなものがあるかを分類する調査のために、５、６人の研究者が家に入り込み２時間にわたる捜索をしたいという大胆なリクエストが試された。驚いたことに、依頼を受けたうちの22%の世帯が個人スペースの侵害を受け入れた。これは、人口の５分の１が「ノー」と言えないか、あるいはあまりにも退屈していて日常を破ってくれることならなんでも受け入れるということである。

次に研究者らは、別の世帯グループに電話をし、同じような内容をアンケート質問した。この小さなお願いにはほぼ全世帯が応じた。

３日後、同じ世帯にまた電話をし、例の時間のかかる訪問調査をさせてくれるかと尋ねたところ、なんと承諾率は、一方のグループの倍以上の56%に達した。最初のシンプルなアンケート調査が布石となって、より多くの世帯がずうずうしい調査員に自宅の門戸を開放したのは明らかである。

脳科学マーケティングの実践ポイント45

事前に小さなお願いをする

これらの研究から学ぶことは明白だ。頼みごとをする相手に、まず別の小さなお願いをすることは、相手を不快にさせないのだ。それどころか、**最初のお願いが誰もが聞き入れるようなささいなことであれば、メインのお願いに応じてくれる確率が大幅に上がる**のだ。

使えそうな小さなお願いを以下にまとめてみた。

- コーヒーやお水を１杯くださいと頼む。
- 最低注文量の条件をつけずに試験注文を提案する。
- 資金調達活動で、本題のプレゼンをする前に、わずかな額の献金を頼む。
- 見込み客に短いアンケートに記入してくれるよう頼む。

小さな事前リクエストの選択肢は無限だ。どんな手を使っても、その最初の布石が、後の目的の成功率をグンと上げるのだ。

顧客の心をつかむスタッフを採用する

No. 046

これには誰もが同意してくれるはずだが、セールスパーソンが持つべき最も重要なスキルの１つは顧客の考えを理解できることだ。このスキルを測るのは難しい。だから採用責任者たちが判断材料として依存するのは、その人物の過去の販売実績（将来の販売成績の予測因子として有用）や面接（客先訪問のシミュレーションとして有用）ということになる。

営業スタッフを採用する責任者たちは、候補者のSATのVerbalセクション（訳注：米国の大学受験用共通テストの語彙力と文の構造、理論の展開を理解する技量を測るセクション。2005年からはVerval SectionからCritical Readingに名称変更）のスコアもチェックすべきではないだろうか。ウェルズリー大学が行った研究で、高い言語能力と人の考えを予測する能力は比例することが示されている。

手話ができる人は頭がいい？

この実験の対象となったのは、異なる手話能力を持った成人の聴覚障害者だ。この被験者たちに、話の一場面を示す絵を見せ、話の次の場面としてふさわしい絵を２枚の中から選ばせた。話の登場人物が考えていることを正しく予測できた場合に正解となる。結果、手話能力の高い被験者は、正しい絵を選ぶ確率も高かった。

手話能力が高い人は、要するに頭がよいわけだから話を解釈する能力も高いのでは——と思うかもしれない。しかし、一定期間で手話の技術を向上させた人は、話の登場人物の思考プロセスを予測する能力も向上したという事実がある。

脳科学マーケティングの実践ポイント46

話す能力の高い人たちを雇おう

自分に備わった能力をフルに活用し、他者が考えていることを理解するには高い言語能力が必要であると研究者たちは結論づけている。だから**会話能力の高い営業スタッフ（あるいは責任者、カスタマーサービス担当者など）を雇えば、二重のメリットを享受できる。その人は顧客などによい印象を与えるだけでなく、顧客の心理状態を読み取ることにも長けている**ということになる。

「あなたが一番」とほめそやす

No.047

お母さんにこんなことを言われたことはないだろうか。

「お世辞を言ってもムダよ」

お母さんは、間違っていたのだ。お世辞は、たとえウソであると見なされても、言った人は長く続くポジティブな印象を残すという研究結果が出ている。

香港大学科学技術学部のエレイン・チャンとジャディブ・セングプタは、たとえ偽りのお世辞であっても、言われた側がそのことを差し引いて考えようとしても、お世辞は顧客に対し説得力を持つことを発見した。チャンとセングプタによれば、人は、自分がお世辞を言われているとわかっていて、それを「差し引く」ようにしても、言った人に対して無意識にポジティブな印象を抱いてしまい、その印象は強力で長いという。被験者が意識の上ではお世辞がウソとわかっていても、この、研究者らが暗黙知と呼ぶ潜在意識への肯定的な印象が、行動に影響を及ぼすことがわかったのだ。

人がそんなに簡単に操作され、頭の中でわかっていて騙されないようにしようと思っても負けてしまうとは、恐ろしい。良心的なマーケターがこの事実を応用する方法はないものだろうか。答えは「ある」だ。

脳科学マーケティングの実践ポイント 47

節度あるお世辞を使おう

ずる賢くないお世辞の使い方のカギは、正直であることだ。特に対面販売の場面では、販売スタッフが、まったくウソ偽りのない形で顧客の行動や特徴をほめることが可能だ。それに、真実に基づいた褒め言葉のほうが、ウソがあることや大げさであることが見え見えのお世辞よりも信じてもらいやすいし、顧客の印象もよい。

大衆に対する褒め言葉

対面接客以外のマーケティングでも、特定のターゲットに的を絞ったコピーを使うことで、ウソのない褒め方ができる。たとえば「『プラチナ・クラス』のスーツを着られる方は、洗練されたスタイリングや極上の品質がわかる……」というような言い方だ。

このように、特定顧客に狙いを定めた言い方なら、ありふれたお世辞を言うダイレクトメールなどよりも、はるかに正直で効果も高い。研究では、相手に不誠実と気づかれ本気にされないようなありふれたお世辞でも効果があると示されてはいるが、やはり事実に根差したことを言ったほうが、相手に違和感を抱かせず、自社やブランドに対し、好印象を持ってもらえる。

コーヒーでおもてなしする

No.048

セールスの見込み客に初めて会う場合、その人においしそうな冷たい飲み物を勧めるのは「ちょっと待った」である。代わりにアツアツのコーヒーを出して、自分の印象を高めよう。私の尊敬する研究者、エール大学のジョン・バーグは、飲み物の温度によって、人の、他人に対する評価が変わることを発見した。

実験では、被験者にアイスコーヒーかホットコーヒーのどちらかを与え、ある人の性格を、その人の情報ファイルを見て評価するよう指示した。人物評価で「温かさ」により高得点を与えた被験者グループはどちらだろう？それは言うまでもなく、ホットコーヒーを飲んだほうである！

温度が記憶に与える影響

熱い刺激と冷たい刺激が与えられると、信頼感や協調性に関係する脳領域が活性化することが脳の画像解析実験で示されている。研究者らは、ホットコーヒーの効果も、その事実に起因するとしている。

興味深いことに、**温かい飲み物は、われわれの他人に対する考えだけでなく、自身の行動にも影響を及ぼす**のだ。バーグによれば「物理的な温かさによって、人の性格がより温かく感じられたり、自らも温かい心情、つまり気前がよくお人よしになる」のだそうだ。

脳科学マーケティングの実践ポイント 48

温かい飲み物を出そう

選択肢があるなら、セールスの見込み客や、ビジネスパートナーになる見込みがある人に会うときは、冷たいドリンクではなく、温かいコーヒーを一緒に飲もう。そのほうが、自分が温かい性格に映るし、相手もより気前がよく、お人よしになってくれるのだ。

残念ながら、この実験では、アルコール飲料などのバリエーションが試されなかった。アルコールでも温度によって行動を変える効果があると、私は信頼できる情報源から聞いている。お湯割りはいかが？

この作戦の効果を最大限に高めるなら、温かい飲み物を、断熱材を使っていないマグカップを直に手で持って飲んでもらうのが一番のようだ。チャイニーズレストランがお茶を取っ手のない茶碗で飲ませるのは、人の温かみをテーブルの皆に伝播させるためなのではないだろうか！

カフェイン飲料を出す利点は、**カフェインに短期気力を高める作用がある**ことだ。したがって、温かいカフェイン飲料を出せば、セールスピッチに対する印象がよくなるだけでなく、内容もよく覚えてもらえるということになる。

甘いお菓子で気分を高揚させる

No.049

チョコレート菓子を食べたせいで「テレビが買いたくなる」とか「クルーズを予約したくなる」などということはあるだろうか。答えは「イエス！」だ。

以前よく行っていたモールの通路に、いつも通りがかりの人にチョコレートの試食サンプルを差し出していたキャンディショップがあった。誰もがチョコをつまんでそのまま通りすぎていくので、経済性はどうなのかと私は疑問に思ったが、店がやり続けているからには、きっと採算が合うのだろうという推測に至った。

やはり、いったん手を出してしまうと、その人は、その幸せにもっと浸っていたいという気持ちになるのが事実だった。さらに驚くのは、自分を甘やかしたい気持ちは、甘菓子をもう１個口にするといったレベルにとどまらず、コンピューターやデザイナーブランドのシャツといった高価な商品にも当てはまることだ！

甘いお菓子を食べると、断りにくくなる

マイアミ大学のフリオ・ラランとフロリダ大学のクリス・ジャニズウェス

キーは、被験者にチョコレートトリュフを出し、食べるよう勧める研究実験を行った。つい手を出した被験者は、ますます食べたい気持ちに駆られることを発見した。食べ続けたくなるのは、トリュフに限らず、アイスクリームや、ピザ、チップスなど、脂肪分の高い食べ物も該当した。

ここまでは意外でもなんでもないだろう。「一口では済まないよ！」というレイズ・ポテトチップの往年のキャッチフレーズは、たしかに真実を語っている。驚きに値するのは、つい手を出したくなる対象が、おいしいお菓子に限られたことではないという点だ。

さらなる実験によって、トリュフを１個食べた被験者は、誘惑に負けなかった被験者に比べ、アップルコンピューター、デザイナーブランドのシャツ、高級テレビ、クルーズといった商品を、より尊ぶことがわかった。

関連する発見はほかにもあった。まず、満足するまでずっとトリュフを食べ続けた被験者は、やがて食べ続けたいという欲求が消えたこと。そしてトリュフに最初から手を出さなかった被験者は、ほかの誘惑にも負けない心構えを一層強くしたということだ。

脳科学マーケティングの実践ポイント 49

トリュフ作戦を試してみよう

禁断のお菓子で顧客を誘惑してよいのか。もしあなたの売る商品が、ぜいたく品とか自分へのごほうびと位置づけられるようなモノなら、トリュフ作戦は有効かもしれない。

しかし、お菓子を食べさせ続けてはいけない。満足すると、自分を甘やかしたい欲求はやがて消えてしまうからだ。また、お菓子の誘惑に負けない顧客は、「買わないようにしよう」という気持ちを逆に強めてしまう点にも気をつけよう。

さて、前述のモールのチョコレートショップに話を戻すが、もしかしたら、モールの経営者側、あるいはショップの周りの店が無料チョコの費用を出していたのではないかと、今にして思うのだ。配布の仕方がまさに完璧だった。店員が通行人の１人ひとりにチョコを１つずつ差し出すので、甘いもの好きな人にひとつかみ持っていかれるというようなことはない。

試食サンプルは、受け取った誰もがもっと食べたいと感じるちょうどよい小ささだった（これはチョコレート屋側の作戦に違いない）。だが研究結果に従えば、おいしいチョコを１粒もらって食べた顧客は、より多くのお金を使うようプライミングされていたということになる。そして消費の対象はチョコレート１箱だけではないのだ！

マジシャンのスキルを応用する

No. 050

マジシャンと神経科学者に共通の話題なんてないだろうと思っていたら大間違いだ。マジシャンも神経科学者も、それぞれ違う形ではあるが、注意力や意識の問題にかかわっている。この２つの職業からマーケターが学べることはある。とりわけ、一生懸命注意を払っている観客の目をごまかすマジシャンのテクニックは参考になる。

以下、人の精神機能を巧みに利用するマジシャンの技の中で、マーケターが応用できそうなものをいくつか挙げる。とは言っても、顧客をだまそうというのではない。顧客の注意を引き、つなぎ止めておくためにこれらの方法を使うのだ。

1.人は一度に１つのことにしか注目できない

私は一度に複数の作業をこなせる人間だと思っている。ほとんどのビジネスパーソンもそう自負しているに違いない。

マジシャンの興行が成り立っているという事実は、人が一度に１つのことにしか注意を払えないという事実を示している。彼らのやっている手品の多くが、観客の意識があることに集中している間にもう一方の手で何かをするというパターンに基づいている。

神経科学者は、人間の集中の仕方を、何かにスポットライトを当てることに例える。ライトに照らし出された部分だけを見て、ほかの部分には目が向かなくなるという意味だ。特に、１つの狭い範囲の事柄にしか意識を集中させることができない傾向を指すのに視野狭窄（トンネルビジョン）という言葉が用いられる。

マーケターは、ターゲット層の注意を適切な場所に向ける必要がある。顧客の注意が外にそれたり、さらに悪いパターンとして、販売スタッフがしている（あるいは広告の）ほかのことに目が行ったりすると、宣伝内容のキーポイントをとらえてもらえなくなる。

マジック作戦１：あなたの伝えたいことに注目してほしいなら、顧客に一度に複数のことをさせない！

２.人は動くものに気を取られる

マジシャンの小道具としてハトがよく使われるのはなぜか、不思議に思ったことはないだろうか。もちろん扱いやすく、ポケットに詰め込まれても我慢してくれるハトの性質も重要だろうが、白い羽をはばたかせてパッと飛び立つ様子は、観客の視線を間違いなくくぎつけにする点も大きい。ハトが観客の注意を一気に奪ってくれるので、その間マジシャンは、次の段取りの準備ができる。

われわれの脳は、動くものに反応するようできているのだ。もともと大昔は、動くものといったら、危険、あるいは食べ物だったのだから。マジシャンは、その生まれ持った反応をいろいろなところでうまく利用しているのだ。あなたもそれをまねることができる。

マジック作戦2：グループへのプレゼン、対面販売、テレビコマーシャル制作といった場面で、動くものを使って、ここぞというときに見ている人の注意を引こう。1つのものを動かせばそこに注目が集まる。

3.大きい動きが小さい動きを打ち消す

ステージに立つマジシャンがサッとポケットに手を持っていったら、観客はおそらくそれに気づくだろう。マジシャンはそれをわきまえており、その小さな動きをカバーするために、反対の手で大胆な手つきでポケットからカラフルなスカーフを引き抜くといったように、大きな動きで注意を引くのだ。

マジック作戦3：見ている人の気がそれたり、集中力が切れているようなら、大きな動きで注意を引き戻す。

4.人は目新しいものに引かれる

私はマジックを見るとき、いつもあやしい動きをつかまえようとつぶさに観察する。どの観客も同じだろう。だが、熟達したマジシャンのトリックを見破れることはめったにない。それは上述のような、目くらましが行われているせいだけではない。マジシャンは、必要な動きをお決まりのアクションでカバーするのだ。

たとえば、マジシャンが耳をかいたり、袖口を動かしたりといった、よくある動作をすると、観客の脳は、「またあれか」と処理して気に留めない。実はその動作によって小道具の移動や何かの準備を目立たなくしている可能性がある。逆に、これといった理由もなく両手を頭のてっぺんに乗せたり、左手を挙げたりしたら、皆が注意して見るだろう。

人は目新しいものに注目し、見慣れたものには退屈する。

マジック作戦４：意外な動きや、新しい音、今までにない画像などを使い、顧客の注意を引こう。それによって、「なんだろう」と見てもらうことができる。これは文章にも当てはまる。「新発売！」というのは広告において最も注意を引く言葉の１つなのだ。

５．ミラーニューロンが人を参加させる

マジシャンが鼻をかく振りをして口の中に隠していたコインを手に取る。観客がそれに気づかない理由の１つは、鼻をかく動作に共感してしまうからだ。マジシャンがある動作をすると、それが観客にわかるものである限り、観客のミラーニューロンが発火し、自分たちも同じことをしている感覚になる。

マジシャンはこの現象を巧みに利用し、おとり動作を使うのだ。何かを飲む振りをして、実は口に隠していた物を取りだすといった手法だ。他者の動作を理解し共感するようにできている人間の脳は、ついついおとり動作に同調してしまうので、目くらましが成功するのだ。

マジック作戦５：マーケターの場合、見られたくない動作をごまかそうとする必要などはないが、それでもここから学べることはある。人は、対面であれ動画であれ、誰かがなじみのある動作をするのを見ると、脳内のミラーニューロンが働く。たとえば清涼飲料水を販売しているなら、ビンを開け、口に持っていって飲むという動作を、ターゲットに体験してもらおう。マジシャンは、見慣れた動作が脳を刺激することを知っている。あなたもそうなろう。

6.しゃべりは控えめに

ステージであれ、間近であれ、マジックショーを見に行ったことがあればご存じのはずだが、マジシャンはしゃべり続けていることが多い。上手なマジシャンは、自分のしていることやその難しさなどをしゃべり続けながら、手を忙しく動かして手品を進める。

彼らがそうする目的は、観客にテクニックのことを教えるためではなく、観客の気をそらすことにある。言ってみれば、マジシャンのしゃべりは、人の脳にとっては、処理せねばならない一連の情報入力だ。そうして脳を情報であふれさせてしまえば、肝心なことが見破られにくくなるのだ。

マジック作戦6：絶え間ないしゃべりは、マジシャンにとっては道具だが、あなたにとっては、顧客の注意をセールスポイントからそらせる妨害になりかねない。あなたが商品を一生懸命チェックしているかたわらでしゃべりまくる販売スタッフに出くわしたことはないだろうか。たとえば車のセールスパーソンがムダなトークを繰り広げる中、ディスプレイパネルをチェックするのは難しい。販売スタッフには、何をしゃべるかだけでなく、いつしゃべるか、そしてしゃべってはいけないかをしっかり教えるべきだ。またコマーシャルなどの媒体においては、ナレーションが画面の重要な視覚情報を邪魔しないよう注意しよう。

また、パワーポイントを使ってプレゼンをする人にもマジシャンのしゃべりが参考になる。長い文章を画面に表示するのは、集中妨害のよい例なのだ。たとえ内容が一致していても、プレゼンで誰かがしゃべっているときに、聴衆に画面の文章を読ませると、理解力も記憶力も低下させてしまう。脳は、どちらか１つの作業に集中しないと、いい仕事ができないのだ。

脳科学マーケティングの実践ポイント50

マジシャンに学ぼう

マジックは、少なくともマーケティングと同じくらい古くからこの世に存在しているはずだ。その実践者からマーケターが学べることはある！　熟達したマジシャンは、観客の注意を引き止めたり、自在に別のものに向けたりすることに長けている。彼らはまた、人の気をそらせることの達人でもある。それを逆手に取ればマーケターがターゲットの気をそらさないコツが学べる。

柔らかいイスに座らせる

No. 051

あなたが前回車を買ったとき、セールスパーソンに柔らかく座り心地のいいイスを勧められたとしたら、それには２つの理由が考えられる。

１．交渉のストレスにさらされるあなたが少しでも楽でいられるようにという純粋な気遣い。
２．硬いイスよりも柔らかいイスに座ったほうが、より多くのお金を使うことがわかっているから。

２番目は荒唐無稽に聞こえるだろう。「イスの硬さが車に払う値段に影響するわけなどない」と誰もが思うはずだ。あるとすればむしろ、硬いイスに座ったほうが、どうでもいいからさっさと話をまとめたくなる可能性ではないだろうか。事実は、その反対なのだ。

ジョシュア・アッカーマン（ＭＩＴ）、クリストファー・Ｃ・ノセア（ハーバード大）、ジョン・バーグ（エール大）の３人が行った研究で「硬い物体は交渉での強硬さを増す」ことが示されたのだ。その一連の実験の１つが、車の値段交渉を模したものだ。売り手役の被験者がある価格をオファーし、それが拒否される。次に買い手役が価格を逆提示する。その後、被験者たちは交渉相手を評価するよう言われる。

硬いイスには座らせない

研究者らは、被験者が交渉中に座っていたイスが硬いか柔らかいかで、その評価に大きな差が出ることを発見したのだ。**硬いイスに座っていた人は、交渉相手をより冷静と評価した。**

一番重要なのは、柔らかいイスに座った「買い手」は、硬いイスに座った買い手よりも、カウンターオファーの額が40%近くも多かったことだ。**硬いイスは、買い手の、交渉相手に対する評価を変えただけでなく、買い手をタフな交渉人にしてしまった**ということだ。

別の実験では、被験者に硬い木片か柔らかい毛布を触らせてから、上司と部下のやりとりを見せ、その評価をさせた。硬い木片を触った被験者たちは、毛布を触った被験者に比べ、部下をより頑固と評価した。この実験室での研究成果は、果たして実社会で応用できるものだろうか。論文の著者、ジョシュア・アッカーマンはこう述べている。

「実社会での意思決定の場面では、いろいろなストレスにもっと気をとられる。だから、感触的な誘因の影響をもっと受けやすいのではないだろうか」

脳科学マーケティングの実践ポイント 51

見込み客をリラックスさせよう

見込み客に対し、自分をより柔軟に見せ、相手にも交渉で柔軟になってほしければ、以下のことを試してみよう。

- 柔らかいイスに座らせる。

- 何かを渡す場合、硬い物体は避ける。
- 温かい飲み物を勧める。

以上のコンビネーションで、顧客と心を通わせやすくなり、成約率も上がる。会う人に硬直な態度を求めるというのでなければ、オフィスのイスをすべて柔らかいものにしても損はないだろう。

Chapter

08

脳が喜ぶ セールステクニック

マーケティングはもっぱらビジネスに向けのものと思いがちだが、
ＮＰＯ（非営利団体）、慈善団体、政府系機関、教育など、
あらゆるタイプの事業にまで拡大して活用することができる。
このセクションではとくに非営利活動に適応できるアイデアを紹介していくが、
営利を目的とするマーケターも読んでおく価値はあるだろう。
どんなビジネスであれ、寛容、利他主義、
社会的に適切な行動を取ろうとする気持ちを育むべきときがあるはずだ。

店内の至るところに鏡を置く

No. 052

これは予言だ。今後数年のうちに、教会や礼拝所の通路に、ある日突然、鏡が現れるだろう。その理由は、礼拝にやってくる人たちに髪の乱れを直してもらうためではない。

鏡は私たちに魔法にも似た効果を及ぼす。モチベーション研究の専門家たちは講演会などでは常々、「目標を立てたり、自分が望む将来を思い描いたりするときは鏡を見よう」と伝えてきた。結局のところ、そのアドバイスは人をやる気にさせるための大げさな話というわけではなかったのだ。実際、鏡を見ると私たちの行動は変わる――。少なくともしばらくの間は。

鏡と行動の関係について最も優れた研究が行われたのは、1970年代にさかのぼる。社会心理学の多くの実験と同様、設定はシンプルだった。ハロウィーンで家々を回っている子どもたちに「お菓子は1人1個だけ」と告げ、大きなキャンディー皿を置いて家人がその場を去るという設定だ。

その結果、約34％の子どもがお菓子を2個以上取っていたことがわかった。しかし、子どもたちが自分の姿を見られるよう、キャンディー皿の後ろに鏡を置いた場合、指示に従わなかった子どもはわずか9％。鏡を置くだけで、悪い行いに走る率が4分の3近く減ったのだ！

己の振り見てわが振り直す

自分の姿を見て反応するのは子どもだけではない。別の実験では、被験者に自身のライブ映像（左右が逆になる点を除けば、鏡を見ているような映像）を見せるか、なんの形というわけでもない幾何学的図形の画像を見せるかした。

その後、ちょっとした課題を与え、被験者が自分の使ったペーパータオルを持って部屋を出なければならないようにした。図形の画像を見た被験者の半数近くは、人気のない階段でペーパータオルを捨てたが、自分の映像を見た被験者で同じことをした者はわずか４分の１だった。

人は自分自身の姿を見たことをきっかけに自らの行動について考えるようになり、結果として社会的に望ましい行動を取るようだ。説得戦略や社会的影響力に関する研究の専門家、ロバート・チャルディーニによれば、相手の名前を尋ねるといった行為も同じ効果を発揮する可能性があるそうだ。別の実験では、従業員がビンにお金を入れてコーヒーや紅茶を飲むことになっているコーナーに人の目が描かれた絵を掲げておくと、「タダ飲み」をする人が劇的に減ったことが明らかになった。

チャルディーニは、簡単に監視ができない場所で万引きや従業員の盗みを減らすうえで、鏡は費用をかけずにそれを実行する手段になると述べている(鏡と一緒に「マジックミラー使用中」と張り紙をしておけば、いっそう効果的に違いない)。

脳科学マーケティングの実践ポイント52

寄付者に自分自身の姿を見せる

ＮＰＯのマーケティングにこの自己認識戦略を応用してみるのもおもしろい。一般的に、慈善事業の目指すところは、世の大多数の人が社会的に有益と見なす大義のためにお金や時間を捧げてもらうことだ。その成功率を上げるために、寄付をしてくれそうな人たちに自分の姿を見せる戦略以上に効果的な手段があるだろうか？

ＮＰＯ側が管理する環境で寄付の依頼をするなら、鏡を１つか２つ戦略的に配置しておけば（待合室や寄付依頼者のデスクの後ろなど）、寄付の契約率を上げ、場合によっては寄付金の平均額を上げる効果を発揮するかもしれない。もちろん、寄付者を自分たちの環境に連れてこられる余裕のあるＮＰＯは比較的少数だろう。

寄付金を依頼する最も一般的な方法であるダイレクトメールにも、自己認識の研究を応用する手段はあるのではないだろうか。たとえば、ダイレクトメールの寄付をお願いする部分に安価な反射素材を用い、「自分にできるよい行いを想像してみてください」と促す言葉を添えておくという方法がある。本物の鏡のように顔がはっきり映るわけではないが、意図は表現できるだろう。反射部分の下に寄付者の名前を入れ、個人向けにカスタマイズした依頼の仕方も役に立つ可能性が高い。

自分自身が映る映像を見せた場合の結果に基づけば、寄付者の写真がその人の寛大な心によい影響を及ぼすことも起こり得る。多額の寄付をしてくれそうな個人を対象に一番お金をかけた手段を取るなら、なんらかの形で本物の鏡を組み込むこともできるだろう。

鏡といった自己像を用いるやり方は、慈善事業、大学、環境事業など、社会的に望ましいものを支持する立場を明らかにしているマーケターにとって、おそらく最大の利益となるはずだ。

高層階に
オフィスを設置する

No. 053

われわれの言語では、高さとよいことを結びつける傾向がある。たとえば、天国はわれわれの上に存在するものであり、地獄はどこか下のほうに存在するものだ。

高さとよいことの結びつきは潜在意識に定着しているだけではない。物理的な高さもわれわれの行動に実は影響を与えている。

寛大な気持ちを高揚させる

ノースカロライナ大学チャペルヒル校のローレンス・サンナを筆頭研究者とする研究で、被験者の物理的な位置によって向社会的行動、すなわち社会のためになるよい行いに携わる比率がどのように変化するか調査が行われた。ある実験では、ショッピングモールでエスカレーターを上った直後の買い物客、エスカレーターを下った直後の買い物客にそれぞれ寄付のお願いをした。

その結果、エスカレーターを上った客が寄付をした割合は16%。エスカレーターを下った客が寄付をした割合7%と比べると倍以上の数字だ。なお、1階で、上り下りいずれのエスカレーターのそばにもいなかった対照群となる買い物客が寄付をした割合は11%だった。

より管理された環境で被験者をランダムに振り分ける形で別の実験が行われた。実験の主催者がある作業をしている設定で、階段を上った被験者がその作業を手伝う時間は、階段を下った被験者が手伝う時間よりも68%長かった。

「高い／低い」の効果を出すのは、その人がいる物理的位置だけではない。さらに別の実験で、被験者に飛行機から撮影された映像、車から撮影された映像のいずれかを見せ、自分が映像の中にいるところを想像してもらった。その後、コンピューターゲームで他者を助ける活動に従事してもらったところ、飛行機からの映像（高い位置）を見た被験者は、車からの映像（低い位置）を見た被験者よりも協力度が60%高かった。

ＮＰＯは寄付やボランティアを確保するにあたり、人の利他的行為に頼っているため、高さの効果を応用した多くの手段が思い浮かぶ。寄付を受けつけるテーブルを階段やエスカレーターを上ったところに設置すれば、実験を地でいく手段となる。

前述の実験結果は、オフィスのある場所にも影響し得る。階段を歩いて上ってきたボランティアはより熱心に、長い時間働いてくれるかもしれない。実験で証明されたわけではないが、私は「高い場所にあるオフィス」の効果はあると考えている。上の階にある大きな窓のついたオフィスや、見晴らしのいい会場で行われる資金集めパーティーに募金者を招き入れることで、彼らの寛大さは増すのではないだろうか。

高層階オフィスの効用

大半のビジネスは利他主義に基づいた運営がなされているわけではないが、協力は大事なことだ。高さの効果を利用すれば、チームづくりにプラスになるだろうし、急を要する重要なプロジェクトに向けて全員が協力するように促す手段にもなるだろう。

研究者は高さの効果がどれくらい続くのか研究していないが、高い位置にある環境に繰り返しさらされていれば、そのインパクトは減っていくのではないかと思う。毎日階段を（あるいはエレベーターで20階まで）上っていれば、上昇による変化が日常化するにつれ、行動に対する効果は減少していくだろう。

脳科学マーケティングの実践ポイント53

高さを操作し、行動を変える

あなたのオフィスはどこにある？　次の資金集めパーティーはどこで開く予定？　得意客とランチミーティングをしているのはどのような場所？

いずれにせよ、常に高さを意識しよう。もし地下にこもりきりの状況にあるなら、高いところで撮られた映像を被験者に見せるだけで高さの効果が発揮されたという実験結果を思い出し、壁一面に雲の絵を描いたり、大きな航空写真を飾ったりすることを考えてもいいかもしれない。

「幸せそうな人」の写真を使う

No.054

皆、赤ちゃんの写真を見るのが好きだが、赤ちゃんの写真にはほとんどの大人を引きつけるのに加え、特別なパワーがある。利他的な行動を後押しする力があるのだ。

スコットランドのエジンバラで、数百個の財布をわざと落としておくという実験が行われた。「持ち主」のもとへ郵送で返却された財布はほぼ半数。実験に用いた大多数の財布には４種類の写真「笑顔の赤ちゃん」「かわいい子犬」「幸せそうな家族」「老夫婦」のうちいずれかの写真が入れてあった。ほかの財布に写真は入っておらず、一部にはチャリティー関係の印刷物が入っていた。

結果は、非常に驚くべきものだった。赤ちゃんの写真が入っていた財布の、優に88％が戻ってきたのだ。次に返却率がよかったのは子犬の写真が入っていた財布で53％。そして家族の写真が入っていた財布の返却率は48％だったのに対し、老夫婦の写真が入っていた財布の返却率はわずか28％。写真が入っていなかった財布は７個に１個しか戻ってこなかった。

主任研究者のリチャード・ワイズマン博士によれば、赤ちゃんの写真が入った財布の高い返却率は、進化の過程で身についた、無力な赤ん坊を助けようとする本能の表れだ。**人間は次の世代を守るため、たとえ他人の子孫であっても赤ちゃんを助けるようにできている。**

脳科学マーケティングの実践ポイント54

赤ちゃんの画像で利他的行為を後押しする

寄付に頼っているＮＰＯなら、赤ちゃんの画像を活用して寄付者をより寛大な気持ちにさせることは可能だ。ただし、このテクニックが効果を発揮する場合とそうではない場合がある。

たとえば、交響楽団が募金を呼びかける手紙に赤ちゃんの画像を使用したとしたら、奇妙な印象を与えてしまう。逆に、家族を支援する慈善団体であれば家族全員の写真や年長の子どもたちの画像ではなく、赤ちゃんを前面に出す画像の活用を検討して構わないだろう。

営利目的型の広告主

営利を追求する広告主が学び取るべきことがあるだろうか？　広告主たちは、ごく単純なレベルで、人の目を引きつけるというだけの理由で赤ちゃんの画像を長年取り入れてきた。おそらくその中には利他的行為の後押しとなったケースもあっただろう。

保護や安全に関する分野は全般的に、赤ちゃん効果から恩恵を得られる可能性がある。タイヤメーカーのミシュランは、タイヤの脇に赤ちゃんが写っている写真を広告に使い、商品の安全性を強調した。

安いタイヤで運転して自分を危険にさらそうというなら、それもいいかもしれないが、あなたはこのかわいい赤ちゃん危険にさらすのか？

生命保険も、家族のため、とりわけ無力な赤ちゃんのために備えるという文脈で表現されない限り、無視されかねない商品のもう１つの例だ。

役に立つ販促グッズをつくる

No. 055

人の行動に与える影響を議論する際、繰り返しテーマになるのが互恵性だ。互恵という概念は、何かを与えられたり、尽くされたりすると、「相手にお返しをしなくては」と、かすかな義務感が生じることを意味する。

ドイツの経済学者、アーミン・フォークが興味深い研究を行い、**より大きな贈り物をすると、互恵効果が増強される**ことが実証された。フォークの研究では、慈善寄付を依頼する手紙を１万通用意し、それを３つのグループに分けて送付した。寄付の依頼状だけを受け取るグループ、依頼状のほかに無料のポストカードと封筒１セット（小さなプレゼント）を受け取るグループ、依頼状のほかにポストカードと封筒４セット（大きなプレゼント）を受け取るグループの３つだ。

寄付の依頼と一緒にプレゼントも送れば反応が高まるとの考え方は定着しており、この実験はそれを裏づける結果となった。小さなプレゼントは寄付金額を17%押し上げたのだ。だが、大きなプレゼントを受け取った人たちはさらに奮発して、プレゼントを何も受け取らなかったグループより75%も多く献金していた。

この実験は２つの点で意味がある。１つ目は、これがさほど費用がかからない実験用ラットを使って大学生が学内で行ったテストではなく、実社会における互恵性のテストであったこと。２つ目は、プレゼントや恩恵の規模の違いが比較的小さい場合であっても、互恵効果は受け取る恩恵の大きさに比例すると実証されたことだ。

ＮＰＯにおける互恵戦略

ＮＰＯは互恵効果を十分理解しており、非常に有利に活用している。なかには前述のテストとほぼ同じアプローチを取り、寄付率を上げるために、宛名ラベルやクリスマスカードといった粗品を勝手に送りつける団体もある。この研究では、価値やタイプの異なるプレゼントをテストしてみることが極めて重要だとわかっている。

カードを１枚プレゼントした場合と比べると、カード４枚が寄付率を急上昇させるなんらかのティッピング・ポイント（訳注：ある流行や現象、社会的行動が一気に広がりだすポイントや閾値）を超えていたことは明らかだ。しかし、カードが２枚だったら、ほぼ同等の効果があったのだろうか？　6枚だったら、コストを余計にかけても、それに見合うような寄付率の増加が得られたのだろうか？　特殊な品質（なおかつ高品質に見える）のカードを使う、あるいはカード以外の物をプレゼントしていたら？

ダイレクトメールの素晴らしい点は、テストに適していることだ。さまざまなダイレクトメールを送れば、寄付者のリストをセグメント化し、各パッケージの反応率を追跡しやすくなる。テストとプレゼントにわずかな投資をすれば、より大きなプレゼントをした場合に追加経費を相殺する以上の寄付率上昇が期待できるのかどうかを判断できるだろう。

ビジネスの互恵性

ビジネスでは見込み客にプレゼントを贈って寄付をお願いすることはない

ものの、互恵戦略が効果を発揮する可能性はある（トレードショーでの無料配布物はその一例。販促用のＴシャツや人目を引くペンを無料で配れば、ブースを訪れる多くの人がそのまま立ち去るのは悪いという気持ちになり、あなたのセールストークに耳を傾けてくれるだろう）。

フォークが実験で用いたのと似たようなダイレクトメールをビジネスで活用する１つの方法は、販売予測をする際によく用いられるアポイントの約束をお願いする手紙だ。営業担当者の紹介と、目的（たとえば、保険を節約する方法のご案内など）を記し、場合によっては自分にどんな人脈があるかを伝え、直接お目にかかれないかと提案するのが典型的なパターン。

ビジネスでこのアプローチを用いる場合は、手紙を受け取る相手のためにちょっとしたプレゼントを同封し、アポ取りの成功率を上げる努力をするべきだ。そうすれば、ダイレクトメールは互恵効果を発揮するだけでなく、相手のデスクの上で山積みになっているほかの手紙の中で際立つ存在になれるだろう。

脳科学マーケティングの実践ポイント 55

見込み客にプレゼントを贈る

互恵性には強力な効果があり、自分がアピールしたいことと合わせてプレゼントに変化を持たせる試みは理にかなっている。プレゼントを若干変更するだけでも反応率に大きなインパクトを及ぼす可能性があるので、最も費用効率の高い戦略を判断するには、テストをするしかない。

昔から「受けるよりは与えるほうが幸いである」と言うが、互恵効果はそれをこう変えるかもしれない。

「与え、そして受け取ることが一番の幸いである！」

かわいそうな子どもの話をする

No. 056

　問題が大きいほうが関心を引きやすいという理屈は説得力がある。病気で苦しむ人が１人いれば、それはたしかに気の毒なことだが、苦しむ人が1000人いるほうが、行動を起こす意欲ははるかに高まるはずだ。

　だが、ニューロマーケティングの世界では奇妙なことが起きるのが常である。人間の脳が非論理的で、おそらく予想外と言える働き方をしている事実が研究により明らかにされている。

　デシジョン・リサーチ社の研究者ポール・スロヴィックは、これを実証するのに、飢餓に苦しむ子どもの写真を見せられた人たちの貢献度を測定する方法を用いた。被験者の一部は、アフリカのマリ共和国で飢餓に苦しむ子どもが１人写っている写真を見せられ、別の被験者たちは子どもが２人写っている写真を見せられる。

　いずれの場合も子どもの名前はわかっている。２人の写真を見せられた被験者は、１人の写真を見せられた被験者よりも寄付金額が15％少なかった。また関連実験において、飢餓に苦しむ子どもが８人写っている写真を見せられた被験者は、１人写っている写真を見せられた被験者よりも寄付金額が50％少なかった。

こうした傾向は生まれつき備わっているのかもしれない。われわれは危機にある１人の人間にまつわるストーリーには引きつけられるが（1987年、テキサス州ミッドランドで井戸に落ちて閉じ込められた赤ちゃん、ジェシカの救出劇を全米が固唾をのんで見守ったのはそのよい例だ）、大規模な飢餓や病気の蔓延に注意を引きつけられることはめったにない。

慈善事業のマーケティング手法

ＮＰＯのマーケターは、できるだけ個人を対象としたマーケティング活動をする必要がある。寄付をする側だけでなく、寄付を受け取る側についてもだ。これは正真正銘のワン・トゥ・ワン・マーケティングである。

このコンセプトを深く理解している慈善事業はチャイルド・ファンド（旧：キリスト教児童基金）を置いてほかにはあるまい。チャイルド・ファンドでは、子どもの名前や写真など、個人の詳しい情報を明らかにしたうえで、寄付者に１人の子どもについて資金援助をしてもらっている。潜在的寄付者に自分が援助できそうな子どもの写真や生い立ちを見てもらい、「１日◯セント」という表現で援助費を最も少なく見せる工夫をしているのだ。

典型的な描写はこんなふうに始まる。

「シンディは小さなかわいい女の子。中米ホンジュラスの西部に位置する貧しい農村で暮らしています。おおむね健康で過ごしおり、身体に障害はありません。シンディは保育園に通っています。絵を描くこととお人形遊びが好きで……」

そして、貧しいものの哀れというわけではない子どもの写真が添えられている。

さらに、もしこの子を赤貧から救うことに心が動かなかった場合、「ほかの子を探す」と書かれたリンクをクリックすると、別の子どもの写真を見ることができ、性別や年齢など、ほかに希望の条件がある場合はそれに従って検索できるようになっている。潜在的寄付者は、一見、無限とも思える貧しい子どもたちのデータベースに自らのニーズを投影させ、互いのニーズがぴったり合った組み合わせが見つかるまで検索できるのだ。

被援助者の写真を見せる

決してチャイルド・ファンドのすばらしい事業を批判しようというのではない。私自身、何年もこの団体に寄付をしてきた経験がある。彼らが行っていることは間違いなく、見事なマーケティングだ！　現行のアプローチは、行動研究に基づくしっかりした根拠があり、チャイルド・ファンドが70年間存続し、（同ファンドのデータによれば）1500万人以上の子どもたちを助けてきた理由を説明するのに役立っている。

個人が支援を受けるというチャイルド・ファンドのアプローチにはもう1つパワフルな要素がある。それは、ほとんどの寄付者が支援を続ける義務があるように感じているに違いないという点だ。

たとえチャイルド・ファンドへの支援をやめてほかのチャリティーへ切り替えるだけだとしても、「寄付金を減らして月にもう何度かスターバックスに行きたかったばかりに、『私の子ども』が再び苛酷な貧困生活に放り込まれるはめになった」などと想像するのはイヤなのではないだろうか？　チャイルド・ファンドの寄付継続者数は、ほかの慈善団体と比べて抜群に多いと考えられる。

脳科学マーケティングの実践ポイント56

個々に目を向けさせる

援助を受け取る側の描写をする際、より個人に特化したアプローチを取れば、ほとんどのＮＰＯがその恩恵を得られるだろう。交響楽団の一般基金に寄付するのではなく、「マリーというチェロ奏者の支援者になってください」、あるいは出身大学宛てにただ小切手を切るのではなく、「アイオワ出身のある新入生が大学教育を受けられるよう必要な援助を提供してください」というアプローチだ。多くのＮＰＯは、個人に向けてアピールする戦略の威力にすでに気づいているが、ほかの団体は潜在的寄付者に対して、相も変わらず退屈でつまらない統計資料をこれでもかというほど見せている。

ＮＰＯのマーケターは肝に銘じておいたほうがいい。寄付者の大多数は、統計を見せられてもそれを寄付戦略に変換して考えることが得意ではないし、**人間の脳は集団を苦しめている状況よりも、個人の苦境に強く反応するようにできている。**資金を調達するうえで、個々の寄付者に向けてアピールする手法は以前から重要とされてきたが、援助を受ける側も個人を特定されるようにすることが重要であろう。

ブリーフケースを持ち歩かない

No.057

大多数のＮＰＯは、企業のようにできるだけ組織化された存在に見られるべく努力をしている。結局のところ、寄付者が知りたいのは自分が提供する寄付金が適切に処理されるかどうかである。「組織化されたＮＰＯだ」と見なされても構わないのだが、ある要因で寄付者をケチにしてしまうことが実はあるのだ。

スタンフォード大学とエール大学の研究者が、被験者に対してビジネスに関するモノの写真（ブリーフケース、会議室のテーブル、万年筆、革靴、ビジネススーツなど）を見せるか、ビジネスとは関係ない写真（凧、電球のソケット、七面鳥、クジラ、楽譜など）を見せた。

その後、被験者に「最後通牒ゲーム」をしてもらったところ、ビジネス関連の画像をプライミングされた被験者は、より利己的かつ野心的な行動を取った。具体的には、ビジネスと関係ない画像を見せられたグループの91%はお金を均等に分けようと提案したが、ビジネス関連のプライミングをされたグループで均等に分ける提案をした割合はわずか33%だった。

交渉の場で使ってはいけないもの

写真ではなく実物を見せられたら行動に違いが出るのかどうか確認するため、２番目のテストとして、あるグループにブリーフケースと革の書類挟みと高級ペンを見せた。それから実験の主催者がブリーフケースから用紙を取り出し、「必要事項をすべて記入して書類挟みに入れておいてください」と被験者に指示をする。対照群も同じ指示を受けるが、被験者に見せるのはビジネス関連のモノではなく、リュックサックと段ボール箱と普通の木の鉛筆だ。

その後、再び最後通牒ゲームをしてもらったところ、実物のビジネスグッズをプライミングされた被験者は写真のときと同様、やはり利己的になる傾向を示した。リュックサックを見せられたグループは100%、お金を均等に分けようと提案したが、ブリーフケースを見せられた被験者がそんな太っ腹な態度を見せる割合はたった50%にすぎなかった。

脳科学マーケティングの実践ポイント57

ビジネスや財務を連想させるヒントは避ける

寄付を依頼する準備をしているなら、ビジネスを思わせるようなヒントや、お金を示唆する画像やモノは見せないようにすることだ。相手に直接依頼をする場合は、コンピューターやファイルキャビネットなど、ビジネスを象徴するモノが置かれたオフィスではなく、偏りのない、場合によってはアットホームな雰囲気を活用しよう。言うまでもないが、前にも紹介した、お金や通貨に関する具体的な画像は一切、見せないようにするべきだ。

加えて、よりカジュアルな服装で臨むことも当然の成り行きだろう。ビジネススーツにしゃれたアタッシュケースとモンブランのペンという出で立ちではなく、もっとくつろいだ服装を心がけよう。

ビジネスを象徴するものは不要

営利目的の企業であっても、この戦略を取ることは可能だ。商談は会議室にスーツ姿の人間が大勢集まってするのが一般的だが、これは協力を仰ぐために必要とされるセッティングとは逆の状況である。

多額の寄付を促すことを目指すＮＰＯと同様、明らかにビジネスを象徴するモノは、できる限り取り除いておこう。それどころか、**商談に臨む全当事者に「カジュアルな服装で」と働きかけ、会社の会議室ではなく、あまり堅苦しい感じがしない会場で会議を開けば、両者とも競争ではなく「協力」をプライミングされる**ことになるだろう。

ダメモトでお願いする

No.058

数十年前、『ザ・トゥナイト・ショー』は深夜番組として圧倒的人気を誇っており、今と違って、出演するゲストは自身の最新著作や映画やドラマのプロモーションをしに来るセレブとは限らなかった。あるとき、当時の司会者ジョニー・カーソンが、その年ガール・スカウト団員の中で一番多くクッキーを売った少女（訳注：ガール・スカウトでは資金集めの活動として、団員によるクッキーの販売が毎年行われている）にインタビューをした。

この若きレディ、マルキタ・アンドルーズが打ち立てた販売記録はまだ破られていない。マルキタはどんなテクニックを使ったのか？　懸命な努力に加え、顧客にこの買い物は大した出費ではないと思わせるフレーミング戦略（訳注：ものごとの見方、数字やデータのどの部分にフォーカスを当てるかによって違う印象を与え、相手の意思決定を左右する戦略）を用いたのだ。

若きガール・スカウトの恐るべき営業術

マルキタの戦略はシンプルだった。ある家のドアをノックし、まずガール・スカウトへ３万ドル寄付してほしいとお願いする。当然、そんな依頼に応じる人はいない。その後、「ではせめてガール・スカウトのクッキーを買っていただけませんか」と尋ねると、ほぼすべての人が応じたそうだ。

これは店頭表示価格によるフレーミングとよく似ている。商品に実際の販売価格を大きく上回る表示価格を設定し、前者をお買い得に見せるやり方だ。もっとも、マルキタの戦略は若干違っていた。３万ドルという数字を提示することで、クッキーに支払う数ドルなんて大した金額ではないように思わせたのだ（それがチャーミングな少女の伝えるメッセージであったことも売り上げに貢献したに違いない！）。

脳科学マーケティングの実践ポイント58

まず大きな数字を提示する

あなたが頭のいい少女でなくとも、実社会で使える戦略はある。資金集めや販売の過程で非常に大きい数字を提示できれば、それよりずっと小さい数字をよく見せることができる。

ぜひ試してほしい。テレビのトークショーには出られないだろうが、寄付を獲得したり、取引を成立させたりすることができるかもしれない。

Chapter 09

脳を刺激するコピーライティング

「百聞は一見にしかず」ということわざがあるが、
コピーライティングの達人には禁句である。
とりわけダイレクトマーケティングに携わっている人は、
しかるべきコピーによって、宣伝に対するレスポンス率が
何倍も上がることを知っている。
動画や音などの感覚刺激を浴びせることに重きが置かれる昨今の広告でも、
やはり言葉が人に訴えるものは大きい。
人間をほかの動物と分かつものは、高度な言語能力だ。
賢いマーケターは、適切な言葉は、メッセージを伝えながら人の感情に触れ、
注意を引き留めることをわかっている。
脳の仕組みの解明が進んだ今、なぜ、
あるコピーが有効でもう一方のコピーがだめなのかがわかるようになってきた。
その知識を使えば、あなたもプロ並みのコピーが書けるようになる！

顧客の意表をつく言葉を使う

No.059

神経科学者たちは、人が予期していない出来事に驚く仕組みを徐々に解明しつつある。イギリスの研究者たちの実験により、**海馬という脳の小さな部位が、あることを引き金に、自動的に一連の事象を思い出し、それによって次に起こる事象を「予測」している**ことが判明した。

その実験は、被験者たちに４枚の画像を一定の順番で見せ、ある時点で３番目と４番目の順番を変えるというものだ。すると、海馬の活動が活発になることが観察された。被験者の脳が次に来るものを予測していたところに、それを裏切る画像が現れたため起きた反応であると研究者らは結論づけている。

意外性のある言葉で締める

脳の予測機能を解明するのに役立つ研究はまだある。文字を入力し始めると、続きとして適切な言葉を提案してくれる高度なワードプロセッサー機能があるが、人の脳もそのような機能を持つことがわかっている。

次は、『サイエンティフィック・アメリカン』誌の編集者スティーブ・マースキーのオーディオ・ポッドキャストを書き起こしたものだ。

今こうして私が話しているときも、あなたは受け身で聴いているだけではなく、脳を忙しく働かせているんです。次に私がどんな言葉を口……走るか、実際に声にする前に推測しているんです。今、「口にする」と言うと思ったでしょう？　脳は、その言葉を最後まで聞く前に、意味も踏まえ、いくつかの候補をかん……案するのです。

マースキーは２カ所でフェイントをかけたが、私は自分の脳が「口にする」と「考える」を期待したのがわかった。広告のコピーライティングでは、かなり昔から、これに似た、読者の意表を突くテクニックが使われてきた。よく使われるフレーズの中のひと言をほかの言葉に言い換えることがあるのだ。たとえば「今日の１針、明日の10針」を「今日の１針、明日の充実」というように、最後の言葉を意外なものに言い換えて読者をハッとさせるのだ。

読者やリスナーをハッとさせたければ、その人たちの脳がすでに予測した言葉を、違うものにすり替えてしまおう。

脳科学マーケティングの実践ポイント59

見る者聞く者の意表を突く

前述の研究は、予測を裏切ることによって反応が得られるという広告手法を裏づけるものだ。人に、ある画像や状況を見せると、その人の脳は、次に起こることを自動的に予測する。そこへ意外な画像や言葉、状況などを差し挟むことを広告でやれば、普通に終わらせるよりも一層注意を引くことができる。

スピーチなど、音声中心のプレゼンテーションでは、脳のオートコンプリート機能が働くので、後に続く言葉を置き換えると効果大だ。脳は、常に予測や比較をしているので、そこへ予想外のものを投入すると反応が得られる。これは絶対に試すべきだ。「口先よりも実……験が大事」である！

シンプルなキャッチフレーズを使う

No. 060

ブランドの力は驚くほど強いとわれわれは信じている。実際の中身はどちらであれ、ペプシよりもコカ・コーラと名のついたほうをおいしく感じる。実際はまったく同等の品質でも、ストアブランド（訳注：小売店、特にチェーンストアがつくっている自主開発商品）のポロシャツではなく、ラルフローレンのほうに高いお金を出す。

ブランドの名前が変わることはめったにないが、キャッチフレーズは一時的なものと見なされていて、よく変わる。かつてのコークのキャッチフレーズ「これが本物」ではないが、もし「本物」のキャッチフレーズがあるなら、それが変わってしまうのはどうなのだろう？

ところで、節約と言われて思い浮かぶブランドは？……ウォルマートはどうだろう。実は、ウォルマートという名前を見せられた消費者のほうが、同社の現行のキャッチフレーズ「節約してよりよい生活をしよう」を見せられた消費者よりも、買い物で使う金額が少なかったという驚きの研究結果がある。この興味深い発見は、マイアミと香港、バークレーの大学研究者からなる合同チームがほかの小売店やキャッチフレーズで同じ実験を行い、成果として再現された。

実験では、まず被験者が２つのグループに分けられた。１つのグループには、ウォルマート、ダラー・ジェネラル、シアーズ、ロスといった、節約を連想させるブランド名を見せた。対照群には、それらの小売店の宣伝文句を見せた。

たとえばシアーズならば「よい生活をよい値段で。保証します」という現在のキャッチフレーズだ。その後、ショッピングに行くことを想像してもらい、いくら使うつもりがあるかを聞くと、ブランドを見た群は平均94ドルで、キャッチフレーズを見た群の平均は、ちょうど倍くらいに当たる184ドルだった。

意外に買う気を起こさせる言葉

２番目の実験でわかったのは、消費者に「節約」を喚起するメッセージを見せると、「贅沢」を喚起するメッセージを見せた場合よりも、多い金額を使いたくなるということだ。研究者らは、節約のメッセージによってかえって金遣いが荒くなるというのは直感に反した事実であり、懸念すべき事柄でもあるとしている。

奇妙な結果ではあるが、まあ小売業者側がこれに悩むことはなかろう。そもそも彼らが節約志向の宣伝文句を使うのは、客が金を使いすぎないよう気遣っているわけではなく、売り上げを伸ばし、マーケットシェアを拡大するのが目的なのだから。

もしこれらが、現実の消費者、現実のお金、現実の店を使った実験だったら、私はこの研究成果をより重要視していただろう（訳注：一連の実験は、大学の学生にプライミングを行ったうえで、買い物と、使うつもりの金額を想像させたもの）。とは言うものの、一連の結果は、安さがウリのブランドにとって、節約を促すキャッチフレーズは売り上げアップにつながるという可能性を示している。たいていの人は、買い得であれば、お金を余計に使ってもいいと思っている（冷蔵庫に鎮座する、２年前に会員制スーパーで買った4・5リットル入りのマヨネーズがいい例だ)。

脳科学マーケティングの実践ポイント 60

シンプルな節約志向のキャッチフレーズを使おう

われわれは、キャッチフレーズが節約を喚起させる力を甘く見ていたのではないだろうか(売り上げ向上の功者であるウォルマートは、さすがにほかの小売業者と違い、キャッチフレーズの威力をわかっていたようだ。なにしろキャッチフレーズをロゴの一部にしてしまったのだから!)。

節約を期待させるキャッチフレーズは、消費者にたくさん買わせる力を持っている。あなたのブランドのウリが、安さなのであれば、それをうたったシンプルなキャッチフレーズをつくり、販売戦略の中核にしよう。

シェイクスピアの文体をまねしてみる

No. 061

シェイクスピアが、英語圏で最も偉大な作家の１人であることは疑いようのない事実だが、ソネット形態の宣伝文というのはあまり見ない。それに印刷広告で「弱強五歩格」が流行するなどということはないだろう。

しかし、21世紀の広告コピーライターがシェイクスピアから学ぶべきことはあるということが明らかになった。リバプール大学の神経科学者たちが、シェイクスピアを読むと脳のある部分が活性化することを発見したのだ。

彼らは、３種類の脳スキャンを使い、被験者がシェイクスピアを読んでいるときの脳の活動を測定した。その結果、シェイクスピアが品詞転換という技法（名詞を動詞に変えるなど、ある品詞をほかの品詞として使うこと。日本ではゼロ派生、機能転換とも呼ばれる）を使っている箇所になると、読んでいる被験者の脳が活性化したのだ。つまり、読者は意表をつかれ、シェイクスピアが何を言わんとしているのか考えさせられているということだ。

脳を混乱させる言葉

その例が、よくある単語（god）を本来とは異なるクリエイティブな形で（動詞として）使っている「he godded me（彼は私を神のように扱った）」

というフレーズだ。これを読むと、読者の脳は一気に活発化するのだ。

研究チームの１人、ニール・ロバーツは、この技法の効果を手品のトリックにたとえる。**頭が一瞬混乱することはよいことで、意外な言葉に遭遇すると脳内神経細胞が発火する**のだという。シェイクスピアが人々を魅了してやまないのは、彼の使う言葉が読者（あるいは聞く者）の脳を刺激するからだと、彼は考えている。

脳科学マーケティングの実践ポイント 61

言葉の変わった使い方をしてみる

かの作家を見習い、**言葉の使い方にアレンジを加えてみよう。普遍的な言葉を変わった用法で使う**のだ。宣伝コピーをニューロしよう！

あなたの広告文が、何百年後の文学の授業で使われるかどうかはわからないが、少なくとも今日の売り上げには貢献するだろう！

イメージしやすいネーミングをする

No. 062

ほとんどの人は、自社商品の分類上の品名について、あまり深く考えない。歯磨き粉は歯磨き粉、車は車といったように。だが、レストランがすでにやっていることを、ほかの業種も見習うべきときが来ていると感じる。商品を何と呼ぶかで、特徴の受け止められ方や売り上げが変わってくるのだ。

ものごとを心得た飲食店経営者は、消費者に嫌われる可能性のある不健康な料理が魅力的に聞こえるよう、クリエイティブな名前をつける。ポテトチップスを「ベジチップス」と言い換えたり、パスタと野菜を混ぜたものなら「サラダ」と呼んだほうがヘルシーに聞こえる。

私のお気に入りは、「マフィン」と称されるケーキだ。朝食にキャロットケーキを注文する人はいないが、おいしいキャロットマフィンならいかがだろう。それなら少しはヘルシーに聞こえないだろうか――たとえクリームチーズ・フロスティングが分厚く塗ってあっても！

得するネーミング技法

消費研究専門誌『ジャーナル・オブ・コンシューマー・リサーチ』による実験で、ダイエットをしている人や健康的な食事を心がけている人は、食べてはいけないものを名前で判断していることがわかった。つまり、ミルクシェークは避けても、ヘルシーな響きを持つスムージーなら注文するということだ。

研究者らはさらに、同じ料理でも名称によって評価が変わることを発見した。野菜、パスタ、肉、チーズの入った同じ料理でも「サラダ」と命名されていたほうが「パスタ」と呼ばれている場合より健康的であると認識された。また、別の実験では、同じソフト・キャンディでも、被験者は「キャンディ・チュー」より「フルーツ・チュー」のほうをより多く食べた。

どの業界でも、こうした呼称の言い換えは行われているはずだ。液体せっけんなら昔からあったが、「シャワージェル」は入浴法に革命をもたらした。食品の例のように、**呼称はネガティブなイメージを払拭し、顧客に商品を楽しんでもらうための要素となっている場合が多い。**

ポテトチップスはとてもおいしいが、炭水化物と脂肪がふんだんに含まれている。ベジチップスもとてもおいしく、同じく炭水化物と脂肪がたっぷりだが、はるかに健全な響きだ（この場合、言い換えに伴い製品とパッケージングも少し調整されたが）！

脳科学マーケティングの実践ポイント62

品名を言い換えよう

商品の売り上げが伸び悩んでいるなら、これまでとは違った器を考えるときかもしれない。器とは、文字どおり商品パッケージのことだ！　もし、よくない印象を抱かれがちな商品、あるいは材料などにそのような懸念があるならば、品名の言い換え（と内容の微修正）が売り上げアップの１つの手段になるだろう。

これは誰にでも容易にできることではないかもしれない。仮にあなたがキャンディーの業界にいたとしたら、キャンディー以外の品名をつけたり、配合を変えたり、パッケージを変えたりして、キャンディーらしさをなくすことに抵抗を感じるだろう。

その過程でいろいろなアイデアを考えるうち、顧客が求めているものにより近い「新」商品が生まれる可能性がある。創造性は大変けっこうだが、クリエイティブになりすぎて事実と違う表示をしたりしないように！

ネーミング変更で勝負する

自社商品を新しい形で言い表すのは、それほど難しいことでもない。何十年にわたって便秘がちな中高年向けに「プルーン」を売ってきた後、フルーツ業者たちは、若くて元気でヘルシー志向の新世代向けに「ドライ・プラム」という新しいタイプも提供するようになった。何品目かの品名を言い換えることによって、彼らは従来のプルーンに対するステレオタイプを払拭することに成功したのだ。

こうしたほうが、時代遅れのプルーンのイメチェンを消費者に働きかけるよりよほど安上がりだった。莫大な費用がかかるイメチェン戦略をしなくて済んだだけでなく、従来のプルーンの購買者には、変わらない商品を継続して売り続けることができたので、売り上げが犠牲になることもなかった。

パーセント表示は使わない

No. 063

あなたは、次のどちらのほうを怖く感じるだろうか。

①死亡する可能性もあるが生存率95%の手術。

②受けた患者の20人に１人が死亡する手術。

両方とも数学的には同じことなのだが、ほとんどの人が②のほうを、より危険に感じるのではないだろうか。さまざまな研究が、「マーケターは顧客に数字を示す方法に注意せねばならない」ことを示唆している。

ジェイソン・ツヴァイクの優秀な神経経済学の本『あなたのお金と投資脳の秘密―神経経済学入門』（日本経済新聞出版社）は、投資に関する判断をする際、われわれの脳がいかに非合理的に働くかを教えてくれる本だが、マーケターに役立つ内容も満載だ。

ツヴァイクは、情報の提示のされ方によって解釈のされ方が異なること――すなわちフレーミング効果について、時間をかけて説明している。それに関する驚きの例の１つが、数字をパーセンテージで示す場合と絶対数で示す場合の違いだ。

ツヴァイクによれば、「10%」と「10（人）中１（人）」といった微妙な表記の違いでも、読む人は異なる反応を示すそうだ。そして例としてこのような実験を挙げている。それは精神科医に、このような患者を退院させるかと尋ねる実験で、「６カ月以内に暴力行為を起こす確率が20%の患者」に対して、退院させると答えた精神科医は79%だったが、「100件中20件の割合で６カ月以内に暴力行為を起こすような患者」という表現にすると、退院させると答えたのは59%になったという。

ネガティブ情報はパーセンテージ表示する

また別の実験では、「罹患した人１万人中1286人が死亡する」ガンのほうが「死亡率12.86%」のガンよりも危険性を32%高く感じるという結果が出ている。

この違いは、人数で示したほうが人としての現実味を感じさせることからくる。「２%の確率で不運に見舞われる」と聞くと、低く感じられるが、「100人中２人が被害に遭う」と聞くと、脳は、実在する２人の人がケガをすることを想像してしまうのだ。

脳科学マーケティングの実践ポイント 63

インパクトを出すには実数を使おう

ポジティブなメッセージを伝えたいときはパーセンテージでなく実数を使おう。自社商品やサービスの長所を説明するときの数字は、絶対数のほうが効果大だ。

○私どものサービスは、90%のお客様に「優秀」とご評価いただいております。

◎私どものサービスは、10人中９人のお客様に「優秀」とご評価いただいております。

ネガティブな情報を提示しなくてはならない（そして表現方法に制約がない）場合は、パーセントで表記するとインパクトがいくらか薄れる。一般的には、**ポジティブな事柄により重点を置くのがよい**とされており、好き好んで広告にネガティブな情報を載せるマーケターは少ない（「弊社の製品はほとんどの方に気に入っていただいておりますが、５％の方に最悪だと思われています」などという広告文はあり得ない）。

医薬品の副作用のように、マーケターがネガティブ情報を載せなければならない場合は、書いていいことと悪いことが法律で定められている可能性が高い。また、会社の問題がメディアに取り沙汰され、マーケターや広報担当者がネガティブな話題に言及しなくてはならない場合もある。そんなときは、パーセンテージを使うことを勧める。

フレーミング効果の観点からいくと「実際に出火したノートパソコンは、全体のわずか１％です」と言ったほうが、「100台中わずか１台」と言うよりましなのだ。悪い知らせであることに変わりはないが、パーセント表示にしたほうが、消費者が、その１台に当たって脚をやけどする人に自分を重ね合わせる可能性が低いのだ。

パーセンテージが活躍する場

「99.94％純粋な製品」という表記だと、たしかに不純物がほとんどないように聞こえ、メッセージを伝えるには最良の方法ではないだろうか。こういった場合は、書き手の目的は、99.94という数字を読者に理解してもらうことではなく、限りなく100％に近い数字である事実に気づいてもらえればいいのだ。

わかりやすさとインパクトを考えるならできるだけ実数を使うのが好ましい。人数で示されたほうが読む人にとって理解しやすく、統計に自らを重ねやすいのだ。

魔法の言葉「無料!」を多用する

No.064

広告コピーにおける「無料！」という言葉の威力は、今に始まったことではない。注目を引くキーワードとして、何十年にわたってコピーライターの間で好んで使われてきた。

最近では、その「無料」という概念と、無料モデルの浸透について、クリス・アンダーソンが本を1冊書いている。

「無料！」はたしかに格別と言える。著者でデューク大学の教授であるダン・アリエリーは、「無料」のほうが「ほぼ無料」よりもはるかに効果的であることを示している。実は、われわれの「無料」好きも、脳にもともと備わっている特徴であるらしい。

無料のキスチョコは効果大

著書『予想どおりに不合理』でアリエリーが解説している実験に、被験者に、好ましいモノをさまざまな価格で提示するというものがある。その1つがチョコレートだ。

実験ではハーシーのキスチョコと、リンツのチョコトリュフが使われた。キスチョコは安価でありふれたチョコである一方、リンツのトリュフは比べものにならぬほど高価で味も断然上だ。

最初の実験では、被験者に15セント（実際の原価の半分ほどの値段）のトリュフと１セントのキスチョコが提示された。すると４人中３人がトリュフを選んだ。価格と価値を考えれば、まあ当然の結果だろう。

次の実験では、両方の価格を１セントずつ下げた。つまり、14セントのトリュフ対無料のキスチョコだ。価格差は前の実験と変わらないが、被験者の行動がガラリと変わった。３分の２以上の被験者が、特価のトリュフよりも無料のキスチョコを選んだのだ。

無料のチョコレートの人気が高かった理由として、利便性（小銭を持っていない、財布の小銭を探すのが面倒など）が影響している可能性をチェックするための実験も行われた。料金が簡単に自動課金され現金を出す必要のない学生食堂の列で同じ実験をしたのだ。だが、そうして支払いの手間を除いても、依然、無料のキスチョコが圧倒的人気を得た。

特価アイテムのほうが理にかなったチョイスである場合でも無料を選ぶのは、われわれの脳が、損失を嫌うからだと、アリエリーは考える。つまり、無料のモノなら失うものが何もないということだ。たしかにそれも正しいだろう。

私はもう１つの理由として、狩猟採集民であるわれわれの脳にとって、無料アイテムは、低い位置にぶら下がっている果実のようなものなのではないかという自説を持っている。つまり、大きな努力をしなくても簡単に取れる資源ということだ。

もし私が金銭や商業が生まれる前の時代に生きていて、果実をたらふく食べたばかりで、そのうえ洞窟にもたくわえがあったなら、もうほかの食べものをわざわざ探しには出かけないだろう。もし食べた後洞窟へ帰る途中で、取りやすい低い位置に完璧なリンゴがなっていたら、とりあえずもぎ取り、どうするかは後で考えようと思うに違いない。

「無料」アイテムは、そのリンゴに相当するのではないだろうか。ほかの食べものを採るには、どこかへ登ったり、獲物に忍び寄ったり、遠出をしたりと、さまざまな努力が必要になるからだ。

アマゾンの「無料！」体験

「無料」の威力に関して『予想通りに不合理』の中で最も興味深い例は、アマゾン・ドットコムの話だろう。アマゾンが２冊以上の購入に対する送料無料キャンペーンを始めると、フランスを除くすべての国で、売り上げが急増したそうだ。アマゾンのマーケターは、フランス人は２冊目を買わせようとする作戦にだまされない理性を持っているのだろうかと、理由を調べた。

その結果、フランスでは、キャンペーン内容が少々変えられていたことがわかった。送料無料ではなく、送料１フラン（20セントに相当）だったのだ。

経済理論的には、無料も１フランも、条件としてはほとんど変わらない。しかし実際には、１フランにしたせいで売り上げ増加がまったく見られなかったのだ（その後無料に変わると、販売はやはり急増した）。

脳科学マーケティングの実践ポイント 64

「無料！」の威力を活用しよう

「無料！」の威力は、どんな経済理論も覆してしまうほど強力だ。何かをもっと売りたかったら、その力を使おう。よくデパートなどで「スラックスを１本定価で買ったら２本目は１セント！」といった条件のセールを目にする。それも賢い方法かもしれない。「すごい！　パンツが１セント？」となる。

だが私はやはり１セントより無料のほうが効果が大きいと思うのだ。また、**売り上げの激増を望むなら、何かを無料進呈するキャンペーンを試す**とよい。**新商品のサンプルをできるだけ多くの人に試してほしければ、無料サンプルを配ればよい。**

「無料！」が適さないケース

なかには「無料！」が適さない場合もある。たとえば、特定のターゲットに向けた商品のサンプルを配布しようとしているときなどは、ごく低い価格で販売したほうがよい。そうすることで需要を調整、つまり、その商品をどの道使わない人に無駄にサンプルが渡ることを防げる。

たとえば、私は猫を飼っていないし、猫好きでもない。しかし「キャットフード無料サンプル」の派手なディスプレーをスーパーで見かけたら、もらっていって友だちにあげてもいいし、「無視することのできない野良猫が現れたときのためにとっておいてもいい」などと考える可能性は高い。どうせタダなのだから、とりあえず１つもらっていって、使い道は後で考えればいいではないか。

アリエリーの研究では、そのキャットフードのサンプルに、仮に10セントの値段をつけて販売すれば、私のような、対象外の人に渡る確率は激減することを示している。猫を飼っている人全員に渡ることはないかもしれないが、総体的な費用対効果は向上するだろう。

魔法の言葉「新商品!」を連発する

No. 065

注目を引くキーワードのランキングで常に上位を占める、広告業界御用達の言葉のもう1つが「新商品！」だ。神経科学者たちは、われわれの脳が「新商品！」も愛するようにできていたことを突き止めた。

新規性（ノベルティ）は、脳内の報酬中枢を活性化させる。新規性を好む性質は、人間の祖先が新しい食糧源や生存必需品に出会ったときなど、進化の過程で有利に働いた。われわれはもはや狩猟採集民ではないが、**ノベルティを求める好奇心は今も健在で、新しい製品（あるいはパッケージを変えた旧製品）に引かれ続ける。**

脳は新しいものが大好き

ビアンカ・ウィットマン率いる研究チームは、被験者に、小さな報酬に関連づけられたカードを選ばせ、そのときの脳の活動をfMRIで画像化するという実験を行った。被験者に提示されたカードは、一定期間にわたって繰り返し見せられたものもあれば、新しいものもあった。その結果、被験者が新しいカードを選ぶと、脳の腹側線条体という部位が活性化した。

腹側線条体は、進化的にみて原始的な脳領域で、報酬にかかわる行動に関係する。ウィットマンは、**人が新しい選択をすると、脳内の報酬系神経回路で神経伝達物質ドーパミンが放出される**のではないかと考える。

脳科学マーケティングの実践ポイント 65

「新商品！」にしよう

既存の商品をなんらかの形で「新商品」に変えれば、競合品に対して優位になる。ただその際は、長きにわたって培われてきたブランドへの愛着心を損なわないよう、十分な配慮が必要になる（コカ・コーラにとって、ニュー・コークの苦い経験は、忘れがたい教訓だろう）。たとえば、ブランドのロゴを変えれば、短期的なノベルティ効果が期待できるが、ブランドへの親近感や愛着心を薄めてしまう可能性もある。

知っているブランドを見たときのほうが知らないブランドを見たときよりも、脳スキャンでより活発な活動が見られたことは周知のとおりなので、マーケターはそのバランスに気をつける必要がある。長期的なブランドへの愛着心の威力を利用しつつ、商品の新しさを強調するのだ。

形容詞で躍動感を出す

No.066

説得力があり、感性豊かな形容表現によって、無味乾燥な宣伝コピーが効果的なものに早変わりする（この文の冒頭のように！）。私は、ベーカリーカフェの大手チェーン、パネラのメニューを見てそれを痛感した。次の２つのうち、どちらが魅力的に聞こえるだろうか。

ハム、卵、チーズを小麦パンではさんだサンドウィッチ

パネラのブレックファスト・パワー・サンドは、脂肪の少ないウッドスモークハムと割りたての卵に、酸味のアクセントとしてバーモントのホワイトチェダーチーズを加え、まろやかな香りの全粒パンにはさんで、さらに香ばしくグリルしてあります。

普通のサンドウィッチを、食欲をそそる、いかにもおいしそうな人気商品に変身させた修飾語句を見てみよう。

パネラのブレックファスト・パワー・サンドは、脂肪の少ないウッドスモークハムと割りたての卵に、酸味のアクセントとしてバーモントのホワイ

トチェダーチーズを加え、まろやかな香りの全粒パンにはさんで、さらに香ばしくグリルしてあります。

これで、このサンドウィッチに行列ができなかったら、それはコピーライターのせいではない（ただもったいないことに、これはメンバーズクラブ専用の広報文書で、大半の来店客は、修飾を省いた、カウンター頭上のメニューしか見ない）。

買う気にさせる修飾表現

形容表現については、賛否両論がある。修飾語句は読むスピードと理解を遅くするというコピーライティングの専門家もいる。正しく使えば、実際に売り上げアップにつながるという研究結果がある。

記述的なメニュー表示の効果を調べたブライアン・ワンシック博士は、それによって売り上げが最高で27％上がったという結果を得ている。博士は、メニューで使われている形容表現を２つに分類した。

１つは、地域を表すもの（例：サウスウェスタン風テクスメクス・サラダ）、もう１つは、感覚を刺激するもの（例：たっぷりバターのふっくらパスタ）だ。「ジャックダニエル・バーベキューソース」といったように、ブランドで形容する手法もある。ワンシンクによると、**克明な詳細説明は、表示のない場合と比べ、客に購入を促すだけでなく、食後の満足度も上げる**そうだ。

「リンゴの木でスモークしたベーコン」のほうがただの「ベーコン」より食欲をそそることに異を唱える人はいないだろうが、われわれの大半はレストラン経営者ではない。けれども飲食店の経験から学べることはある。理にかなうならば、厳選した形容表現で説明文のインパクトを高めよう。以下は、ワンシックによる修飾語句のカテゴリー分けに私が手を加えたものだ。

生き生きした表現

「割ったばかり」と言うほうが、ただ「新鮮」と言うより説得力がある。

五感を刺激する表現

「ヒッコリーの木でスモークした」「レンガ窯で焼き上げた」「パリパリ焼き」といった表現は、読む人の感覚を刺激する。

叙情／郷愁を誘う表現

「バーモント産熟成チェダーチーズ」と言うと、クラフトの巨大工場よりも、ニューイングランド地方の気難しい農場主を彷彿とさせる。

具体表現

サケの前に「アラスカ産天然」という説明がついていると、自然の清流を泳ぐ活きのいいサケの姿がパッと浮かぶ。

ブランド表示

説明に定評のあるブランド名を入れると、売り上げに貢献する。ジャックダニエル入りバーベキューソースを使った料理は、店にとって決して安くはつかないだろう。しかし定番メニューになっているということは、有名ブランドのウイスキーの使用で、コストを上回る利益が出ているのだろうと推測できる。

たいていの場合、こうした形容表現は頭の中で無意識のうちに処理されている。あなたは、その店のハンバーガーのトマトがメニューどおり「ファーム・フレッシュ」か、などと本気で考え込むことがあるだろうか。

そもそも「ファーム・フレッシュ」とはなんなのか。農場以外のところでつくられたトマトとか、腐ったトマトを出す店なんてあるだろうか（実際使われているトマトは、フレッシュどころか青いうちに収穫され、エチレンガスで赤くされたため、まだコチコチの硬さである可能性が高い！）。

頭では、メニューの値段だとか、財布にどれだけの現金があるかとか、これを食べたらダイエット違反だとかいうことを意識的に考えながら、五感や感情に訴える形容表現は、意識の裏側でバックグラウンド処理されているのだ。

脳科学マーケティングの実践ポイント66

生き生きした形容句でコピーを味つけしよう

課題は、自社商品やサービスに効果を発揮する形容表現を見つけることだ。顧客にどのようなイメージを喚起させたいのか。伝統と職人技？　それとも最先端のテクノロジー？　それとも個々に合わせたサービス？　それらを連想させ、かつ説得力のある形容語句を使えば、あなたの広告文は一層の効果を持つだろう。

バランスの取れた文章が王道

文章を生き生きさせたいあまり、凝りすぎてしまうのもまた逆効果だ。パネラの説明文はとても魅力的だが、あのスタイルの文章は、たいていの読み手にとって数行が限界だ。

文章の骨子は、名詞と動詞でできている。それを修飾する形容語句が多すぎると、文章がもたつき、読みにくくなるのだ。それらの語句が、感覚刺激にも感情刺激にもならないありふれたものだったりすると、なお悪い。

ハワイアンレッドソルトとブラックシーソルト（そういう塩が本当にある）を入れすぎてしまうのと一緒で、いくら生き生きした、魅力的な修飾語句でも、使いすぎては逆効果だ。**形容表現は、短い商品説明などで使う**ようにし、行動喚起や、注文方法の説明など、簡単明瞭でなくてはならない部分では控えよう。

ストーリー仕立ての広告をつくる

No.067

「私がピアノの前に座るとみんなが笑った……」
「25年前のうららかな晩春の午後、２人の青年がある大学を卒業した。互いによく似た２人だった。２人とも成績は中の上……」

この２文は、広告に詳しい人間ならすぐに気づく名コピーなのだ。１つ目は、伝説のコピーライター、ジョン・ケープルズが、音楽の通信講座のために書いたもの。２番目は、マーチン・コンロイが書いた『ウォールストリート・ジャーナル』紙掲載の広告の冒頭だ。人気ブログ「コピーブロガー」の筆頭著者、ブライアン・クラークは、このコピーを「史上最高の宣伝文」と評している。

驚くばかりの効果を発揮したことと、不朽の名コピーであること以外で、この２つに共通するものはなんだろう（双方とも、ほとんど変わらないまま何十年と使われ続けた。変化の激しい広告の世界ではあり得ないことだ）。答えはシンプル。この２つの最強コピーは、双方ともストーリーを語っているのだ。

脳がストーリーに反応するワケ

進化心理学者たちの考えるところによると、**人間の脳は、もともと話を聞くのが好きで、それが、初期人類がほかの動物よりも圧倒的に優れた点であった**という。大半の動物は、たとえば「赤くてごつごつした果実を食べると具合が悪くなる」といったことを体験で学ぶが、**人間の場合、体験したことを別の人に話して聞かせ、聞いた人はその事柄を自らが経験したことのように想像することができる。**

ストーリーを語ることで生き生きとした体験が人に伝わるという事実は、現代的手法でも証明されている。科学者たちが、被験者にハーディー・ボーイズシリーズ（訳注：少年向けミステリーのロングセラー）のスリルに富んだ一節を読ませ、そのときの脳の活動をfMRIで測定した。

脳スキャンで、読んだ節によって、異なる脳領域が活性化しているのがわかった。たとえば、話の登場人物たちがモノをつかんでいるときは、被験者の運動ニューロンが発火し、登場人物があたりを見回せば、視覚領ニューロンが発火したということだ。

心理学を専門とする著者、レイ・ハーバートは、読書をするときのわれわれは受け身ではなく、脳が実体験に基づいた「スクリプト」を実行していると考える。だから「読書は出来事をありありと思い出したり想像したりするのととても似ている」のだとハーバートは言う。

プリンストン大学の研究者たちは、２人１組の被験者に互いに体験談を語らせ、そのときの脳を調べた。その結果、**話が始まると、語り手も聞き手も、ほぼ同時に同じようなニューロンの活動が見られた。**語り手の脳である活動が見られると、そのすぐ後に同じことが聞き手の脳でも繰り返された。

脳スキャンの結果は、２人の脳の活動がいつも一致していたわけではない。一致していたのは聞き手が注意を払い、話を理解したときだけだった。

広告のストーリー

前述の名広告の物語も、そうした脳の特別な作用を介して読者の共鳴を呼んだのであろう。誰もが、ピアノの前に座った初心者が友だちに笑われるといった痛い場面に居合わせたことがあるはずだ。そして自分の技術や成功が人に認められたときの誇らしい場面も経験しているだろう。

「私がピアノの前に座るとみんなが笑った……」という体験談風の語り口が、個々の経験に根差した記憶を呼び覚ます。それによって、単に「ピアノが弾けるようになれば友だちを驚かすことができますよ」と言うよりも、はるかに大きな効果を生み出したのだ。

脳科学マーケティングの実践ポイント67

ストーリーを克明に語ろう

見込み客に働きかけるには、あなたの商品やブランドにまつわる、生き生きとしたストーリーを書こう。アクション、動き、会話などを交え、顧客の脳の異なる部分を活性化させるのだ。歴史に名を残すコピーライターたちはこの手法を使って成功した。あなたにとっても有効なはずだ。

「お客様の声」をドンドン掲載する

No.068

人の体験談が、強力な販売力を持つことは周知のとおりだ。それが自分の信用する人の話だったりすると、なおのこと影響力が強い。人間の脳がまだ進化の途中にあった時代と重ね合わせることができる。その昔、危険や報酬を学習する手段は、自分で体験するか、信頼できる仲間から教わるかの２つだった。

信頼できる話というのは、われわれが果てしない人脈を持ち、電子的コミュニケーションを行うようになった今でも重要な役割を担っている。ある近所のレストランの口コミの星の数が平均3.7でも、「このあいだそこで最悪の体験をした」と友人から聞けば、ほとんどの人は、そちらのほうを信じるだろう。

クリストファー・チャブリスとダニエル・シモンズは著書『錯覚の科学』（文藝春秋）でこう指摘する。

私たちは反射的に一つの例を一般化し、すべてにあてはめようとする。そしてそのように推理したものの記憶は長く残る。個人的な体験は私たちの心に残るが、統計値や平均値は心に残らない。（中略）　私たちの祖先は膨大なデータや統計や実験は知らなかった。というわけで、やむなく具体例で学んだ——状況の異なる大勢の人たちから集めたデータで、学ぶのではなく。

われわれの脳にとって統計は、人の詳細な話と比べ、単純におもしろみに欠けるし、実社会の出来事に当てはめにくい。だから、高い売り上げを誇るインフォマーシャルには必ず、商品の恩恵を受けた人の体験談が組み込まれているのだ（もしかしたら、商品の効能を、統計的に有意な調査結果で裏づけることができないだけのことかもしれない！）。たとえ、あなたの売るダイエット商品を使った人の３分の２が減量に成功したことを示せたとしても、信用に値する１人の人が個人の実体験を話せば、そちらのほうがはるかに大きな説得力を持つのだ。

ウソややらせを載せてはいけない

インフォマーシャルの体験談には通常、商品を使う前のその人の状況や心境、商品を初めて使ったときの様子など、多くのディテールが含まれている。そのような詳細情報に脳がだまされ、静かに、聞いていることが、あたかも本当に起きているような疑似体験をしているのだ。

残念なのは、たとえウソの話でも非常に大きな影響力を持つことだ。アメリカでは、ほとんど聞かれなくなっていた小児病が、最近発生するようになっている。それは、ワクチンが自閉症を引き起こしているのではないかという、根拠のない恐れが原因なのだ。

そのワクチンの安全性を示す統計結果がたくさん出ており、権威ある科学者たちが安全であるという声明を出したりしたが、結局、自分の子どもの自閉症はワクチン接種のせいだと言う母親たちの話には勝てなかった。科学者たちが、こうした話を逸話として否定し、因果関係がないことを示す統計結果を差し出しても、悲しいかな、われわれの脳は、逸話のほうに反応してしまうのだ。

脳科学マーケティングの実践ポイント68

「お客様の声」は簡潔にする必要はない

短い「お客様の声」が悪いことは1つもない。商品に満足した、実在するユーザーの生の声を見込み客に届けるのは、どうであれよいことで、社会的証明とも言える。しかし、それを短いコメントに終わらせず、個人的体験談としてもっと大きく取り上げればグッとインパクトが増す。**ストーリーを名前や顔写真と共に載せれば、脳の進化的な性質に作用し、説得力が高まり、記憶にも残りやすくなる。**

脳が、信頼する人の話を好むという事実で、ロコミがなぜこんなにも強力なツールなのかがわかる。有名人など、報酬を得て宣伝する人の言うことよりも、実際の知り合いから聞いた話ならば、なお一層信頼性と説得力が増す。

言いたいことは簡潔に伝える

No. 069

つい一生懸命見てしまうテレビコマーシャルはどこが違うのだろう。それはやはり映像的・音声的に魅力的——すなわち人を引きつけるアクション、音声、音楽、人、色などが使われているということだろう。それはひとえに高度な制作技術によるものだ。珍しいロケーションも効果がある。こうした利点を考慮すると、映像という媒体が広告主にとってどれほど魅力的なものかがわかる。特に視聴者の感情的な反応を期待したい場合などは、とりわけ効果が期待できる。

「百聞は一見にしかず」（一見といっても、映像なら何倍効果があるだろう！）ということわざは、コピーライターたちを長年にわたって悩ませてきた。そんなコピーライターたちの心をなごませる一件が、最近のスーパーボウルであった。スーパーボウルの広告合戦にグーグルが初めて参戦することになり、「パリの恋人」のCMを流した。

このコマーシャルは、スーパーボウルで流される従来の典型的なコマーシャルとも、どんなテレビコマーシャルとも趣向が異なるものだった。犬も馬もサルも出てこず、景色もなければ、速い車も、美女も登場しない。実際人っ子ひとり出ていないのだ。それどころか、マップ画像がちらっと出た以外は、画像らしい画像と言ったら、大きく映し出されたグーグルのロゴだけ。では何が出たのかというと、それは文字、しかもたくさんの文字だ。視聴者は、文字を読まなければならないばかりか、パッパと切り替わる画面で、はっきり見えない文字を追いかけなければならなかった。

テレビ画面には、実際のグーグルの検索画面と同じように、検索窓に文字が入力されると、複数の候補が表示され、数々の検索結果が表示される。画面がすばやく切り替わり、無関係なコンテンツも見えているのだが、視聴者は、打ち込まれる検索キーワードを読むだけで、ストーリーを容易に把握することができた。

画期的なグーグルのテレビCM

何が言いたかったのかと言うと、グーグルが300万ドルを使って、この、制作費ゼロに近いコマーシャルを流したということだ。なにしろ、俳優も、CGアニメーションも、かわいい動物も使っておらず、出てくるのは検索ボックスに入力される言葉と検索結果だけというCMなのだ。一見、Eトレードの「これで200万ドル無駄にしました」という有名なコマーシャルと同じたぐいに思えるかもしれないが、そうではない。

グーグルのこの意外なCMは非常に効果的だった。どうしてわかるのかというと、まず1つの指標として専門家による評価がある。毎年、スーパーボウルで流れるコマーシャルをランクづけしているミシガン州立大学が、同コマーシャルを2010年の60秒コマーシャルの1位に選んだ。選考理由は「すばらしいストーリー性、意外性がありつつ、低い制作費で、自分たちのやっていることを簡潔にPRしていたから」ということだった。

もっとわかりやすい指標は、そのコマーシャルに対する人々の身体的、感情的反応だ。ニューロマーケティングを専門とするサンズ・リサーチ社が、2010年のスーパーボウルでオンエアされた約60件のコマーシャルについて調査したところ、グーグルの「パリの恋人」は、サンズ社の呼ぶところの

「ニューロ・エンゲージメント」度（訳注：同社が、脳波検査、視標追跡、バイオメトリクス、アンケート調査を用いて視聴者の脳の神経活動がどれだけ刺激されたかを測定した）において４位という結果になった。

「文字だけのコマーシャルが、莫大な制作費をかけたほかのスーパーボウルＣＭをしのいだという事実は驚きだ」と述べるのは、同社の創設者であるスティーヴン・サンズだ。グーグルのコマーシャルは、ニューロ・エンゲージメント度の高さに加え、実験後のアンケートで、被験者の記憶に最も残っていた作品の１つだったそうだ。

脳科学マーケティングの実践ポイント 69

ストーリーを語れば、文字はリッチメディアにも勝る

テレビなどビジュアル性の高い媒体においても、文字を適切に使えば、立派な画像や音や制作技術を使ったコマーシャルに勝てるのだ。ブランド認知や覚えやすさといった観点では、グーグルの巨大なロゴがずっと画面に表示されていた点もよかった。しかしこのＣＭが視聴者を引き込んだカギは、なんといっても感動的な筋書きだった。グーグルのコマーシャルは、**ストーリーを語れば、文章は驚くほどの威力を発揮し得る**ということの証しなのだ。

悪い噂が広がらないようにする

No.070

何年も前になるが、私は、カスタマーサービスに関する、ある基調演説を聞いた。講演者の主題は「ピクルスの話」だった。それはだいたいこんな話だった。

彼は、ある日曜日に自宅でバーベキューパーティを計画していたが、直前にハンバーガー用のピクルスがないことに気づき、急いで最寄りのスーパーに買いに行った。帰宅してビンを開けると、一番上のピクルスに、大きな歯形がついている。奥さんもそうだと言うので、それを持ってまたスーパーに戻った。そこから話がこじれていく。

店側の態度がそっけなく、たいしたことではないように扱われたのだ。店員は彼を疑いの目で見て、マネージャーが２人出てきた。ピクルスを調べ、客のことをちらちら見ながら、内輪でゴソゴソ話している。

誰かがピクルスをかじったとしたら、別のピクルスを要求しているこの変人に違いないと決めた様子だった。結局、店は商品の交換に応じたが、ひどい態度と異常に時間がかかったことにその人は腹を立て、そのスーパーではもう絶対に買わないと心に誓った。

また、彼はその話をできるだけ広範囲に広めてやろうと決めた。バーベキューパーティーのゲストに話し、近所の住人に話し、講演会で話した。その計算方法を再現する気はないが、彼の計算によると、その１ドル50セントのピクルスの一件のせいで、店は、何千ドルの損害を被ったはずだと言う。

それは彼の一家が、本来何年間にわたってその店で使うはずだった金額だ。ピクルス事件の話を耳にした人の何割かがよそのスーパーへ行くようになったことを計算に入れれば、損害額は何百万ドルに上るはずだと言った。

その講演者は本当にその店に何百万ドルの売り上げの損失を与えたのだろうか。そんなことは私の知ったことではない。

その話が、聞いた人の脳に刻み込まれたことだけはたしかだ。現にこの私も、その人を知りもしなかったのに、何年たった今でもその話だけ覚えている。彼はきっと、優良企業の顧客の扱い方だとか、優良サービスの効果を示す統計だとか、ためになる情報を披露したに違いない。だが私が覚えているのは何かというと、あのピクルスの話なのだ！

店名や商品名より記憶に残るもの

そのスーパーのチェーンの名前くらい覚えていそうなものだが、私の住む地域には出店していない店だったので記憶にない。じかにその話を聞いた地元の人は、話の重要要素として覚えているに違いない。

脳科学マーケティングの実践ポイント 70

ネガティブなストーリーをつくらないようにしよう

ストーリーが販売力を持つ理由の１つに、人が話に共鳴し、脳が活性化するからということがある。また、**逸話は統計よりも強い影響力を持つ**というのもある。ピクルスの話は、ネガティブなストーリーが、店の売り上げに響くということと、聞いた人の記憶に残るというよい例だ。そして、その不運な店に対する人の評価は何年にもわたって変わらないだろう。

私がその話をした人の名前も、講演の場所もイベント名も、詳細は何も覚えていないというのに、ストーリーだけはしっかり覚えている。これは体験談がどれほど記憶に残りやすいかということの証しだ。

一度サービスの不備や不具合製品をめぐってネガティブな体験談をつくらせてしまうと、なかなか忘れてもらうことはできない。一番の備えは、問題をこじらせて「100万ドルのピクルス」の話を地で行くようなことがないよう、迅速に処理することだ。

Chapter 10

脳が喜ぶ マーケティング

消費者が意思決定をする過程について、
神経科学と行動研究は多くの発見を提供してきている。
その中から、すぐに使える最も実用的な発見をいくつか紹介しよう！
第10部はニューロマーケティングのさまざまなテクニックを盛り込んだ
包括的カテゴリーになっているため、
１つの媒体にぴったり合ったテクニックが見つかるのはもちろん、
それらを複数の方法に応用していくことも可能だ。

顧客の「考える」手間を省く

No.071

複雑な決断になると、その分余計に考えたり検討したりしなくてはならないことは直感的に理解できるし、疑う余地もなさそうに思える。少なくともある種の状況においては、必ずしもそうではないことを研究が証明している。

アムステルダム大学で人間が意思決定をする過程に関する研究が行われ、意外な結論が導き出された。**単純な意思決定の場合じっくり考えたほうが最良の答えが見つかるが、複雑な意思決定の場合、直感で行ったほうがうまくいく**ようなのだ。

ある実験で、被験者に仮想の車４種類について、４つもしくは12の属性を比較して品質の評価をしてもらった。４つの属性を比較して車の評価を行った場合、じっくり考える時間を与えられた被験者は品質が優れているほうの車を正しく選択したが、気が散ってじっくり検討できなかった被験者は選択を誤った。

驚いたことに、被験者により多くの判断材料（12の属性）を与えると、結果は逆転した。意思決定にじっくり集中できた被験者よりも、気が散ってあまり集中できなかった被験者のほうが正しい選択をしていたのだ。

商品購入を決めるポイント

マーケティングにとってさらに興味深いのは、同じ研究グループによるもう１つの実験であろう。この実験では、自分が下した購買決定について、被験者の満足度が測定された。研究者が調査の対象としたのは、衣類などシンプルでわかりやすい商品を販売しているデ・バイエンコルフ（訳注：オランダの老舗高級デパート）で買い物をした人たちと、家具など複雑な商品を販売しているイケアで買い物をした人たちだ（衣類をシンプルでわかりやすい商品と判断した研究者はほぼ男性に違いない！）。

調査の結果、シンプルな商品を購入した人は、じっくり考えて決めたと思えた場合は自分の意思決定に対する満足度が高いが、複雑な商品を購入した人はその逆であることが判明した。複雑な商品を購入して高い満足度を得ているのは、意識的な思考をあまりしなかった人たちだったのだ。

この研究では、意思決定をする場合、人はより複雑な判断を潜在意識に任せていると結論づけている。これを戦略として受け入れていいのかどうか、私には確信が持てない。複雑な商品について適切な判断を下すには、ときには詳しい分析が求められることも実際にはある。

たとえば、私は定期的にスマートフォンの評価を行っている。スマートフォンは複雑な商品の最たる例だ。画面の大きさ、キーボードのタイプと配列、重さ、異なる条件下での電池の寿命、ネットの接続速度、地域によって異なる利用可能なサービス、オペレーティング・システム、データプランなどなど、それぞれの機種に、評価すべきさまざまな要素が多数ある。

各モデルは、多くの点においてかなり異なっており、ある点が優れているモデルはほかの点で不十分かもしれない。これは本当に複雑な問題だが、だからこそ慎重な分析が重要なのだ。

高価な電話を買ったはいいが、「愛用しているスケジュール管理ソフトと互換性がない」「キーボードが使いにくい」「よく行く場所でのブロードバンドサービスが限られている」なんてことが判明したら、大きな不幸を招くのは目に見えている。

その一方で、１つの商品を購入するにあたり、深く考えすぎてしまった経験は誰にでもあるだろう。私は、リサーチをしすぎると購買者の後悔が増すと指摘してきた。最高の選択をしている場合でさえ、自分が買った商品の欠点、競合品のほうが優れている点がわかっているからだ。

脳科学マーケティングの実践ポイント71

複雑な商品を買うべきシンプルな理由を提示する

複雑な意思決定をするとき、深く考えすぎないことが最良の決断につながる場合もあるのだとすれば、それはマーケティングにどのような影響を及ぼすのか？　要は程度の問題だ。

自動車のような複雑な商品を販売しているなら、それを買うべきシンプルな理由を顧客に提示しよう。私のようなタイプの人間は詳細を分析したがるだろうから、商品の仕様や特徴を顧客が入手できるようにしておくべきだ。とはいえ、「新しい特徴を６つも紹介する」「商品を買うべき理由を10個も提示する」などして顧客を導こうとしてはいけない。

「顧客満足度ナンバーワン」「このクラスではどの車にも負けない安全性」といったシンプルなメッセージを用いれば、直感的決断へ至る道へと顧客をさらに誘導していけるだろう。結局、自分が買おうとしている車が「顧客満足度ナンバーワン」であるなら、細かいことを問題にする必要が本当にあるのだろうか？

おそらくないだろう。**裕福さ、華やかさ、高級感を醸し出す雰囲気の中で車を見せるなど、さらにシンプルなアプローチを取れば、言葉に頼らずとも顧客の感情に訴えることができる。**

これまでマーケティング・メッセージはシンプルで、明確かつ印象的であることが求められてきた。だが、前述の研究の裏を返せば、歯磨き粉や靴下といった、とてもシンプルでわかりやすい商品の場合、「詳しい情報を加えたほうがうまくいく」と言えるのかもしれない。たしかに、最近の歯磨き粉売り場を見渡してみると、途方に暮れてしまうほどさまざまな特色を持つ商品がズラリと並んでいる。

歯磨き粉はもはや、歯の掃除をするだけのシンプルな日用品ではない。ホワイトニング、歯石防止、虫歯予防、口臭予防、歯肉炎予防といった特色をいろいろと組み合わせて提供する商品となっている。消費者は口腔衛生上の効能に焦点を定めて検討し、自分にぴったり合った商品を見つけることができる。

キャンペーンは１つだけにしない

用心すべき点が１つある。前述の研究で、消費者が（意思決定の質と満足度の両方に関して）最良の結果を得るには、シンプルな商品はじっくり、複雑な商品は直感で意思決定をするべきであることが実証されたが、だからと言って消費者がそのような意思決定をするとは限らない。

この研究でも、消費者がシンプルな商品を衝動買いする例、複雑な商品をじっくり考えて買う例には事欠かなかった。そうした選択方法が最適であるにしろないにしろ、消費者がそのような決め方をしたのは事実なのだ。

１つのマーケティング・キャンペーンで、顧客をこちらの戦略へ、あちらの戦略へと導くことは可能だろうが、顧客が望まないやり方で意思決定を強いることはできない。したがって、商品がシンプルであれ複雑であれ、さまざまなタイプの意思決定者がいる事実を考慮しておこう。

最新情報を提供する

No. 072

情報を消費する人を指す気の利いた用語として「情報食（インフォボア)」という言葉がここしばらく、あちこちで使われてきた。南カリフォルニア大学のアーヴィング・ビーダーマン（訳注：「インフォボア」という言葉を初めて使った学者）は、情報や知識に対する生まれながらの欲求という、より特殊な行動を示す人間を表現する言葉として「インフォボア」を用いている。ビーダーマンの研究で、脳には知識の獲得に報いるフィードバック機能があり、ほとんどの人間は「知識中毒」であることが明らかになった。

ビーダーマンは、人間は情報中毒になるようにプログラムされていると考えている。進化の観点から見て、知識があると認識されることは、配偶者選択において重要な要素となっていると指摘し、人間に芸術を評価する力があるのも、新しい情報を探求しようとする欲求によるものだと言う。

ビーダーマンはこの理論を考え出す際、脳の快楽を感じる受容体と、人間が新しい視覚刺激を処理する過程との関連性を見出した。新しいものを見ると、脳の、快楽に関する領域の活性度が高まり、報酬系が作動するのだ。

ビーダーマンによれば、**人間は無意識のうちに情報に富んだもの、今までにない新しいものを求めようとする。**この研究では視覚情報の処理に主眼が置かれていたが、ビーダーマンは同様の結果が視覚以外の感覚にも当てはまるだろうと推測している。

脳科学マーケティングの実践ポイント 72

新しいものを見せる

マーケターはビーダーマンの研究から何を得ればいいのか？　おそらく最も重要な発見は、新しい情報を入手すると、人間は神経化学物質による報酬を味わうことだろう。情報と言っても、『戦争と平和』を読んだり、数学定理の証明を学んだりする必要はない。なじみのない、新しい絵を見るといった簡単なことで構わない。

従来の広告に関する常識では、顧客の行動を変えるために欠かせない要素は反復だと言われているが、ビーダーマンの研究は、**脳が目新しいものを好み、なじみのあるイメージを追い出す傾向にある**ことを示している。したがって、**広告を出す側は、自分たちのメッセージを繰り返すだけでなく、脳の報酬回路を作動させる真新しい情報も提供し、バランスを取らなくてはならない。**

アブソルート・ウォッカのように売り込む

インフォボア・マーケティングの優れた例として成功を収めている広告キャンペーンがある。ボトルの形をモチーフとする画像を用いた、アブソルート・ウォッカの長期にわたる印刷広告キャンペーンだ。

ニューロマーケティングが生まれるずっと前に、アブソルートの広告担当者は、独特のボトルの形が組み込まれた目新しい、好奇心をそそる写真や絵を提供するキャンペーンを考案した。創造性にあふれたこれらの画像は独創的であるだけでなく、ちょっとしたユーモアが込められていたり、見る者をしっかりつなぎ止めるべく、よく練られた遊び心たっぷりなコンセプトが取り入れられていた。

インフォボアの観点で見れば、これらの広告画像はほぼ完璧と言わざるを得ない。目新しくて意外性に富んでいるのはもちろんのこと、画像の意味を解読した人が「ああ、そうか、わかった！」と思えるささやかな報酬も提供していたのだ。

顧客の欲望を肯定する

No.073

「したい」対「するべき」は誰もが経験するおなじみの葛藤だ。レストランで料理のつけ合わせに注文するのはチーズがたっぷりかかったフライドポテト？　それとも蒸したブロッコリー？　食べたいものは脂っこいフライドポテトだが、あなたはブロッコリーを注文するべきだとわかっている。あなたは草刈りをする（するべき）？　それともフットボールを観戦する（したい）？

ハーバード大学の研究者、トッド・ロジャーズとキャサリン・ミルクマンは、すべての人の中に２つの人格が存在すると考えている。「したい自分」と「するべき自分」だ。次ページの表は、行動にまつわる葛藤の典型例を示している。

この研究では、「したい」と「するべき」の対立においてタイミングが決定的要素になっていることがわかった。すぐに消費する食べ物を選ぶときは食べたい物が優先され、この先数日間にわたって消費する食べ物を購入するときは、もっと健康的で栄養のある物（買うべきアイテム）を選ぶ傾向が強くなる。

表　したいＶＳするべき

したい自分ＶＳするべき自分
短期的満足ＶＳ長期的利益
ジャンクフードＶＳ健康的な食べ物
今、お金を使うＶＳ後のためにお金を取っておく
テレビを見るＶＳ運動する

すべてはタイミング次第

「したい自分」と「するべき自分」の戦いの場は、消費時期によって変わる食べ物の選択だけではない。前述の研究者が、ＤＶＤをレンタルするパターンを調査し、人はアクション映画など（見たい）娯楽作品よりも先に、ドキュメンタリー（見るべき）ＤＶＤを借りる傾向にあることがわかった。

ところが、ドキュメンタリーＤＶＤを返却するのは、そのほかのＤＶＤよりも後になる。つまり、消費する瞬間（ＤＶＤをプレーヤーに入れるとき）、「したい自分」が「するべき自分」に勝っていたのだ。

脳科学マーケティングの実践ポイント73

「買いたいもの」と「買うべきもの」を
売り込むタイミングを計る

この研究が示唆することは、いろいろなタイプのマーケターにとって意味がある。ほぼすべてのマーケターが買いたいもの、買うべきもののいずれかの売り込みを行っており、両方の売り込みを行っているマーケターも大勢いる。

「買いたいもの」はすぐに使えるように売る

この研究に基づけば、**「買いたい商品」はすぐ使えるような売り方をすれば、売り上げを最大限に伸ばすことができる。「買うべき商品」は後で使うものと位置づけるのがベストだ。**果物や野菜は、買い物客がスーパーでショッピングカートを押し始めて真っ先に目にする商品だと、前述の研究者は指摘している。買い物の開始時は、商品の使用時期から最も離れているのだから、この商品配置は理にかなっているのだ。

同じ理論が、スーパーマーケットでチョコバーがレジのすぐ近くで売られている理由を決定づけていると私は思う。チョコバーといった商品は、駐車場の車にたどり着く間もなく消費されてしまうかもしれないのだから！

商品の販売を促進する場合、オンライン及びカタログの販売業者は、配送日を考慮すべきだと前述の研究者はコメントしている。**買いたい商品がすぐに配送してもらえるなら、消費者が商品をより多く注文する可能性は高くなる。**その一方、注文してから配送までの時間が長くなればなるほど、顧客が費やす金額は全体的に少なくなると、研究者は警告している。

これらの教訓はほぼすべての商品に応用できる。スポーツカーを販売している？　ならば、「書類にサインをしたらすぐ、新車のオープンカーでお帰りいただけます」と顧客に保証しよう。ビタミン剤を販売している？　ならば販売促進策として6カ月分の購入を勧め、後払いや分割払い、定期配送もできるようにするといいだろう。

まずは、自分たちが「買いたい商品」を販売しているのか、「買うべき商品」を販売しているのかを見極め、次に、タイミングについてしかるべき戦略を立てる。人生やビジネスにおける多くのことがそうであるように、顧客の「したい自分」と「するべき自分」との戦いではタイミングがすべてなのだ。

ケチな人に
お得感をアピールする

No.074

あなたの潜在顧客の4分の1はとりわけ売り込みがかけづらい人たちかもしれない。彼らはケチと分類され、お金を手放すことを特に渋る。

カーネギー・メロン大学の研究者たちにより、購買に伴う痛みがあまりに大きいため、出費をとにかく避けようとする人たちがいることがわかった。大半の人がこの出費は妥当だし、お買い得だと思うような状況であっても、彼らはお金を使わない。これがケチと言われる人たちだ。一方、浪費家は、購買の痛みをほとんど感じないらしく、大半の人が出費を避けるような状況であってもお金を使ってしまう。

研究者たちによれば、2つのグループに見られる行動の差は、支払いの痛みが最大になるシナリオ（全額即金払いなど）で最も大きくなり、購買の傷みが最小になるシナリオ（支払いの延期など）で最も小さくなる。研究者たちは、ケチと倹約家の違いも発見した。**倹約家は、ほかの人たちと比べて購買に伴う痛みは少ない。彼らは単純に節約を楽しんでいる**のだ。そんな違いはさして重要ではない場合もあるだろうが、倹約は根底にある動機がケチとは異なるのだと知っておくことが大切だ。

この研究で1万3000人以上を対象に消費行動に関する調査を行ったとこ

ろ、次のような内訳になった。

ケチ——24%
理想と現実の消費行動の間で葛藤がない人たち——60%
浪費家——15%

潜在顧客ベースで金離れのいい層がわずか15%との結果にがっかりしているマーケターもいるだろう。ここで学ぶべきポイントは、マーケティング・オファーに対して、まるで異なる反応を示す層が存在し、全体の大部分を占めているということだ。このような違いを無視すれば、せっかくの広告キャンペーンや販売努力もかんばしくない結果を招きかねない。

上記の内訳を定義するためになされた質問の1つは、被験者にクレジットカードによる負債がどれくらいあるかというものだった。浪費家の負債額はケチの約3倍。驚くにあたらないだろうが、ケチは浪費家よりも個人の貯蓄額が大きかったそうだ。

脳科学マーケティングの実践ポイント74

ケチな人たち（及びすべての人たち）の痛みを最小限にする

顧客の痛みを最小限にする5つのオファー

顧客と直接対面する販売活動なら相手の特徴に合わせられるが、チラシや印刷広告やメディアを使ったキャンペーンにおいても、最も可能性の高い購買者集団に合わせたアプローチを考え出さないといけない。すべての顧客層をターゲットとすることに意味があるなら、少し違ったキャンペーンを展開していく必要がある。

全体的に効果を発揮すると思われる総合的アプローチは、購買の痛みを最小限にできるようなオファーをすることだ。

1. 割安な価格を提供する。

ケチな人たちは高い値段を好まないし、自分が買おうとしているものの値段が高く思えるのもイヤなのだ。このグループには販売価格がより強力なツールとなる。個々の顧客に合わせた対応ができる直接販売の現場では、値引きが契約を結ぶ助けとなるだろう。

ただ、値引きは望ましい選択肢ではないし、可能性さえないという状況がほとんどかもしれない。そのようなケースでは、別の言い方で価格を抑える方法を試してみよう。年会費が120ドルするなら、「月々わずか10ドル」とか「1日わずか33セント」といった具合に。いずれの場合でも、ケチな購買者には受け取る価値に対して価格がいかに正当であるかを証明する努力をしなくてはいけない。

2. 痛点を繰り返し押さないようにする。

アイテムごとに価格を設定する（すし店などの）やり方は、「値段はすべて込み」「支払いは1回だけで済む」（シーフード・バイキングなどの）価格設定よりも購買の痛みが増す状況をつくり出してしまう。ケチな人たちは支払いの痛みに敏感なので、購買者が何かするたびに罰を受け、血がぽたりぽたりと落ちていくような価格構成は避けるべきだ。

もちろん、すべての状況でこのやり方が許されるわけではない。ウォルマートは「カートごとにいくら」とか「買い放題」といったやり方は採用できない。しかし、インターネットや携帯電話の料金プラン、スポーツジムの会費、オプションつきの製品など、多くの商品やサービスに、個々のアイテムをまとめてセット価格として提供できる可能性がある。

3. セット商品をつくる。

これは前の項目と大いに関係がある。神経経済学の専門家ジョージ・ローウェンスタインも指摘したように、セット価格の効果の1つは、個々の痛点を隠せることだ。ローウェンスタインが引き合いに出した例は、レザーシート、動力系のオプションなど、車の付属品をまとめた豪華フル装備パックだ。このようにすれば、別々に値段がつけられたアイテムを選ぶたびに複数の痛点が押される事態を避けられ、個々のアイテムの価格も隠すことができる。

セットのアイテムがばらばらで販売された場合、消費者はレザーシートに1000ドル、電動ムーンルーフ（訳注：屋根の一部を開閉できるサンルーフの一種で、スモークガラスを用いたもの）に900ドル以上払う価値があるかどうか、個々の判断をしなければならないだろう。セット商品の価格が、個々のアイテム別に価格をつけて販売した場合と同じ、あるいはそれ以上であったとしても、購買の痛みを感じる回数は減ることになる。

いいことが１つある。あなたのオファーに伴う購買の痛みを軽減できれば、潜在顧客の大多数からほぼ確実に利益が得られる。極端な浪費家以外は皆、なにかしら購買の痛みは感じるのだから、より痛みの少ないオファーができれば、ケチな顧客に役立つだけに留まらないだろう。

4. 重要なニーズをアピールする。

ケチな人たちは、ほかのタイプの購買者ほど商品のセックスアピールに誘惑される可能性は低い。カーネギー・メロン大学の研究者が、実利性をアピールする言葉（腰痛の緩和）、もしくは快楽をアピールする言葉（気持ちのいい体験）のいずれかで100ドルのマッサージを紹介する実験を行った。

浪費家と比べて、ケチな人たちが快楽をアピールしたマッサージを購入（利用）する可能性は26％低かったが、実利性をアピールしたマッサージの場合、浪費家との差はわずか９％だった。たいがいの商品にはさまざまな特徴が組み合わされているが、ケチな人に売り込む場合は実利性を強調することが最も重要であろう。

5. 言葉遣いに気を配ろう！

カーネギー・メロン大学の研究でかなり驚くべき発見が１つある。無料Ｄ

ＶＤのオファーで、翌日配送料金の記述を「５ドル」から「わずか５ドル」に変えたところ、ケチな人たちの反応率が20％もアップしたのだ！　とても独創的なコピーライティングとは言えないが、５ドルが少額だと気づかせるだけで、ケチな人たちには大きな影響をもたらしていた。

要するに、潜在顧客のかなりの部分に当たる人たちを、あまりにもケチでわざわざ売り込みをするまでもないと切り捨ててはいけないのだ。切り捨てるのではなく、ケチな顧客に対するアプローチを改善すれば、この点がよくわかっていない競合他社からマーケットシェアを奪い、全体的に売り上げを伸ばすことにつながるだろう。

浪費家に
満足感を提供する

No. 075

神経経済学の研究により、あなたの顧客のおよそ15%は浪費家であることがわかっている。浪費家とは、支払いの痛み——すなわち、お金を手放すことに伴う神経性の不快感——に対する感度が著しく低い人たちだ。

購買の痛みをほとんど、あるいはまったく感じない人に売り込むのは簡単なはず。購買行動への抑制が減少しているため、ケチな人や、消費行動に関する葛藤のない普通の人と比べると、浪費家は提示されたオファーをなんでも利用する可能性が高い。にもかかわらず、浪費家が相手なら当然売れるということにはならない。

1つには、ライバルの存在がある。あなたのオファーは、似たような商品やサービスを提供しようとするほかのオファーはもちろん、何十という関係のないアイテムのオファーとも競っているのだ。

あなたが顧客とする浪費家がウォーレン・バフェット（間違いなくケチの資格がある人物だが）並みの資産家でもない限り、なんらかの選択がなされるはずだ。**浪費家は好きなだけ買い物をしそうに思えるが、なんでも買うという選択肢はない。**

浪費家の心理はこうなっている

浪費家のカテゴリーに属するのが顧客の６分の１にも満たないのであれば、なぜ彼らを顧客層として気にしなければならないのか？　私が思うに、浪費家を考慮するに値する理由は、贅沢品、豪華な休暇といったたぐいの商品を購入するのは、もっぱらこの層に偏っているからだ。

ケチな人がコーチやエルメスのネクタイを買う可能性はあるのか？　おそらくないだろう。ケチでも、高級ネクタイを購入することに伴う痛みをほとんど感じないほど裕福なら話は別だが。必須ではない品やくだらない品も含めた贅沢品を売り込むマーケターは、浪費家の心理に特に注意を払うべきだ。

脳科学マーケティングの実践ポイント75

お金使い放題のホット・ボタンを押す

1. 快楽主義的傾向、実利主義的傾向の両方にアピールする。

ケチな人たちと違って、浪費家は実用性の問題にも、その商品やサービスがどんな気持ちにさせてくれるかという問題にも関心がある。前項では、被験者に対して100ドルマッサージを２とおりの言葉で紹介した実験について言及した。一方の被験者には腰痛を緩和するマッサージとして、そしてもう一方には気持ちのいい体験として。

浪費家は、マッサージが気持ちのいい体験であると表現された場合、ケチな人たちよりもそのオファーを購入（利用）する傾向が高くなった。浪費家が気持ちのいいマッサージを購入する割合はほぼ50%。ケチな人たちがわずか22%だったのと比べれば、倍以上の人数が購入したことになる。

興味深いことに、浪費家は治療効果をうたったマッサージを購入する傾向も高かった。浪費家の80%近くが治療効果のあるマッサージを購入したのに対し、ケチな人たちが購入した割合は70%を少し下回った。ここからわかるのは、浪費家に対して抜群に効果があるのは実利を重視したサービスだが、彼らは気持ちのいい体験ができるというアイデアにも強い反応を示すということだ。

ではマーケターは何をすればいいのか？　可能であれば両方のホット・ボタン――「あなたにはこの商品が必要」というボタンと、「でも、これはおもしろい商品でもある」というボタンを押そう。この手のマーケティングのよい例は、高級小型トラックの売り込みだ。

購買者は仕事を請け負うために小型トラックを必要としているかもしれないが、それと同時に、見た目がよくて、運転するのが楽しいトラックがいいと思っているかもしれない（法人としてトラックの購入を考えているケチな購買者は、いずれにせよ個人的にトラックを運転することはないだろうが、個人的に運転するとしても、見た目があまり個性的ではない多目的トラックを選ぶかもしれない）。

2. カード払いや分割払いのオプションを提供・強調する。

ケチな人たちの研究において、浪費家はクレジットカードによる負債を最も抱えやすいグループであることが判明している。彼らは人並み外れてクレジットカードの使用をいとわないのだから、カード払いのオプションに加え、支払いが楽になる分割払いといったほかの手段も提供すれば、商談をまとめやすくなるだろう。

資金調達の選択肢を与えれば、ケチな人たちへの売り込みにも役立つが、その理由は浪費家の場合とは異なっている。ケチな人たちにとって、資金調達の選択肢を得ることは、購買に伴う痛みの引き延ばしと分散を意味するが、浪費家にとっては、単に購買を可能にしてくれるという役割において重要性が増すのだ。

3. 言葉を操るのはやめる。

配送料５ドルを「わずか５ドル」と表現するのは、ケチな人たちに売り込む場合にはかなり効果があったが、浪費家にはほとんど影響がなかった。言葉を巧みに操る戦略は無用だと言っているわけではないが、価格が最も好ましく見えるよう多くの労力を費やしても、このグループにはあまり役に立たないだろう。商品やサービスそのものを魅力的に見せることに集中しよう。

4. その場で満足感を与える。

これはカーネギー・メロン大学の研究による結論ではないが、浪費家の行動特性を考えると、その場で、あるいは短時間のうちに満足感が得られるオファーであれば、彼らはより受け入れやすくなるのではないかと思う。

格好いいスポーツカーを見せられ、それがディーラーの駐車場で今すぐに乗れて、数分のうちに自宅の前で見せびらかしたり、郊外で試乗ができたりするのだとしたら、もうこれ以上のスポーツカーはないと思えるのではないだろうか？

5. オプションで利幅を増やす。

浪費家は購買の痛みに対する感受性が低い。そこで、状況によっては、まずは魅力的なオファーを用意して購買者の契約を取りつけ、それから好ましいオプションで利幅を増やすやり方でもいいだろう。一括された価格に対する正味の効果は、最初からすべて込みの販売、セット販売した場合と違いはないかもしれないが、成約率は上がる可能性がある。

浪費家は安心保証にお金を払う

浪費家が延長保証を申し込む傾向は高いのだろうか？　それに関するデータはないが、安心（購入したものにどんな不具合が生じても、保証してもらえる）と引き換えに、多額の費用（たいがいは購入価格の10％以上）を払うという条件において、浪費家が提示された保証を受け入れる可能性は高い。

電気店の店員が延長保証についてすべての顧客に尋ねるよう訓練されている理由は、顧客の15%が前向きに受け入れる傾向にあるからだ。ファーストフード店で注文をすると、即座に「ご一緒にポテトはいかがですか?」「特大サイズになさいますか?」と聞かれるのと似ている。

懸賞やコンテストをやってみる

No. 076

われわれの脳は報酬を期待するようにプログラムされているが、それを得られる確率を計算するのはあまり得意ではない。スタンフォード大学のある研究により、大きな報酬を得られる可能性があると、たとえ期待どおりの結果が得られそうになくとも脳の反応が大きくなることがわかっている。言い換えれば、**われわれの脳は報酬の大きさに対しては非常に反応がいいが、その報酬を本当にもらえる確率には鈍感なのだ。**

パワーボール（訳注：計６つの数字の組み合わせを当てる米国のキャリーオーバー制宝くじ）の賞金が過去最高額に達している場合、くじを購入する列に並んでいる人たちは当選確率を計算することができない。仮に宝くじ券販売機の脇に統計学者がいて、「今買うと当選確率はあと１、２週間待って買うよりずっと悪くなります」と教えられたとしても、その情報を無視するだろう。

人が宝くじを買いに押し寄せるのは、どちらかといえば社会的証明（訳注：周囲の行動を正しいと考え、自分の行動を決めようとすること）の一種であって、当選確率が急激に低下することとは関係がないのだろう。人の心を引きつけるのは賞金総額であって、思い描くのが難しい当選確率ではない。

こんなとき、脳の分析的部分には出番がない。一部の国の国民総生産より高額な賞金を手にできるかもしれないとの期待で活性化する報酬中枢と張り合うチャンスはなくなってしまうのだ。

人間のこのような傾向は、懸賞やコンテストなど、賞金を出す方法を活用しているマーケターにいくつかの示唆を与えている。明確なメッセージは、賞金を提供する場合、大賞賞金の大きさが最も重要な要素になるという点だ。そのほかの細かい点は、あまり意味を持たない。

ゴルフコンペの教訓

カジノのブラックジャックのテーブルでは、ディーラーから「保険（訳注：ディーラーのカードがブラックジャック＝合計21になった場合にプレーヤーが自分の賭金を保護するための保険。元の賭け金の半額を保険料とする）をかけては」と提案されても断るのが昔ながらの知恵だ。だがマーケターの場合、保険をかけることでより大きな賞金を出せるようになるなら、かけておくほうが理にかなっているだろう。

その典型的な例は「ホールインワンをすると100万ドル」の賞金が出る資金集めを目的としたゴルフコンペだ。ゴルファーはホールインワンで100万ドルの賞金を獲得するチャンスを求め、コンペに参加するべく寄付をする。

100万ドルが実際に支払われる確率を減らすためのルールはいろいろある。最も重要なのは、数百人のゴルファーがカップを狙ってボールを叩くであろう予選ラウンドではホールインワンが出ない仕組みにすることだ。つまり、ホールインワン・コンテストは決勝ラウンドで行い、予選ラウンドでニアピンをした数名だけが参加資格を得られるルールにするといいだろう。

チャリティーへのリスクを排除するもう１つのテクニックは（ラッキーな一打が出てしまえば、それで資金集めのチャリティーが破綻しかねないのだから、リスクは排除しておいたほうがいい）保険に加入しておくことだ。このようなイベントの賞金補償を提供している（と同時に、支払いをする確率を最小限にできるようゲームのルールづくりをする）保険会社にわずかな金額で定額の保険料を支払っておけば、壊滅的損失を出す心配をせず、チャリティーベントで100万ドルの賞金を提供できるだろう。

資金集めを目的とするこの手のイベントに参加者を引きつける理由は、支払われる可能性のある賞金額の大きさにある（もちろん、チャリティーを支援したい気持ち、会社をさぼる理由を正当化したい気持ちも要因になっているが）。ホールインワンの賞金100万ドルを補償する保険にかかるコストはわずか数百ドルだが、これで莫大な賞金を印象づけることができるのだ。

冷静に一参加者としての観点で見れば、一発で100万ドル獲得する資格を得るチャンスをつかむより、ニアピン賞として1000ドルが何回か支払われる期待のほうが大きいと考えられる。しかし、論理的に考えて支払いの期待値が上がったとしても、わくわくした気持ちになるだろうか？　まずならないだろう。

要するに、チャリティーを行う側にしてみれば、1000ドルの賞金を５回与えるほうが、100万ドルの賞金補償にかかる保険料よりはるかに高くついてしまうのだ。結果として参加者が減り、わくわく度も低下することはほぼ間違いないだろう。

ペプシの10億ドルキャンペーンの効果

高額な賞金がいかに魅力的であるか理解していたのは、清涼飲料水の大手ペプシ・コーラだ。ペプシはトップ賞10億ドルという懸賞キャンペーンを行った。賞金金額としては間違いなく最高ランクに入るだろう。

あなたの地元で開催されるチャリティー向けホールインワン・コンテストの主催者と同様、ペプシも財務破綻を回避するべくさまざまな予防策を講じた。コンテストをプレーオフ形式のイベントにしたのもその１つ。懸賞第１段階の当選者が第２段階へ進む資格を獲得し、最終段階まで残れる参加者は１名のみ。ここで参加者に割り当てられた６桁の番号と、チンパージー（！）

がサイコロを転がして選んだ6桁の番号がすべて一致すれば10億ドル獲得、という仕組みだ。また、ペプシはバークシャー・ハサウェイ（ウォーレン・バフェットにより設立された大手投資会社）傘下の保険会社を通じて賞金に保険をかけていた。万が一、賞金10億ドルを支払う必要に迫られた場合でも、ペプシが最終的に大打撃を受けない仕組みになっていたのだ。

このコンテストは大反響を巻き起こし、ファイナル・ステージはテレビで生中継された。当然のことながら、最終段階まで残った出場者は10億ドルを獲得することはできなかったが、100万ドルを持ち帰り、ペプシにとっては思いがけない宣伝効果となった。

脳科学マーケティングの実践ポイント 76

賞金に気を配る

ビジネスで行うコンテストは、チャリティー用の資金集めとは動機が異なるが、同じ原則があてはまる。つまり、手に入れる確率が低くとも、アッと驚くような賞品を1つ設定したほうがいいということだ。

例外は、一部ファーストフード店が実施している販促キャンペーンに見られる、非常に高い頻度で与えられる賞品であろう。この場合、顧客は無料のフライドポテトなど、ちょっとした賞品が記されたゲーム用のカードやシールを獲得することに集中する（訳注：たとえばマクドナルドのモノポリーキャンペーンでは、このようなシールを集め、条件がそろうとさらに高額な商品がもらえる）。パブロフの条件づけと似たようなものだ！

トップレベルの賞品を提供したいと思うなら、とにかく金額を大きくすることを考えよう。たとえ当選確率が低くとも、金額のゼロが多ければ多いほど、人の反応はよくなる。賞金金額を最大に高める方法をいくつか紹介しよう。

- １つの賞金に予算を集中させる。
- プレーオフ・システムなど、賞金がもらえる確率を厳密に管理するやり方で、巨額の賞金を与える。
- 賞金用の予算を増やすため、ほかの企業との合同プロモーションに参加する。

アメリカ合衆国を含め、各司法管轄区域にコンテストに関する法律があるため、関連する法規定を順守してほしい。

好みにカスタマイズした商品を売る

No.077

かつてデール・カーネギーはこう言った。

「名前はその人にとって最も心地よい、最も大切な響きを持つ言葉であることを忘れてはならない」

この言葉がどれほど真実を語っているか。無意識のレベルでもまったくそのとおりであると知ったら、カーネギーも驚くに違いない。

では簡単な実験から始めよう。自分の名前の最初の文字を書き留めてほしい。あなたはその文字が好きだろうか？　ただの文字だし、「好きでも嫌いでもない」と言うかもしれないが、多くの文化圏を対象にした研究により、人は自分の名前の頭文字をほかの文字より気に入っていることが実証されている。こうした好みははっきり表に出るだけでなく、行動にも予想外の不思議な影響を与えるのだ。

ある研究では、名前がＡかＢで始まる学生は、名前がＣかＤで始まる学生よりよい成績を収めていることがわかった。不思議な現象はそれだけにとどまらない。別の研究によると、人は自分の名前とよく似た名前の街に住み、似たような名前の職業を選ぶ傾向が高いことがわかっている。

名前と職業の不思議な関係

これは潜在的自己中心性と呼ばれる概念だ。**人はおおむね自分を肯定的にとらえており、自分とつながりがあるものに好意的態度を示す傾向にある。**だから、研究でも明らかにされているように、ルイスという名前は、統計的にセントルイスに多く見られ、デニス（Dennis）やデニーズ（Denise）という名前の人が歯科医（デンティスト）（dentist）になるケースが予想以上に多いのだ。「誕生日の数字」でさえ場所と関連づけられており、たとえば３日に生まれた人はスリー・リバーズに住んでいたりする。

別の調査では、人は他者が所有する商品より自分が所有する商品を好むという所有効果を含め、関連する効果が明らかになっている。ある研究では、人は「怪僧ラスプーチン」と誕生日が一緒だと思った場合、ラスプーチンに対していいイメージを持つことが実証された。

この研究には妙に興味をそそられる。ローレンス（Lawrence）という名前の弁護士（ロイヤー）たち（lawyer）は、きっと自分の名前と職業の選択はなんの関係もないと主張するだろう。だが、マーケティングの世界で働くことを選んだマーヴ（Marv）やマーク（Mark）は、この情報を活用して何ができるだろう？

脳科学マーケティングの実践ポイント 77

シンプルなカスタマイズ以上のことをしてみる

ダイレクト・マーケターは、郵便広告やＥメールを包括的内容で送るよりも個々人向けにカスタマイズして送ったほうが効率がよいとわかっている。だが、自分たちのオファーをさらに強化するため、顧客の潜在的自己中心性をどのように活用すればいいのか？　いくつかのアイデアを紹介しよう。

リストをセグメント化する

コストが増える一方だというのに、ダイレクト・マーケターは相変わらず、カタログや、売り込み用の広告などを郵送している。メーリングリストをレンタルし、強化するという方法もある。たとえば、雑誌購読者の膨大なリストを利用し、過去に反応のよかった郵便番号の区域に住む人たちにのみ郵便物を送って反応率の改善を図ることも可能だろう。そうすれば、カタログや広告を送っても利益が上がらなかったかもしれないリストが、今度は確かな利益を生む可能性がある（リストはこれよりもっと複雑なやり方で強化されている）。

しかし、ハリーやデイヴィッドが、ハリー、ハリエット、デイヴィーといった名前の人たちにギフトカタログを送って効果を試してみたことが果たしてあるのだろうか？　前述の研究からすれば、これらの名前のほうがサム、ジーク、スーザンといった名前より反応がいいであろうと予測される。同様に、フロントゲートは、フランク・スミス、スーザン・フリーモントという名前の人たちにカタログや広告を送れば、効果に若干の改善が見られるかもしれない。

カスタマイズを強化する

個々人向けにカスタマイズする手法が効果を発揮することはわかっているが、ほかの要素をカスタマイズしたらどうなるか？　たとえば、「お客様の声」のデータベースを開発し、見込み客のイニシャルや名前と一致する人たちの「声」を選んでみてもいいだろう。私の場合、同じように満足をしている客の声でも、ミランダ・スミスという人の声より、ロジャー・ジョーンズという人の声が紹介されている広告のほうによい反応を示すのだろうか？

そうは思いたくないが、前述の研究はそうなることを証明している。

同じように、見込み客の名前に基づき、お勧めする目玉商品を選ぶという手もある。たとえば、Cで始まる名前の見込み客にはクイジナート（Cuisinart）（訳注：フードプロセッサーで有名なメーカー）の商品、Kで始まる名前の見込み客にはキッチンエイド（KitchenAid）（訳注：ミキサーで有名なメーカー）の商品が載っているカタログを送るといいかもしれない。

人が自分の誕生日の数字に引きつけられるとしたら、一見、無作為のようだが、目につく数字を郵送物に組み込んでおいたらどうだろう？　たとえば、住居のハウスナンバー風のイラストにしてみるとか？　見込み客の誕生日が12月14日だと分かっているなら、ナンバーは1214となるだろう。これをさりげなく、それでいて目に見える形でやってのけるのは難しい課題だが、不可能なことではない。

もちろん、このテクニックの効果は薄い。多くの場合、潜在的自己中心性に訴える戦略を採用しても、かけたコストに見合うだけの効果は得られない可能性が高い。それでも、マーケターならこのアイデアを試したり、過去の売り上げデータを用いて調査をしてみたりすることはできるだろう。特にダイレクト・マーケターはデータの分析が大の得意だし、経験と知識に富んだマーケターにとって、最近送った大きな郵送物で、ハリーという名の人々のほうがほかの名前より効率がよかったかどうかを見極めるのは難しくないはずだ。

高級品をより
ゴージャスに見せる

No. 078

脳研究は顧客行動を理解するうえでの新しい見識をもたらしてくれるが、最も重要な発見として挙げられるのは、マーケティングが実際の顧客体験に与え得る潜在的影響だ。広告やマーケティングを担当する幹部の中で、マーケティングの価値を疑う人はほとんどいない。だが、皆さんはこんなセリフを何度となく耳にしてきたのではないだろうか？

われわれの商品は宣伝しなくても自然に売れる！
一度商品を試してもらえれば、皆、気に入ってくれるはずだ！
広告に期待するのは主に商品認知を確立することだ。

多くの企業幹部は、マーケティングは、人々にとりあえずこの商品を買ってみようという気にさせるべく計画された初期段階の活動と考えている。一度買ってもらえれば、その時点で商品自体が責任を引き継ぎ、顧客が商品を気に入るか否かで、今後の購入が左右されることになる。ある程度までなら、それは正しいと言えるだろう。

だが、重要な事実を無視している。その商品を購入した顧客の実体験は、顧客が商品に対して抱いていた期待や信頼によって形づくられるのだ。

注意してほしいのだが、私は顧客が報告する体験は先入観に左右されていると言っているのではない。たとえば、高価なものを購入した顧客がその体験を正当化し、実際に感じた正確な満足度より高いレベルの満足度を報告するのはよくある話だ。私が言いたいのは、顧客の実体験は、その人が商品について何を知っているかによって左右されるということだ。

この大胆な主張の根拠は、なんとワインに関する研究にある。実はワインは研究対象にぴったりな商品なのだ。というのも、ほとんどの人はワインの専門家ではないから、暗示にかかりやすい。私が言わんとすることの実例を紹介しよう。

価格が味を左右する

第６項で検討したワインに関する研究では、自分が飲んでいるのは５ドルのワインではなく45ドルのワインだと思っているとき、脳の心地よい経験を記録する部位がより活性化することが実証されている。実際に飲んでいるのは５ドルのワインであるにもかかわらずだ！

被験者は45ドルのワインのほうがよりよい経験が得られると期待しており、実際によりよい経験をした。高価なワインと認識されたワインは、実際には高価でなくとも本当においしく感じられるのだ。

別の研究では、あるフランス料理店で均一価格のコース料理を注文した人たちに無料のグラスワインを提供する実験を行った。その結果、「カリフォルニアのノア・ワイナリー産」と称されたワインを飲んだ人たちは、「ノースダコタのノア・ワイナリー産」と称されたワインを飲んだ人たちより食べた量が多く、次の予約を入れる傾向も高くなることが分かった。前に紹介した実験と同様、この実験でも食事をしていた人たちが飲んだワインは実際には同じ安いワインだったのだ。

この研究は、顧客がある商品について信じたことが現実になり得ることを実証している。**顧客が「こちらのほうがいい」と思えば、それが「いい商品」となる**のだ。

見方を変えれば、ノースダコタ産ワインの場合のように、顧客が商品に疑問を持てば、顧客経験は損なわれる可能性がある。実在するノースダコタのワイナリーにとって、これは歯がゆい状況に違いない。顧客が自分たちのワインについて——客観的に判断すれば、同等のワインだったとしても——カリフォルニア産やフランス産のワインのようなおいしさはないと判断するというのだから！

マーケティングの新しい役割

マーケティングや広告、ブランド構築への取り組みは、顧客を誘導して必要でもないものを買わせることを目的としていると決めてかかっている批評家がよくいる。もっと一般的（かつ好意的な）見方では、こういったマーケティング活動は、消費者が楽しんだり、なんらかの形で生活を向上させたりできるような商品に関する情報を与える目的で行われていると考えられている。個々のマーケターはさらに、リピート購入を促すため、ブランド認知を確立するためなど、具体的な目的をリストに加えることができるだろう。

これらのリストには載らない役割がある。それは、ある商品やサービスについて、顧客が実際に味わう経験を向上させるよう、顧客の期待を高めること。だが、この役割はリストに載せるべきだ。前述のワインの研究では、「高価なワインは安いワインよりおいしい可能性が高い」「カリフォルニア・ワインは世界的に有名だし、ノースダコタ産のワインが存在することすら知らなかった」など、**消費者の思い込みが、その商品の実際の特徴以上に、彼らの満足度を左右することが明らかになっている。**

同じように、あるブランドについて顧客が持っている知識がその商品に関する経験を左右していると主張しても、話が飛躍しすぎているとは言えないだろう。トヨタのレクサスは、顧客満足度調査でいつも上位にランクされている。

これには車の実際の品質がひと役買っているのはたしかだ。「優れた品質の商品であろう」との期待を生み出している要因は、ブランドの評判、高級な価格、非常に設備の整った販売特約店など、ほかにもたくさんある。商品そのものがなんらの形で重大な失望を与えない限り、レクサスの購入者は、トヨタの同等の商品を購入した人たちよりも、実際に高い満足度を得る可能性が高い。

期待と現実の不一致を解消する

マーケティングがよければ、自ずと素晴らしい顧客経験をつくり出せると考えるのもいいだろう。しかし、そうはいかないことは明らかだ。顧客が100ドルのワインを買い、それがビネガーのような味がするとしたら、素晴らしいワイン体験への期待感は、ひどい風味という現実で打ち砕かれてしまうだろう。

期待と現実の不一致は、程度が小さければ打開することもできるが、ギャップがあまりにも大きければ、予想はご破算になってしまう。顧客は、「期待したのは間違っていた」と悟り、その商品を実際より悪いと評価してしまうかもしれないのだ。1本5ドルのワインを買ったら、イヤな風味がしたという経験は1日で忘れられる可能性が高いが、**有名なワイナリーでつくられた50ドルのワインを買ったら腐ったコルクのような味がした場合、たちまち不満度が高まるだけでなく、そのブランドに対する疑いが長期にわたり続く**可能性が高くなる。

私が思うに、マーケティングで顧客の実体験を向上させようにも、商品に対する期待はさまざまであるに違いない。さらに、顧客が持っている専門的知識しだいで、彼らが先入観によってどの程度影響を受けるかが決まるだろう。顧客に豊富な知識や経験があれば、彼らはその分、客観的要素を用いて商品を判断することになる。先週の火曜日に瓶詰めした2ドルワインにフランス産のラベルを貼って100ドルの値段をつけても、プロのワインテイスターがだまされる可能性は低いだろう。

専門知識がある人たちでさえ先入観に影響を受けることはもちろんある。たとえばオーディオマニア。彼らはアンプやスピーカーの下にバランスよく設置すると音がよくなると評判の小さな石（訳注：インシュレーターと呼ばれる振動吸収剤。石材のほかに金属やゴムなども使われる）など、奇妙なオーディオ・アクセサリーを使い、本当に音がよくなったと言っているが、果たしてどうなのか。

要は程度の問題だ。プロのワインテイスターは、３ドルの安物ワインならあっさり不合格にするだろうが、それなりのワインが適切にプライミングされていれば、実際より少しいいワインだと思い込むかもしれない。

マイクロソフトの起死回生策

さんざん酷評されたマイクロソフトのオペレーション・システム「ビスタ」は、発表当初からマスコミに叩かれていた。初期のユーザーはバグに遭遇し、ＩＴ企業の幹部たちは、ビスタの先行ＯＳ「ウィンドウズＸＰ」を今後も使えるようにするべきだと強く要求し、アップル社は例の「『パソコンです』ＶＳ『マックです』」の広告でビスタを嘲笑した。

初期のバグが修正された後も、ビスタに関する評価は、過去にウィンドウズの新バージョンが発表されたときと比べると、相変わらず否定的だった。これはマイクロソフトの幹部にとってはイラだたしい事態だったに違いない。

ノースダコタのワイナリーが上質なワインを出荷してきたのに、世間は相変わらずノースダコタ産のワインはカリフォルニア産の二流ワインより味が劣ると判断しているのと似たような状況だ。

マイクロソフトは、ニューロマーケティング的シナリオから脱却する手段を取り、ある実験を行なった。ユーザーに新しいＯＳ「モハベ（Mojave）」のデモを見て評価してほしいと依頼したのだ。もちろん、新しいＯＳとは実はビスタのこと。

なんと、ソフトウェアのユーザーは、ワインの愛飲家や世のほかの人たちと同様、感化されやすいことが判明した。実に94%のユーザーがビスタよりモハベを高く評価したのだ。ビスタとの比較でモハベのスコアはデモ前が10段階中4.4だったのに対し、デモ後は10段階中8.5になった。

脳科学マーケティングの実践ポイント78

高く、なおかつ達成可能な期待感を抱かせる

顧客があなたの商品を買うようにするだけでなく、一度商品を試せば経験が向上するようなマーケティングをしよう。つまり、顧客が商品の質、味、性能といった尺度を当てはめる際、高くて、それでいて現実的な期待を抱かせるということだ。

ブランドのポジショニングでは、こういった肯定的顧客経験に通じるような要因を強化すべきだ。低価格はあまり重視せず、上質な風味、見事な職人技といった点を重視しよう。これがうまくいけば、顧客の満足度が高まり、売り上げも高まることは言うまでもない。

商品をアップグレードさせる

No. 079

あなたが幸せになるには何が必要？　たいしたものは必要ない。

心理学者ノバート・シュワルツが行った有名な研究で、10セントあれば間に合うことが判明した。シュワルツの研究チームがコピー機のそばの、確実に目につく場所に10セント硬貨を置いておいた。硬貨を見つけた被験者をその直後に調べたところ、彼らの人生に対する全般的満足感は、硬貨を見つけなかった被験者よりもはるかに高かった。

この研究が行われたのは1987年。10セントで今より多くのものが買えた時代ではあったが、基本的な考え方は今も変わっていない。

ほんの小さな驚きであれ、それが前向きな驚きであれば、一時的であれものごとの見通しを改善できるのだ。『ボルティモア・サン』紙とのインタビューで、シュワルツはこう述べている。

「見つけたものの金額が問題なのではありません。自分の身に何か前向きな出来事があったことが大切なのです」

別の研究では、食べ物のサプライズも効果を発揮すると判明した。あるスーパーマーケットで、買い物客に自宅のテレビに対する満足度を尋ねた。その数分前に無料の試食用サンプルをもらっていた人たちは、サンプルをもらわなかった人たちよりも自宅のテレビに対する満足度が高かった、

脳科学マーケティングの実践ポイント 79

小さなサプライズで前向きな感情をつくり出す

この研究は、ちょっとした前向きな驚きをブランドの印象として同時に届けることができれば、気分がよくなったこととそのブランドを関連づけるチャンスになる。徹底的に驚かせる必要はない。スーパーマーケットで試食サンプルをもらうのは衝撃的出来事というわけではない。

思い浮かんだアイデアをいくつか紹介しよう。

ブランド・アイデンティティを明確にする

最近のスーパーマーケットやウェアハウスストア（訳注：倉庫などを利用して経費を低く抑え、食料品などを低価格で提供する量販店）では、至るところで無料サンプルの提供が行われているが、混雑する中、ブランド・アイデンティティが見失われてしまうことがよくある。すでに出店業者でいっぱいになっているコーナーを避けてサンプルを提供し、必ずブランドがはっきりわかるディスプレーを心がけ、接客係にはブランド名をきちんと言及するようにトレーニングをしておけば、ブランドの販売促進に一層弾みがつくだろう。

製造業者であれば、あまりコストをかけずに無料の付属品や販促用アイテムを含めて商品を発送するといい。箱の表に「無料プレゼント！」と明記してしまっては、せっかくのサプライズが台なしになるのは目に見えている。だが、箱を開けたら中に「無料プレゼント」と書かれたアイテムが入っていたという形にすれば、そのアイテムになんらかの価値や実用性があることが強調され、驚きが高められるだろう。

配送のアップグレード

Zappos.com（ザッポス・ドットコム）が10億ドル企業になった要因の一部は、無料の配送アップグレードで顧客を驚かせたことにある。靴の販売を行っている競合他社の大半は、商品の配送に３日以上かかっていたのに対し、ザッポスは注文された商品の多くを２日ないし翌日配送で届けていた。

無料アップグレードのポリシーを大げさに宣伝するのではなかった。注文がなされた後、アップグレードの件を通知する形で顧客を驚かせていたのだ。

Chapter 11

男性脳、女性脳それぞれの攻略法

男性と女性は行動の仕方が異なるだけでなく、
脳の使い方も異なることを実証する研究が続けられている。
たとえば、脳スキャンを用いた研究では、感情に訴える映画を見ている男女は、
同じ場面でも脳の活性パターンが異なることがわかっている。
言うまでもなく、これらの違いはマーケターにとって大きな意味がある。
第11部では、男女それぞれにアピールする具体的な方法を検討していく。

ロマンチックなアプローチをする

No. 080

ニューメキシコ大学のある教授が、興味深いことを言っている。人間の脳の進化の大部分は、異性にアピールするよりよい方法を見つけることを目的に進んできたというのだ。

進化心理学者のジェフリー・ミラーは、人間の脳はクジャクの尾羽、すなわち、メスを引きつけるべく進化した生物学的芸術品によく似ていると考えている。もちろん脳は大きな羽根飾りをつける以上の機能を兼ね備えている。それでもミラーの考えでは、言語能力や複雑な推論といった人間の脳が有する高度な特徴は、すべてセックスのためにあるのだ。

ミラーは顕示的消費（訳注：世間に財力を誇示するために高価なものを所有する、見せびらかしの消費）と利他的行為について研究した。２つの行為は相反するかに見える。前者は利己的な行動であり、後者は寛大な行為だろう。だが、ミラーは両者に関連性があり、**人目につく利他的行為は、顕示的消費の一種だと考えている。**

この考えを確かめるため、ミラーの研究チームは２つの被験者グループに２とおりのプライミングをした。第１グループには理想的なデートプランを書かせるというロマンチックなプライミングを行い（訳注：具体的には事前に魅力的な異性の写真を見せている）、第２グループには天気について書くという課題が与えられた。

その後、各被験者に、架空の予算（5000ドル）と時間（60時間）を与えて使い方を尋ねたところ、ロマンチックなプライミングをされたグループの男性は豪快に金を使い、同グループの女性はボランティアにやたらと時間を費やす傾向にあることがわかった。つまり、男性はほとんどボランティア活動をせず、女性はほとんどお金を使わない。

ロマンチックなプライミングをされなかったほうのグループは浪費にもボランティアにも走る傾向は見られなかった。研究者たちは、男性も女性もロマンチックなプライミングをされると「いいところを見せよう」とするが、それぞれ異なる戦略を用いるのだと結論づけている。すなわち、男性はモノを買い、女性は他者の力になろうとする。

追跡調査で、こうした目立とうとする行為の度合いを検証したところ、ロマンチックなプライミングをされたグループの男性は、衣類など身につけるものや、車やバイクを中心に購入し、家の中でしか使わないものは無視する傾向にあった。また、同じグループの女性は公の場でのボランティア活動を選び、１人で行う作業は避ける傾向にあった。

ロマンチックなプライミングをされなかった被験者は、消費やボランティアが人目に触れるか触れないかという点にはほぼ無関心だった。

脳科学マーケティングの実践ポイント 80

あなたの商品（あるいはサービス・プロジェクト）が人目を引くものなら、ロマンチックなプライミングを活用する

男性へうまく売り込む

ニューロマーケティングや進化心理学が登場するずっと前から、マーケターは**男性が自分の評判を高めるために（そして、異性にアピールする力を高めるために）お金を使う**と気づいていた。高価なスポーツカー、高級レストランといったものはすべて、男性が経済的に裕福で、それゆえ魅力的であることを証明するものだ。

男性に対して、人目につく方法で高価なものを買うチャンスを与えるマーケターは、平均以上の成功率を期待できるだろう。寄付を期待しているＮＰＯも、男性に訴えるためには、彼らが人目を引くようにするべきだ。自分の魅力を（普通は無意識のうちに）アップさせようとしている男性にとっては、社会に認められることが特に重要となる。

女性へうまく売り込む

女性の場合、考慮すべき点が少々違ってくる。見たところ、女性は無意識の求愛戦略として、これ見よがしにお金を使う傾向はない（そうは言っても、女性は自分の魅力を高める目的で服やアクセサリーにお金を費やすだろう。しかしお金の使い方に関しては、ロマンチックなプライミングはあまり効果がない）。

興味深いのは、**女性は無意識の求愛戦略として、これ見よがしに人のために時間を費やそうとするところがある**点だ。ボランティアを探しているＮＰＯは、そのような姿勢を認めることが大切だと理解しており、前述の研究は、それを公の場で人目につくように行うことが重要かつ最も効果的だと強調している。

心理学研究室の外では、どのようにロマンチックなプライミングを実現すればいいのか？　おそらく最も論理的な方法は、それぞれの性別に見合った人物の画像を用意し、見た人が求愛行動を取りたい気分になるようにすることだろう。次の項からは、こうしたプライミング効果が示された具体的な方法を紹介していく。

男性にはシンプルに説明する

No. 081

昔から男女の食い違いをネタにしてきたコメディアンたちはもちろん、『ベスト・パートナーになるために—男と女が知っておくべき「分かち愛」のルール男は火星から、女は金星からやってきた』（三笠書房）といった人気書も、男性と女性の違いをテーマに取り上げてきた。

ネタではなく真面目な話、ノースウエスタン大学とハイファ大学の研究チームが、男子と女子（訳注：被験者は9～15歳の男女）では脳内の言語処理方法に証明可能な生物学的違いがあることを発見した。

研究者たちは、**言語を処理する課題を与えると、女子はより抽象的に、男子はより知覚的に処理を行っている**ことを確認した。同じ活動をするにあたり、男子と女子では使う脳の部位が異なっていたのだ（訳注：言語処理を行う場合、女子は言語や抽象的思考に関連する領域がより活性化していたが、男子にはそれがあまり見られず、言語を目で読んだ場合は視覚、耳で聞いた場合は聴覚に関連する領域が活性化していた)。

研究者たちは、この研究の教育的意味に着目した。男子と女子で言語処理の仕方に劇的な違いがあるということは、男女別のクラスにしたほうが教育的には効率がいいと考えられる。また、男子は目で読んだ題材については筆記試験、耳で聞いた題材については口述試験を行えばよい成績が出ると思われる。

この実験結果は、男子の場合、感覚処理の流れを妨げるなんらかの障害があり、視覚情報や聴覚情報が言語領域まで到達できていないことを示唆している。

研究者はこの結果を用いて、**大人の女性が男性より複雑かつ抽象的なコミュニケーションの取り方をする説明もできる**のではないかと考えている。たとえば道順を教える場合、女性は曲がり角の近くにどんな目印があるか細々と説明するが、男性はあまり詳しい説明の仕方はしないそうだ。

男性向けコピーと女性向けコピーの違い

この論理は、**男性向けの広告コピーはシンプルかつダイレクトにするべきだが、女性向けのコピーはもっと文脈的でも構わない**ことを意味している。シンプルなコピーがいいか、文脈的かつ抽象的なコピーがいいかと考えながら、私の頭にまず浮かんだブランドは、Ｊ・ピーターマンだった。

このブランドのカタログに掲載されているコピーは、すべて実に興味深い内容ながら、シンプルかつダイレクトなコピーとはとても言えない。私はＪ・ピーターマンのカタログ（男性用、女性用両方のアイテムを扱い、代表的な商品は男性用のダスターコート）を利用する顧客の男女比を調べてみたが、女性の数が男性の２倍以上とわかっても驚きはしなかった。

商品のセレクションが、Ｊ・ピーターマンの顧客基盤に見られる偏った男女比となんらかの関係があるのは明らかだが、商品にまつわる長い物語が、性別による第一の顧客層、すなわち女性にはうまく作用しているとの説明もできる。実際、カタログ向けのマーケティングは非常に科学的に行われている。商品と顧客層両方に関する詳細な統計データを用い、長きにわたるダーウィン的進化に確実に対応しているのだ。

大きな注意点がある。９歳から15歳の子どもに言語処理上の性差が存在することは前述の研究で実証されたが、大人にも男女の違いが存在し、現実の世界に影響を与えていると考えるのは、今の時点では憶測の域を出ない。

また、全体的な統計的差異があっても、個人個人についてはなんとも言えないだろう。現に私はどの男性にも負けず劣らずＪ・ピーターマンのカタログを読んで楽しんでいるし、もしかしたら女性にだって負けていないのだから！

脳科学マーケティングの実践ポイント 81

男性にはシンプルなコピーを使う

冗長なコピーはとにかくよくない。**特に男性顧客層向けのコピーなら、なおさらシンプルな文章にするべき**だ。一般的に、男性はあまり抽象的ではなく、感覚的な方法で言語処理を行っているため、表現が冗長だとメッセージも伝わらない。

女性にセールスしてもらう

No. 082

女性の営業マンのほうが優位に立っている分野があること、しかもそのような分野に魅力的な女性ばかりが集まっていることに、あなたは気づいていただろうか？　その一例は医療機関向け医薬品販売の営業だ。

典型的にこの分野の営業担当は魅力的な女性で、男性医師を中心とする顧客基盤を相手に多くの時間を費やしている。もちろん、これはあまりにも一般化した話であり、実際には女性の医師は多いし、男性で医薬品販売の営業をしている人も大勢いる。それでも、このステレオタイプには十分説得力があり、現に私の知り合いの医師は男性営業マンを見て驚き、「製薬会社の男の営業なんて、お目にかかった記憶がない」と冗談を言っていたほどだ。

女性の営業のほうが成功する可能性がある理由について、私が耳にしたことがあるいくつかの説を紹介しよう。

1. とっかかりをつかみやすい？

一部の分野で女性が優位に立っているのは、女性のほうがとっかかりをつかみやすいことに要因があると考える人もいるだろう。この理屈はこう展開する。多忙な男性企業幹部が出てくるのをロビーで待っている新顔の営業担当がいるとしよう。幹部が時間をつくって会う可能性が高いのは、太鼓腹の中年男だろうか？　それとも20代の魅力的な女性だろうか？　そんなことは頭を悩ませるまでもないと言う人もいるかもしれないが、事実に基づいたデータはないのだ。

2. 対人術に長けている？

営業ウーマンが成功するもう１つの理由は、対人術に長けていることにあるかもしれない。実際、この説に丸ごと一冊割いている本もあり、『Women Make the Best Salesmen: Isn't it Time You Started Using their Secrets?（女は最高のセールスパーソンになれる：今こそその極意を活用してみては？）』では次のように述べている。

「女性は天性の社交術と人の気持ちを正確に感知するアンテナを持ち合わせているため、生まれながらに利点があるが、男女を問わず、この利点を学び取ることはできる」

クジャクの誇示行動の本当の狙い

多少なりとも魅力的な女性が登場するだけで、男性の顧客に対してロマンチックなプライミングをすることができるのか？　前に紹介した研究に基づけば、意識下でロマンチックな考えをプライミングされた場合、男性の顧客は、まとまった注文をするといった消費行動で自分の潜在的繁殖能力を誇示する傾向が高くなるはずだ。

魅力的な女性の写真など、ささいな刺激が男性にロマンチックなプライミング効果を発揮することはわかっている。ならば、本物の女性でも最低限の効果はあると言っても、理論の飛躍にはならないはずだ。それに、ジェフリー・ミラーの説を受け入れるなら、モノを買う以外にも、何かの注文をするといった行動がクジャクの誇示行動と同じように役立つと期待できるだろう。

医療の世界では、実際に商品を注文したり、お金を使ったりするのは医師ではないものの（実際にお金を払っているのは患者と保険会社だ）、医師は試供品の配布に同意したり、しかるべき状況で商品を推奨したりすることで、自分の影響力や専門的知識・技能を誇示できるだろう。こうしたやり方で威力を振るうのは、小切手を切るのと同じくらい、視覚的な誇示になると思われる。

私は人々が不適切なことをしていると言っているのではない。両者が相手の気を引くような行動に出る可能性はあるものの、多くの場合、そんな事態にはならないだろうし、必ずしもロマンチックなプライミング効果を狙わなければいけないわけではないと思う。実際、相手の気を引くような行動は逆効果になることもある。

言うまでもなく、典型的な意思決定過程には多くの要因が影響を及ぼしており、そのほとんどにしっかりした根拠がある。商品が顧客にふさわしいものでなくてはならないし、競合する商品と品質で負けていてはならない。

また、価格が予想の範囲内で、相場と一致している必要がある。セールススキル、すなわち商品を効果的に提供し、顧客と絆を築く能力も重要だ。魅力的な営業担当を送り込んでも、商品が不適切だったり、人材のトレーニングが十分にできていなかったりすれば、売り込みはほとんどの場合、失敗する可能性が高くなる。

私はロマンチックなプライミング効果を、同点試合に勝敗をつけるタイブレーカーと見なしている。似たような商品を似たような価格で提供している２つの会社があるとしよう。いざ発注の依頼をするとき、ロマンチックなプライミング効果を生み出せたほうの営業マン（ウーマン）が少し有利になるかもしれない。

これは一時的な、ちょっとした現実歪曲空間（訳注：聴衆を巻き込み感動させる、現実を歪曲した空間。スティーヴ・ジョブズのプレゼンスタイル）と考えてほしい。プライミング効果が最大の効果を発揮する場合、顧客に対するなんらかの影響は、営業マンのいるところで発生する可能性が高い。営業マンが契約をまとめにかかる段になり、もし顧客の気持ちが前向きに傾いていれば、意識下に働いていたささやかなプライミング効果でも、「考えておきます」との約束ではなく、その場で契約のサインをもらえるほどの威力を発揮するかもしれないのだ。

男性営業マンのアプローチ

男性の顧客に「力を誇示」させるべくアピールしようとするのは営業ウーマンだけではない。私はときおり、いかがわしい株のディーラー（私の経験では、一般的に男性だ）からセールスの電話を受けるが、彼らはその場で株を売り込もうとしたり、せめて日をあらためて話を聞いてもらう約束を取りつけようとしたりする。

電話セールスの営業マンを撤退させる際、私はいつも丁重にお断りをしているのだが、この手の男たちを黙らせるには、電話を切るしかない。こちらが話を終わらせようとして何か言えば、さらに矢継ぎ早の質問が返ってくるだろう。

私にはこんなセリフが使われたことがある。

「5000ドルの投資ができないとおっしゃるんですか？」

軽蔑的な口調に、顧客の権威、財力、最終的には男らしさに疑問を呈しようとする意図があるのは明らかだ。彼らにとって望ましい反応は、この場合もクジャクの誇示行動であり、おそらくこんな返答だろう。

「もちろんできる！　私はいつも、もっと大きな投資をしているんだ！」

望みどおりの返事が得られたところで営業マンは軌道を戻し、セールストークを再開する。こうした手法も、ロマンチックなプライミングではないかもしれないが、同じような結果を生む。クジャクに言わせればこう尋ねているようなもの。

「おまえには尾羽がないのか？」

女性のほうが優秀な営業マンになれる理由を取り上げた本が出ているくらいなら、雇用、残留、昇進を決める過程で差別が生じるのではないかと思う人もいるだろう。だが、販売という職業でものを言うのは結果だ。

無能な営業マンを雇い続ける会社はほとんどないし、多くの会社は、販売実績に基づき、個々の営業マンに与える報酬の大部分を決めている。理論上、このようにして営業マンの地位を決めれば、主観的に評価する場合よりは性別による差別が生じにくくなるはずだ。やはり、**顧客が求めているのは結局のところ、自分たちの問題を解決し、利便性を提供してくれる営業マン**なのだ。外見や性別による要因は、真の解決策に比べたら重要性は下がるだろう。

脳科学マーケティングの実践ポイント82

男性購買者には「クジャク効果」を利用する

ほとんどの場合、ロマンチックなプライミングの効果は二次的なものかもしれないが、販売プロセスに影響を与えることもある。この程度の小さな利点でも活用しようとするなら、営業マンは（男性）顧客の有する権限や財力にさりげなく訴える手法を取るべきだ。多くの場合、「こんな車を買う余裕はないとおっしゃるんですか？」といった攻撃的なアプローチはすべきではない。

それよりも「お客様ならこの車のお支払いは苦にならないですよね？」など、控えめなアプローチを取ったほうが、顧客に美しい尾羽を見せびらかすチャンスを与えることになる。「では、契約書にお客様のサインをお願いできますか？」といったシンプルな質問でも同じようなチャンスを（その人にサインをする裁量権が本当にあれば）与えられるだろう。**財力や意思決定能力を誇示したい気持ちと、契約書に署名するといった具体的行動とを結びつけることが、プライミング効果を成功へと導く最終要素となる**のだ。

ときには色仕かけをする

No. 083

女は男の頭を狂わせるのか？　女性の写真が男性の意思決定に影響を与えることは判明している。男性の頭が実際におかしくなるわけではないが、彼らはせっかちになり、目先の利益に集中するようになる。

進化心理学者のマーゴ・ウィルソンとマーティン・デイリーは（いずれもマクマスター大学）この現象を研究し、魅力的な女性の写真は男性を求愛モードにさせ、短期的な利益のほうに価値を置かせるようになると結論づけた。ある巧みな実験が、魅力的な女性の写真がプライミング効果を発揮することを証明している。

２人の研究者は、被験者が将来の利益をどの程度割り引くのかを評価した。われわれは皆、目先の利益や短期的な利益と比べて、将来の便益を割り引いて考えるが、これはもっともなことだ。今すぐ100ドルもらうか、２年待って（たとえば）105ドルもらうかを選ぶとすれば、ほとんどの人が今すぐ100ドルもらうほうを選ぶだろう。

この手の決断をする場合、割引率は人それぞれだ。集団としての男性は、女性よりも割引率が高い。つまり、男性は短期的な報酬を好む傾向に偏っている。

割引価値に表れる男女差

ウィルソンとデイリーは、進化心理学によってこの違いを説明できると考えている。というのも、この学問分野は、女性は出産とその後の育児という現実があるため、男性より長い時間枠で活動するとの考え方を基本としている。

両研究者は、男女それぞれに、魅力的な異性と魅力的ではない異性の顔写真を見せ、この仮説を検証した。すると、魅力的と判断された女性の写真を目にした男性は、割引率に著しい増加が見られた。つまり、短期の報酬により引かれるようになったのだ。ほかのグループは統計的に有意な変化を示さなかった。

最近でも別の研究により、若い男性に求愛のプライミングと好戦的本能との関連性が見られることが実証されている。魅力的な女性の写真が男性をプライミングし、戦争に関する画像や言葉にすばやく反応させる役割を果たしていた。これらの実験でよく見られたとおり、女性はこの手の画像に影響を受けなかった。

脳科学マーケティングの実践ポイント 83

魅力的な女性の写真は男性の時間枠を縮小する

男性は魅力的な女性の写真を見ると影響を受け、短期的な決定へ、衝動的な決定へと傾いていく。商品自体が顧客にとって適切な報酬となるなら、販促用品にそのような画像を組み込むことで、売り上げをさらに伸ばせる可能性がある。

例えばブロッコリーなんかよりも衣料品や男性用化粧品のほうが売り上げアップを期待できるはずだ。ウィルソンとデイリーの研究では特に金銭による報酬に注目したが、金銭による報酬はローン、保険、投資、カジノといった商品にとっては最も大きな意味を持つだろう。

美しい女性を利用すべきではないケース

ある種の商品を男性に売り込む場合、魅力的な女性の写真が効果を発揮しなかったり、マイナス効果になってしまったりすることもあるだろう。たとえば、生命保険や年金など、将来支払いを受けるために（しかも、保険の場合はそれも不確実だ)、現在持っているお金を費やす商品。男性の見込み客に求愛の手がかりを与えてプライミングをすると、自分のポケットの中にある現金が将来もらえる報酬よりも価値があるように思え、逆効果となりかねない。

Chapter

12

顧客の脳を買う気にさせる

買いたくなるディスプレーにする

No.084

ある年齢以上の人なら、かつてスーパーには食品と限られた日用品、ドラッグストアには健康関連商品と美容グッズ、そして工具店には工具といった具合に棲み分けがなされていた時代を覚えているだろう。今は巨大店舗に何から何まで取り揃えているチェーンストアがたくさんある。

私は、そうしたメガストアで初めて買い物をしたときのことを覚えている。レジで見る、ほかの買い物客のカートの中身は非常に興味深いものがあった。1ガロン容器の牛乳、モップ、カーキパンツ、チェーンソーと、小説コンテストの課題ネタになりそうだ！

このように多彩な商品を並べてしまう手法には、問題もあることがわかっている。**意識下で不快感を抱かせる商品が、消費者のほかの商品に対する意識を汚してしまうことがある**という研究結果があるのだ。

ラード、女性の生理用品、タバコ、猫のトイレの砂といった商品は、不快な反応を引き起こす。また、目立たないものでは、マヨネーズやショートニングなども当てはまる。

脳が不快になる陳列

デューク大学でマーケティングと心理学を教えるギャヴァン・フィッツィモンズと、アリゾナ州立大学のマーケティング准教授アンドレア・モラレスが行った実験は、そのような商品がカートに入っていると、ほかの商品に対する消費者意識に影響を及ぼすことを検証するものだった。

実験はシンプルだった。研究者らは、不快反応を起こすモノのとなりに食品を陳列し、被験者に見せた。その後で被験者の意識調査をしたところ、不快反応を引き起こすアイテムの付近にあった食べ物は、魅力が低く感じられることがわかった（もし商品が１インチ以上離れていれば、その効果はほとんど見られなかった）。

これは一時的な効果ではなかった。生理用品のパッケージに接触したクッキーを見た人は、１時間経っても、それを食べたがらない傾向にあった。研究者らは、この行動は、汚染された可能性のある食べ物を避けようとする人間の本能だと考える。

なかには奇妙な発見もあった。透明のパッケージに入っている無脂肪のせんべいがラードの容器に接触しているのを見た被験者たちは、そのせんべいの脂肪含有量を多く見積もった。パッケージが半透明だと、推定脂肪含有量も減った。透明の容器に入った製品は、潜在意識の中で汚染される危険性が最も高いようである。

脳科学マーケティングの実践ポイント 84

並べ方に配慮しよう

買い物客がモノをどのようにショッピングカートに入れるかは、マーケターにはコントロールできないが、すでにカートに入っているということは、だいたい買うことが決まっているということだ。前述のようなネガティブな連想によって、ブランドイメージや、その商品に対する消費者の長期的評価が損なわれるとは考え難い。

私が気にするのは、買い物客が手に取る前の、商品の陳列やディスプレーの仕方によるイメージ汚染だ。たいていの店では、商品の陳列場所がカテゴリー別に分かれており、クッキーのコーナーで猫の砂を見つけるようなことはない。

狭いスペースでは、妙なモノ同士が隣り合わせになってしまうこともあるかもしれない。私は、ホテルの「コンビニエンスストア」とは名ばかりの小さな売店でカップ麺が生理用品のパッケージに直接触れているのを見たことがある。あくまでも憶測だが、あのヌードルは売れ行きが悪かったのではないだろうか。

知られざる透明容器の危険性

また、透明なパッケージの、これまで知られていなかったマイナス面にも気をつけよう。透明な容器は、製品の実物が消費者によく見えてよいかもしれないが、イメージ汚染の対象になりやすいようだ。

薄暗い店舗や、そうじの行き届いていない店舗では、透明容器に入った食べ物は、汚い環境が「うつって」いそう（もちろん潜在意識の中でだが）に見えてしまう危険性がある。

したがって、販売店舗の環境や管理状況に幅がある（たとえばガソリンスタンドのコンビニにも置かれるような）商品は、想像上の汚染を避けるため、半透明のパッケージングを選んだほうがよい。

クレームには真摯に対応する

No. 085

「企業の真価が問われるのは何か失敗があったとき」というのは格言のようになっている。つまり、対応の仕方とスピードで会社の本質がわかるということだ。間違った商品を発送したら、返送料を負担しておしまい？　それとも、何も言わなくても翌日配送で正しい商品を送ってくるだろうか？　対応にどの程度の時間がかかったか？

また、各企業が、インターネットのネガティブなレビューにどのように返答するかも、大きな違いを生み出すことがわかった。大手世論調査会社ハリスの調べによると、**否定的な書き込みをして相手企業から返事をもらった人の18%が、その会社のロイヤル顧客となり、さらに買い物をしている**のだ。

さらに、返事をもらった消費者の７割近くが、評価を改め、もとの書き込みを削除したり、新たにポジティブな書き込みをしたりしている。口コミ——特にネガティブな口コミの威力を考えると、それを覆すとはすごい効果だ。

クレーム客への望ましい対応

クレーム顧客の５人に１人を救うためにそこまでするのは（新顧客を開拓

するよりははるかに安上がりとは言え）ご苦労なことである。しかし、その人数をはるかに超える効果が期待できるのだ。

レビューを見て買い物をするおびただしい数の人たちが、そのまま放置されたクレームの書き込みではなく、問題に積極的に対応しようとする会社の姿勢を目にすることになるからだ。私自身、オンラインで物を買うかどうかを判断するときは、その会社のフォーラムへ行き、クレームに対し会社がどれだけ迅速で効果的に対応するかを見る。無返答のクレームがあったら赤信号だ。

脳科学マーケティングの実践ポイント85

クレーム顧客には早いうちに対応しよう

Twitter、Facebook、ブログ、レビューサイト、自社のサポートフォーラムなど、あなたの顧客が書き込みをする場所を常に監視し、クレーム顧客に対しては迅速に、建設的に対応しよう。相手を言い負かそうとしてはいけない。**顧客を怒らせると、憎悪と敵意を生じさせてしまう。さらりと、かつ誠実に謝り、顧客に負担をかけない解決方法を提案しよう。**

そうすれば、その顧客をつなぎ止めるだけでなく、ほかの多くの閲覧者にもアピールする機会となる。そしてうまくいけば、顧客にもとのクレームを削除あるいは訂正してもらえる可能性もあるのだ。

ミスをきちんと謝罪する

No. 086

たまに商品の不具合やサービスの不備がインターネットで広まってしまうことがある。「United Breaks Guitars（ユナイテッド、ギターを壊す）」という動画がよい例だ。ユナイテッド航空の職員にギターを壊され、カスタマーサービスにも納得できなかったミュージシャンが動画を制作し、投稿サイトで今日現在までに1000万回以上の閲覧数を記録している。

少し古い例となるが、「Yours Is a Very Bad Hotel（おたくは最悪なホテル）」という投稿スライドもある。これは、ダブルツリー・クラブ・ヒューストンに対するクレームで、クレジットカードで予約を保証していたのに部屋が確保されていなかったばかりか、おろそかに扱われた２人のビジネスマンの体験だ。

あの100万ドルのピクルスの話や、これら２つの話に共通しているのは、最初のサービスの不備が、事後の低劣な対応によってこじれたという点だ。ギターの動画では、ユナイテッド航空のカスタマーサービスが冷淡無情でいい加減なように描かれている。

ダブルツリーホテルのスライドは「夜勤のマイクさん」を揶揄しながら批判している。マイクは予約されていた部屋をほかの客に回してしまったばかりか、その責任も取ろうとせず、あきれ返った客にやんや言われてようやくほかのホテルを探した。どちらの場合も、問題を迅速に如才なく対処していれば、広く取りざたされるような事態には発展しなかったはずだ。

無礼の代償は高くつく

ダン・アリエリーは著書『不合理だからすべてがうまくいく—行動経済学で「人を動かす」』(早川書房) で、単純な謝罪で顧客の態度がどれほど変わるかを示す実験を紹介している。

アリエリーのほかの実験同様、これもシンプルな実験だ。被験者は、5ドルの報酬で簡単な作業をしてくれる人を募って集まった人たちだ。だが本当の目的は、実験者側に対する被験者たちの態度を測ることにある。そのために、作業の後、被験者にわざと「間違えて」約束より多い報酬を払い、差額をちゃっかり懐に入れてしまえるような環境をつくった。

被験者の半分には、実験者が作業を説明し、報酬が作業後に支払われた。残り半分の被験者グループは、説明の途中で、実験者に携帯電話がかかり、話が中断された。実験者は、無関係で重要でもない内容の通話をした後、謝りもせずに説明を再開した。被験者に報酬を手渡した際「確認してください」とだけ言って実験者がその場を去る設定は、両グループとも同じだった。

実験者の通話はたったの12秒間だったが、失礼な扱いが被験者の心情に影響し、それによって多すぎた作業報酬を返すか否かが変わった。説明が普通に済んだグループは、被験者の45%が間違いを指摘して差額を返したが、携帯電話に邪魔されたグループでそうした人は14%にとどまった。何秒かの無礼で、正直な顧客が3分の2も減ってしまうということだ。

アリエリーは、人に対する無礼は復讐心を煽ると考える。「失礼な扱いを受けたのだから仕返しをする権利がある」というわけだ。この実験では、多すぎた分を返さないことが仕返しに当たる。

こうした心情は、実社会ではいろいろな行為となって表れる。顧客がクレームをつけてくることもあるだろうし、同じように無礼な態度で応戦してくるかもしれない。ひぼう中傷を含むレビューや、SNSでのネガティブなコメントを書き込むことも考えられるし、自分を粗末に扱った手落ちにつけ込んだ報復行為は、ほかにもいろいろ考えられる。特に不運な企業の場合、不満を持った顧客が十分な素養とモチベーションを備えていれば、知人友人の域をはるかに超えた広範囲に訴えかけるだろう。

では、企業は何ができるのだろう。アリエリーは、前述の実験にもう1つの設定を加えて再実験を行った。

携帯電話を取った実験者が、通話を終えてすぐに謝るのだ。その結果、驚くべき変化が見られた。謝罪を受けたグループが差額を返した確率は、「邪魔されなかった」グループと同じだったのだ。すぐに謝ったことで、無礼な行為がチャラになったのだ。

脳科学マーケティングの実践ポイント 86

謝罪を恐れない

アリエリーのわかりやすい実験で、カスタマーサービスのエキスパートの知恵が実証された。**心からの謝罪は顧客の怒りを静める効果が大きい**ということだ。謝罪は過失を認めたことになると考え、躊躇する企業や従業員が少なくないが、それは間違いだ。**謝罪もせず、おかまいなしという態度を示すと、顧客は「戦ってやる」という気概を高め、訴訟を起こしたり、クレーム動画を投稿したりといった行動に出る可能性が高くなる。**

商品はドンドン手に取らせる

No. 087

店頭で買い物をしているとき、販売員に、「ちょっと持ってみてください」とか「これが自分のものだったらいいと思いませんか」などと言われたことはないだろうか。これについて、2003年に、イリノイ州の司法長官が消費者に注意を呼びかけた。

過保護国家の際たる例のように聞こえるかもしれないが、その後の研究で、**人はモノを触るとオーナー気分が高まり、そのアイテムにより高い価値を置く**ことがわかったのだ。さらに、所有したことを想像するとその作用が高まることも判明した。

マーケティングの教授であるジョアン・ペックとスザンヌ・シューは、商品を触った場合と触らない場合で被験者の商品に対する意識がどう変わるかを測定した。また、それを所有する自分を思い浮かべた場合とそうでない場合の比較も行った。スリンキー（訳注：昔流行った、階段をおりるバネのおもちゃ）とマグカップなどの商品を使った一連の実験を行った結果、現物を触ることで、確かにモノに対する評価が変わることが判明した。

精神的所有権を利用する

所有権にもいろいろある。法的所有権はなくても、自分の働いている会社だとか、出身校、好きなスポーツチームなどに対し所有意識を持つ。

モノに対してもそれと同様に、自分のものでないとわかっていても、さまざまなレベルの所有意識を持つことがある。また、所有意識とは別に、人はモノに対して肯定的な感情あるいは否定的な感情を抱く。

ペックとシューは、モノを触ることで、所有者になった気分も、肯定的な感情も即座に高まることを発見した。そうならなかった唯一の例外は、モノの表面が、不快な感触である場合だった。触ったことで所有者気分は高まったが、いっそう好きになることはなかった。

脳科学マーケティングの実践ポイント 87

顧客に商品を触らせよう

顧客に商品を触らせたり持たせたりすることで買ってもらえる可能性が高まる（ただし、感触が不快な場合は別だ。そのことは、どの道伝える必要がある）。さらに、その商品の所有者になった気分を味わわせてあげれば、さらに効果が高まる。

この実験で使われたのは、小さなおもちゃやマグカップだが、もっと大きなモノや高価なモノも試してもらいたかった。車のテストドライブなどは、絶好の感触刺激だろう。「この車でご自宅のドライブウェイと車庫に入っていくってどうですか」といったことを２、３言えば、オーナー気分とその効果が一層高まる。

アップルからグッチに至るまで、有名ブランドの主力店舗は皆、管理されたポジティブな環境で見込み客に商品を触ってもらうという目的を果たしている。商品を顧客の手に持たせれば、それを手にして店を出る可能性が高まるのだ。

購買のハードルを高くする

No. 088

通常、自社商品を、顧客にとって買いやすくするために手を尽くすのがマーケターの仕事だ。流通経路を広げ、さまざまな支払い条件を提供し、できるだけ買ったそのときに商品を持ち帰れるよう努力する。販売プロセスをじょうごにたとえると、購買の障害があればあるほど、顧客をじょうごの外に逃してしまう。

１つだけ例外がある。それは真のぜいたく品の場合だ。

フェラーリを買いたい？　ならば小切手を切って、ウェイティングリストに載せてもらおう。

ごく少数のブランド直営店舗でしか買えない高級志向のぜいたく品はたくさんある。そこの商品が欲しければ、わざわざその都市のその店まで足を運ばなくてはならないのだ。

高級品をわざと買いにくくする手法はほかにもまだあるが、そうした入手困難なブランドは、倒産に追い込まれるどころか、オーナーたちによって希少価値を高めているのだ。その理由の１つが認知的不協和である。認知的不協和とは、ここでは、脳が以下の矛盾を受け入れる場合のことを言う。

１．この商品を入手するのは大変だった。

2．賢い私は、どこにでもある商品を買うためにがんばったりしない。

そして脳は、解消策としてこんな言い訳にたどり着く。

これはすごい商品だ。だからがんばって買ったかいがある。

認知的不協和を引き起こす

今から50年以上前、認知的不協和の解消に関する初期の研究として、スタンフォード大学の研究者らがこんな実験を行った。あるディスカッショングループへの参加を希望する被験者に、グループの前で文章を読まなくてはならないというイニシエーション儀式を課す実験だ。「過激」な被験者群は、露骨な性描写（つまり恥ずかしい）内容の文章を読まされ、「マイルド」な群は、普通の文章を読んだ。その後、被験者全員に、ディスカッショングループの既存のメンバーによる討議の録音を聞かせた。

この会話は、わざと退屈でつまらない内容にしてあった。その結果、研究者らは、過激なイニシエーションを体験した被験者のほうが、対照群よりも大幅に、その討議を興味深いと評価することを発見した。

認知的不協和は超高級品だけに当てはまるものではない。アップルコンピューターの狂信者たちが、評判の悪いAT&Tの通話サービスを利用しなくてはならないというのに、最新バージョンのiPhoneを買うために何時間も列に並ぶのも、その効果のせいだ。

商品自体がすばらしいのはわかるが、筋金入りファンの狂信ぶりと、アップル製品への批判を一切許さない彼らの姿勢は、明らかに認知的不協和の影響と言える。これにはフィードバックループ効果も働いている可能性が高い。**新商品の発売前夜から列に並ぶような本格的なファンは、すでにその商品を気に入るつもりでいる。したがって、それを買うための大変な苦労が、商品を愛おしむ気持ちをさらに強くしているのだ。**

高級ブランドのすべてがこの戦略を取っているわけではない。たとえば、レクサスなどは、顧客の購買体験をよりラクにすることに手を尽くしている(もっとも、レクサスはあくまでも高品質ブランドで、ぜいたく品ブランドではないと言う人もいる)。

脳科学マーケティングの実践ポイント 88

便利が一番とは限らない

大方のブランドのほとんどのケースについて言えるが、買うための障害を取り除くことはよいことだ。しかし、認知的不協和の実験で使われた意外な手法は、便利にすることがいつも一番とは限らないことを示している。もしあなたが幸運にも、**人気の高い商品を扱っているなら、購入プロセスのハードルを少し上げたほうが、実は、購入者の買いたいという気持ちが高まる**かもしれない。

逆に、あなたの商品が、たとえば人気商品が予想に反して品切れとなり、顧客に対する不便をかけるような状況に陥ったら、それが商品の人気の表われであるとアピールし、問題をプラスに変えよう。認知的不協和と社会的証明のコンビネーションが、熱心な顧客を育ててくれるはずだ。

Chapter

13

脳を刺激する映像メディア活用法

CEOをテレビに出してはいけない

No. 089

よくコマーシャルに、プロの俳優ではない、その会社の人が出てくるが、皆があれほどぎこちないのはなぜだろう。地元のカーディーラーのセールスマネジャーだとかディスカウント家具店のオーナー自らが出ている見苦しいコマーシャルを誰もが見たことがあるはずだ。

もちろん、サクセスストーリーもないわけではない。最高経営責任者（ＣＥＯ）がロングランのコマーシャルに出続けたことでほとんど有名人のようになり、会社の運命を変えたというようなケースもある。

例としてまず浮かぶのは、リー・アイアコッカが出ていたクライスラーの一連のＣＭ、そして、デイブ・トーマスのウェンディーズのＣＭだ。これらのＣＭがよくできている決め手の１つは、制作規模だ。

全米放送の車のコマーシャルとあらば、ディレクターも一流で、いいものが撮れるまで何度もテイクを重ねる。一方、地元商店などのＣＭは制作クオリティが低く、「出演者」がヘマをしない最初のＯＫテイクが出たら、おそらくそれが採用されてしまうのだろう。

コマーシャルの成否を分かつもう１つの要因は、ニューロサイエンスに基づくものだ。人にしゃべらせるコマーシャルを撮る場合、メインフォーカスは、登場人物が話すせりふになる。この新商品がなぜよいのか、今週末の大セールはどれだけ安くなるのかといった内容だ。研究によって、**所作やボディランゲージも言葉と同じくらい重要であり、言葉と動作のギャップは、言葉の誤用や意外な使い方をしたときと同様の脳波の変化を引き起こす**ことがわかった。

脳は言葉をどう処理するか

コルゲート大学の神経科学者、スペンサー・D・ケリーは、脳波の波形によって計測される事象関連電位（ＥＲＰ）を使って、身振り手振りの効果を研究している。脳波を計測することにより、さまざまな脳領域が情報をどのように処理しているかを観測できるのだ。われわれが文章を読んでいて意味的に不適切な言葉（たとえば「トーストにソックスを塗った」など）に出会うと、その電位変動の波形の谷に当たる、N400成分と呼ばれる陰性電位が出現する。

興味深いことに、話者のジェスチャーが話している言葉とマッチしないときも、そのN400が認められるのだ。たとえば、話者が「背の高い」と言いながら低いものを示す手振りをすると、強い陰性電位が観測される。この結果から研究者らが導き出した仮説は、話し言葉と身振り手振りは、脳で同時に処理されており、見聞きする者は、ジェスチャーの情報も使って言葉の意味を解釈しているということだ。

ボディランゲージの効果

何年も前に、さまざまな身体の姿勢や動作がどんなことを表しているかを紹介する本がたくさん出て、ボディランゲージという用語が定着した。そうした本には、腕組みは拒否のサイン、両手の指先を合わせるのは権威の象徴といったことが書かれており、相手のボディランゲージに注意を払い、その人の気持ちや状態に寄り添って行動することが推奨されていた。たとえば、見込み客が体をテーブルから離して腕組みをしていたら、営業担当はそれ以上商品の特徴やメリットをうたって突き進むべきではなく、まず聞く耳を持ってもらうように努めよう——といったように。

現実に、人はどの道、相手のボディランゲージやジェスチャーを常に読み取っているのだ。ただしその作業のほとんどが意識下で行われている。「あの営業マンはなんだか疑わしい」と感じられるようなときは、おそらく、その人の言葉とボディランゲージがミスマッチだからなのだ。

なかには、コマーシャルに出ても、リラックスした自然な態度で自信を持ってメッセージを伝えられるビジネスオーナーもいるだろう。そういう人ならば、自社商品を心底理解し信じている分、プロの俳優を使うより効果的だ。自らの知識と信念を視聴者に伝えることができれば、たいした演技力など必要ない。

確信を持ってせりふを言えない状況にあるビジネスオーナーなら、かなりの演技力が必要となる。カーディーラーが「100年に1回のセール」で「二度とない」「史上最低価格」とうたうコマーシャルを、われわれは何度耳にしているだろう。

数週間後に、また同じような内容の別バージョンが流れてくる。こうしたせりふをいかにも心から信じているように言うには、プロに任せる必要がある。

脳科学マーケティングの実践ポイント 89

身体動作は言葉よりも正直だ

印刷広告、コマーシャル、セールスプレゼンテーションと、いかなる広報活動においても、人の身体動作に注目し、真意を見極めよう。**ジェスチャー**

や姿勢が、話している内容を裏づけるようであれば、メッセージはより強力なものとなる。だが、伝えようとする内容と非言語表現が不一致である場合は、発言効果が損なわれる。

正しいプロセスで売る

No. 090

ニューロマーケティングの中でも、最も興味深い概念の１つが「プライミング」である。プライミングとは、その後の行動に影響を及ぼすような、さまざまなさりげない暗示を人に与えることだ。この暗示は、たいてい意識下で認識される。つまり、プライミングを受けた本人は、いかなる暗示やそれに準じるものを受けたこと、それによって自分の行動が変わったことに、まったく気づかない。

私は、言葉の達人フランク・ランツの著書『Words That Work（効く言葉)』を読んである現象を知り、勝手ながら順序プライミングと名づけた。ランツの会社が行なった調査によって判明したことなのだが、ある政治家候補についての映画３本をフォーカス・グループ（訳注：小集団）の被験者に見せたところ、３本をどのような順序で見たかによって、その候補者に対する彼らの意識が大きく変わったのだ。

フランク・ランツは、政治家や企業に正しい言葉の選び方を教えることを仕事とし、事業に発展させた。ランツは、言葉巧みに人を操ってしまう人間と見なされがちだが、彼の言うことはすべて実際の調査に基づいたものだ。相続税を死亡税と言い換えたり、掘削を石油エネルギー探査と呼んだりして操作しようというものではなく、世論調査やフォーカス・グループを使い、どんな手法が効果的かを実証したうえで推薦している。

定量マーケティングの賛同者である私は、正確な数字を使って主張を裏づける人の言うことを信じる傾向にある。本書でこれまで言及してきたプライミングは、認識不可能なほど微妙なもので、本人が気づかないうちに、背景や、違うコンテンツに混ざった言葉や画像を見せられ、その後の行動に違いが出るというたぐいのものだ。

スクリーンセーバーに埋め込まれていたお金の画像を見た人は、より利己的な振る舞いをするといったパターンである。ランツのプライミングはそれらとは少し違っている。

脳科学的に正しいセールスプロセス

ランツの実験は、ある偶然から始まった。1992年、彼は、フォーカス・グループに、大統領選の立候補者ロス・ペローについての短い映像3本を見せる実験を行っていた。1本は伝記、もう2本目は同氏を称賛する人々の声、3本目は同氏自らのスピーチだ。

ある回で、ランツはうっかりスピーチ映像を最初に見せてしまい、その結果、そのグループの被験者たちが、それまでのグループと比べ、ペローに対してはるかに否定的だったことを発見した。さらなる実験でも、同候補者をよく印象づけようとするなら、スピーチの映像を先に見せるのは失策であることが示された。

ランツの原因分析はこうだ。ペローは見事なビジネスの経歴を持っており尊敬されているが、存在感や言葉によってその強みを表現するのがあまり上手ではない。また、ほかの政治家とはひと味違った考えを持っていることも影響していた。ランツは「人物像と経歴がわからない限り、その人の知性や考え方に関する印象がきちんと伝わらない」と言い、誤ったイメージを伝えないための重要テクニックとして、この順番を守るよう説いている。

彼の言うことはある意味では、当然かもしれない。セールスもマーケティングも１つのプロセスであり、セールスパーソンが、顧客のニーズを把握し、商品の特徴を説明し、懸念を解消せずに成約に至ることはない。

違う見方をすれば、ランツの実験結果には驚くべきものもある。被験者は、受け身で３種類の情報を見ていただけであり、なにもセールスの契約を目指して人とやりとりをしていたわけではない。そして３本の内容をすべて見たことは変わりないのに、それぞれを見た順番によって、候補者に対する意見が大きく変わってしまった。

これは明らかに、マーケターが知っておくべき重要な作用だ。ペローのケースでは、本当なら第三者によるナレーションや証言によって先に被験者の信頼を築くべきだったのに、その前に彼のちょっと奇抜な考えと耳障りな声を聞かせてしまったために、信頼性が取り返しのつかないほど損なわれてしまった。一度反感を抱いてしまった被験者たちは、後でペローのほかの情報を見せられても気持ちが変わることはなかった。

脳科学マーケティングの実践ポイント 90

主張よりもまず信頼性

マーケティングでは、**見る人の注意を引きつけるために、最初にパワフルな主張をする**ことが多い。たとえば「これまでにない効果的な資産運用システム！」と言っておいて、詳細情報は後で伝えるというパターンだ。

順序プライミングの概念を採用するならば、まず「150年以上にわたり顧客の資産運用をやってきた会社が開発した……」とか「元連邦準備制度理事会（FRB）議長アラン・グリーンスパンより『この私でさえ興奮する画期的システム』と評された……」といった言葉で始めておいて、実際的な主張に移っていく。

もちろん、効果はケースバイケースだ。ペローは、耳が大きく背が低く、髪が薄くて、かんしゃく玉と黒板を爪でひっかくような声をしているのだが、もしそうでなければ、ランツの順序実験でそれほどまで劇的な結果が出ることはなかっただろう。

とは言うものの、これはやはりマーケターにとって無視すべきでない知識だ。概念を――それが即座に受け入れにくいものである場合は特に――先に述べて後で裏打ちするというやり方は、まず相手を信用させ聞く意志を持ってもらうというやり方に比べ、効果が薄くなる危険がある。

感情的な広告をつくる

No. 091

人を感情的に刺激する広告はそうでないものよりも効果的だということは、広告業界に携わる人にとっては、特に驚くに値しない事実だ。意外なのは、自分自身の購買行動が感情に左右されていること、さらに他人も皆同じだということも信じようとしない企業の意思決定者がまだまだ多いことだ。そんな超理論的な重役さん方にぜひ知っていただきたい統計結果がある。

イギリスの広告業界団体 Institute of Practitioners in Advertising（IPA）（英国広告業協会）は、IPA Effectiveness Award（広告効果大賞）への過去30年分の応募作である広告キャンペーン1400事例をデータベース化している。そのデータを使って、感情訴求に依存した広告と、理性訴求と情報を使った広告の利益増加率を比較分析した結果、感情に訴える内容のみの広告が、理性に訴える内容のみの広告に比べ２倍の効果（31%対16%）を上げていることがわかった。また感情訴求と理性訴求が混ざった広告と比べた場合も、感情訴求だけの広告のほうが（31%対26%で）いくらか効果が高かった。

ハミッシュ・プリングルとピーター・フィールドは、著書『Brand Immortality: How Brands Can Live Long and Prosper（不朽のブランド―ブランドの長寿と繁栄を実現させる方法)』で、感情訴求が理性訴求に勝るのは、われわれの脳が、感情的な刺激を処理するときは認知処理過程を通さないことと、感情的な刺激をより鮮明に記憶するようにできていることが原因だと述べている。

プリングルとフィールドは、感情訴求型のマーケティング戦略がより効果的とは言え、消費者の感情に働きかける広告をつくるのは容易ではないと指摘する。ブランドの「切り札」(そんな優位性を持つブランドなら)に基づいた広告ならば、比較的シンプルだろう。しかし、感情訴求を試みた結果、あまりにも現実にそぐわないものになり、墓穴を掘ってしまったブランドは少なくない。

小規模企業のブランディング

プリングルとフィールドは、感情訴求型のブランド戦略をするつもりなら、そのアプローチを「ブランドの枠組みに組み込む」べきだと提案する。それはかなりの大仕事だし、消費者の動機を心底理解していないとできないことだ。著者らは、「スポーツでの成功」というテーマを浸透させたナイキを引き合いに出し、同社が、感情喚起に重点を置き、それを中核として広告やスポンサー活動を行っていることに言及している。

このような大手と同じような感情訴求型のブランド戦略を規模の小さいブランドが展開するのはムリかもしれない。販売市場をセグメント化し、特定の訴求方法に反応する消費者層を見つけることならできるとプリングルとフィールドは言う。アイスクリームのベン・アンド・ジェリーや、清涼飲料水のジョーンズ・ソーダは、それぞれの市場において最大手とは言えないが、コアな消費者層にアピールすることで成功をおさめた好例だ。

小規模企業が直面する課題はそれだけではない。認知度が低く、消費者がブランド名を商品カテゴリーに結びつけることすらできないという問題がある。

バドワイザーの、あのクライズデール馬とダルメシアン犬が出てくる面白いCMには商品がまったく登場しない。だがそんなことは、バドワイザーがどんな商品を売るどんなブランドなのかが視聴者に知れ渡っているからこそできることなのだ。小規模企業は、少し効果が劣ることを覚悟で理性訴求と感情訴求のコンビネーション作戦を選ぶか、少なくとも、感情訴求型ではあっても商品をはっきり呈示する内容にすべきである。

脳科学マーケティングの実践ポイント 91

感情的になろう

感情に訴える広告をつくるのは、なかなか大変なことだが、やるだけのかいはあるという統計結果が出ている。認知度が低いブランドには、実際的情報も組み込んだコンビネーション作戦がベストだろう。

Chapter 14

脳を刺激するインターネット活用法

ウェブサイトの第一印象をよくする

No. 092

「第一印象にだまされてはいけない」という言葉は、ウェブサイト閲覧の際によく当てはまることかもしれない。しかし、閲覧者に一度ネガティブな印象を与えてしまうと取り返しがつかないというのも事実だ。

あなたは、人があるウェブサイトを魅力的かどうか判断するのにどのくらいの時間がかかると思うか。数秒？　それとも１分以内？

それを調べたカールトン大学の研究者たちは、その結果に驚いた。閲覧者が、あるウェブサイトの画像の魅力度を判断するのにかかる時間は、たったの50ミリ秒、すなわち20分の１秒だったのだ。

興味深い結果だが実社会でウェブサイトを利用する状況にはあまり当てはまらないのではないかと、あなたはバカにするかもしれないが、印象が瞬時に刻み込まれることを納得させられる、さらなる結果が出ている。

1. 50ミリ秒で感じた視覚的魅力度は、その後しばらく閲覧した後の印象と大いに相関していた。
2. 視覚的魅力度は、そのウェブサイトが興味深いか否か、わかりやすいか否かといった、ほかの要素とも大いに相関していた。

第一印象はこうして記憶に刻まれる

研究者らは、確証バイアスが働いて第一印象のパワーを補強しているのではないかと考える。**われわれの心は、いったんある意見を形成すると、それに合致する情報を疑いもせずに受け入れ、相反する情報は否定する。**

宗教観や政治観など、長年抱いてきた信念は、確証バイアスが最も強く作用している例だ。ある政党に熱心に関わっている人と理性的な議論が続けられるか試してみるといい。その人は、自分の信念に反するに事実には片っ端からケチをつけたり否定したりするはずだ。

つまり、ウェブサイトを閲覧する際も、最初の何分の１秒で形成された外観に対する意見が、そのまま閲覧者の意識に影響を及ぼし続けるらしいのだ。もし最初の印象がよければ、少しぐらい欠点があっても気にしないでもらえるだろう。逆にパッと見が気に入ってもらえなければ、いくら時間が経過してもその印象を覆すことは難しい。

満足しているユーザーは何度も挑戦する

人間の心理や行動のエキスパート、ドン・ノーマンも、違った観点からではあるが、同じ結論を導いている。彼は、著書『エモーショナル・デザイン――微笑を誘うモノたちのために』（新曜社）で、デザインを気に入ったユーザーは使い勝手もよいと感じるという研究結果を紹介している。

これはニューロサイエンスや心理学に裏づけられているのだが、（うれしく楽しい気持ちをもたらすようなデザインによって）肯定的な心理状態になったユーザーは、タスクをなんとか達成する方法を自ら編み出すのだとノーマンは説く。一方、否定的な気持ちになったり不満を募らせたりしたユーザーは、最初にうまくいかなかった動作を何度も繰り返しがちだと言う。

ただし、視覚的なデザインをよくすればいいというこの作戦は、物理的なモノでなら機能することもあるかもしれないが、ウェブサイトには当てはまらないだろう。失敗すればするほどイライラが募り、最後までうまくいかないのが自然の成り行きだ。

脳科学マーケティングの実践ポイント92

ウェブサイトの第一印象をチェックしよう

最高の第一印象をつくり出すための魔法の公式が存在すれば誰も苦労はしない。残念なことに、ホームページ100例を使った調査でも、ユーザー層も比較的同じ評価をしたが、デザインがこうであれば評価がよくなるという要因が特定されることはなかった。

当然ながら、優秀なデザイナーに依頼して、彼らが全力を尽くせるような条件を与えれば、魅力的でユーザーにやさしいウェブサイトづくりの第一歩にはなるだろう。ターゲット層のユーザーを使って、できたデザインまたは別の代案を実際に試してみないと、その人たちの目にどの程度魅力的に映るかはわからない。

忘れてはいけないのは、「ほとんど」とは言わないまでも多くの閲覧者が、正面玄関であるホームページを通らずにあなたのウェブサイトに入ってくることだ。有料バナー広告をクリックしてランディングページから入ってきたり、検索でコンテンツページから入ってきたりする。したがって、ホームページだけではなく、入り口となる可能性の高いページも細かくチェックしよう。

黄金比に則った
ウェブサイトをつくる

No. 093

数学者、建築家、彫刻家、生物学者、グラフィックデザイナーに共通するものは何か。それは、中庸、または黄金比、黄金分割とも呼ばれる、数学で最も興味深い数字を使うことだ。近似値で表すと1.618。数学、科学、芸術の分野で重要な役割を果たす。

数学ではギリシア文字のφ（ファイ）を使って表され、フィボナッチ数列（訳注：1、1、2、3、5、8、13……）の隣り合う２項の比は黄金比に収束する。生物学では、植物の葉の並び方や巻き貝の中に黄金比が見られる。

また、建築や絵画、彫刻では、最も安定し美しい比率とされ、意図的に採用されることが多い。史上最も完璧なバランスの建造物と言われるパルテノン神殿の正面全貌にも黄金比が用いられている。このように、まったく異なるさまざまな分野において黄金比がよく発見されるのは、驚きというか、少々不気味でもある。

脳は美しいものを好む

神経科学者たちが、機能的磁気共鳴画像法（fMRI）で脳をスキャンし、この謎の、少なくとも一部の解明に乗り出している。イタリアの研究者たちが、fMRI 装置に入った被験者に彫刻を見せた。被験者には、あえて芸術に詳しくない人が選ばれていた。黄金比を使ってつくられたオリジナルの彫刻と、見た目は同じだが、黄金比からはずれるようにつくり変えられたバージョンの両方が見せられた。その結果、黄金比が用いられた彫刻を見た被験者は、脳の異なる領域が活性化した。

そのときに一層の活動が見られた領域の１つが島（とう）である。島（とう）は、情動の伝達に関与している。この反応は、客観的な美しさの指標であると判断された。客観的な美しさとは、個人の好みに左右されない美しさを意味する。

脳科学マーケティングの実践ポイント 93

黄金比を使おう

われわれの脳がもともと、特定の比率が使われている形に反応するようできているとは驚きである。だからといって、ウェブページや印刷広告のすべての要素が1：1.618の縦横比でなくてはいけないというわけではない。

ケースによっては、わざとはずしたほうがより大きなインパクトを与える場合もある。そもそも、広告は永遠の芸術作品として残されるものではない。内容や使えるスペースによって、寸法にはいろいろな制約が生じるだろう。だが、グラフィックデザイナーや商業アーティストは、人間の脳が黄金比を好むことを頭に入れておき、適切なときに使おう。

特に、ウェブサイトの閲覧者が最初の何十分の１秒で、見た目の魅力度を判断する部分で、脳が備え持つ美的感覚に訴求すれば、脳の瞬時の判断を左右することができる。

画像や動画をドンドン搭載する

No.094

サーチエンジンの検索結果が10件の青いハイパーリンクで表示され、各リンクの下にテキストが表示され、広告もテキストリンクという形が何年も続いた。ここ２、３年は、検索結果ページに画像や動画なども表示される、ユニバーサル検索結果が見られるようになった。これは、検索エンジン会社がニューロマーケティングの調査をしたうえで行ったことで、その影響はGoogleとBingだけでなく、すべてのウェブサイトに及んでいる。

ワン・トゥ・ワン・インタラクティブ社のOTOinsights班は、ユーザーがＳＥＲＰ（訳注：検索エンジンの検索結果が表示されるページ）にどのように反応するかを研究し、検索エンジン最適化（ＳＥＯ）技術とニューロマーケティングを統合した。その研究は、ユニバーサル検索結果の効果を従来のテキストのみのＳＥＲＰと比較したものだ。

OTOinsightsは、視標追跡やバイオメトリクス測定、アンケート調査などを用いて、ユーザーの反応を調べた。その結果、ユニバーサル検索のほうが、一層ユーザーの注目を引き、しかも感情への働きかけが高いこともわかった。

画像や動画の検索結果は、検索結果のトップのほうに表示されるため、ユーザーはページトップ付近を凝視することになる。ユニバーサル検索の結果では、下のほうに表示される検索結果や有料広告にはさほど目が向けられなかった。さらに、ユニバーサル検索結果のほうが、ユーザーの総合的な関与が強かった。

脳科学マーケティングの実践ポイント 94

テキスト以外の媒体を追加・最適化しよう

この研究は、ウェブ開発者やウェブサイト管理者に２つの影響を及ぼした。１つ目は、検索者はテキスト以外のメディアに引きつけられるので、ブランド化・最適化された素材をつくり上げることが、検索者を引き寄せるカギとなる。もはやキーワード検索でテキスト検索結果のトップ10に表示されるだけでは不十分なのである。

その場合、自社ウェブサイトの素材を使ってもいいし、YouTubeなどの専門メディアサイトを使ってもいいが、自社のメッセージを強調し、目的に合わせて閲覧者を誘導するものでなくてはならない。できれば検索結果が、画像や動画だけでなく、テキストの検索結果としても表示されるのが理想だ。

検索で上位表示されるウェブサイトの条件

２つ目の影響は、より一般的な話だ。動画や画像表示のある検索結果が人々を感情的に刺激するというのであれば、当然、あなたのウェブサイトも、適切な素材を使えば人々が反応してくれるということになる。また、ユーザーの反応のほかにも、検索結果表示の面で有利になりそうだ。多くの検索エンジン最適化（ＳＥＯ）の専門家たちは、テキスト以外の媒体を使うウェブサイトやページは、Googleのアルゴリズムによって、より上位に表示されると考える。

ウェブページ内の素材によって検索結果順位が上位になることと、ユニバーサル検索結果がよりユーザーを引きつけクリック数を稼げるというOTOinsightsの研究結果を考え合わせると、検索エンジン最適化の専門家も、マーケターも、検索ボックスの外に出て――つまり検索結果の枠組みにとらわれない考え方をする時期が来ている。

ユーザーにお返しする

No. 095

多くの人が、リードジェネレーション（訳注：自社の製品・サービスの購入に関心を示す見込み客を獲得すること）のサイトやチャリティーのサイトなど、ユーザーの情報の収集ができるウェブサイトを使っている。たいていの場合、こうしたサイトの運営者は、閲覧者に役立つ情報を提供し、そのスペシャルコンテンツと引き換えに、閲覧希望者の連絡先の入力を促す。価値提供のためのコンテンツは、レポート、ポッドキャスト、ウェビナー、ログインを必要とするページなど、さまざまな形態での提供が考えられる。

最もよく使われるのは、ひと言で言えば「閲覧者にいいものを見せる前に相手の情報を取る」手法だ。ただ、このやり方には落とし穴がある。例えばそのサイトについて検索エンジン最適化のプロに相談したとすると、すかさず「価値あるコンテンツを登録フォームの後ろにしまいこんでしまったらダメ。Google にインデックスされないし、リンクもできない。それでは誰も来てくれませんよ！」と言われるだろう。

ところが、検索エンジン最適化のプロも、運営者も両方満足できる方法がある。ユーザー情報を獲得してから価値あるコンテンツを見せる手法は、そちらの情報と引き換えにいいものを見せてあげましょうという、いわば「ご褒美」作戦だ。価値あるコンテンツで訪問客を引き、それを見たい人は全員フォームに情報入力しなくてはならないのだから、一見魅力的な作戦に見える。

「お返し」は「ご褒美」をしのぐ

実は、**フォーム入力を要求されると、閲覧をあきらめるユーザーがほとんど**なのだ。特定の情報を求めてそのサイトにやってきた人は、単に「戻る」ボタンをクリックし、よそのサイトで似たような情報を閲覧できないか探す可能性が高い。情報登録をして要らないメールや電話が来る危険を冒すのは腹立たしいからだ（もちろん、ログインしないと価値ある情報が見られないようになっているということは、どっちみち、検索結果に導かれてやって来る訪問者も少ないのだが）。

したがって、「ご褒美」ではなく「お返し」作戦のほうが効果的であることが判明した。訪問者が求めている情報を先に与え、その人の情報は後でもらうのだ。イタリアの研究者たちが、先に情報を獲得した訪問者のほうが、連絡先情報を渡す確率が２倍であることを発見した。少々直感に反する結果かもしれないが、先に情報を得た訪問者は、フォーム入力を強制されていないにもかかわらず、情報を提供する意思が、強制された人たちの倍になるのである。

このアプローチが有効なのは、もちろんフォーム入力だけではない。**先に恩恵を受けた訪問者は、商品を買ったり、寄付をしたりする可能性が高くなる**のは、互恵性という心理学的原則で説明することができる。『Neuro Web Design（ニューロ・ウェブデザイン）』の著者スーザン・ウェインシェンクは、価値あるコンテンツを表示したすぐ後で、お願いの呼びかけをすることを勧めている。

脳科学マーケティングの実践ポイント 95

「お返し」作戦を試そう

互恵性に頼るということは、人間の脳が生まれ持った性質を利用するということだから、訪問者に、こちらの求めることをしてもらえる確率が高まる。ついでに、よいコンテンツがGoogleに引っかかるようになるのでSEO担当者も満足する！

ウェブデザインではすべてに言えることだが、とにかく両方のアプローチを試してみるべきだ。そのコンテンツが魅力度や、情報登録の手軽さによっては、「ご褒美」作戦のほうが効率的に情報を獲得できる場合もある。だが、訪問者の好意に頼るより「強制的に情報を取る」露骨なやり方のほうがより多くのリードを獲得できると思い込んではいけない。意外にそうでもなかったりするのだ！

日替わり商品を用意する

No.096

電子商取引のウェブサイトにとって、希少性効果は大きな利用価値を持つ。在庫状況をリアルタイムで伝えられるし、在庫が少ないときはそのことが高い信頼性をもって顧客に伝わる。

小売業者は、在庫が残りわずかであることをさまざまな手段で訴え購買を促す。電子商取引について少なからず知識を持っているアマゾンは、在庫が少ないときは消費者にそのことを警告する。「わずか４点しか残っていないので注文を急いで」と訴えかけているわけだ。その希少在庫効果に加え、1-click 注文と送料無料サービスというパワフルなツールで、訪問者に「ショッピングカートに入れる」をクリックさせる。

旅行も、客が迷うことの多い分野だ。フライトを選ぶにも、日にち、時間、飛行場、乗り継ぎ、乗り換え地と、いろいろな条件を選択しなくてはならない。私はいつも、価格と利便性の完璧な組み合わせを求め、複数の旅行サイトのウィンドウを開いて比較する。

こうやってグズグズする人々の迷いを断ち切る方法はあるのだろうか。「空席がわずかなので予約を急がないと間に合わなくなります」と言ってやればいいのだ。エクスペディアは「この料金のチケットは残りわずか１枚！」

と効果的に注意を促しており、私は、そのひと言が効いて即予約したことが何度かある。

オーバーストック・ドットコム——希少性の3連単

私の知る希少性の利用法で最も感心させられるのは、おそらく「オーバーストック・ドットコム」のやり方だ。複数段階で消費者に希少性を訴え購買を促すシステムである。

最初は、在庫が残りわずかであることを普通に表示する。あと何個とは書かれておらず「売り切れ」警告や「売り切れリスク高！」の警告を出す。ここまでならたいしたことはないが、オーバーストックは、検索結果ページに「売り切れ間近」の表示を出すのだ。

たくさんの商品が表示されているページでは、閲覧者の注目がそのアイテムに集まることは間違いない。だが、オーバーストックはまだ最後のカードを持っていて、売り切れたアイテムを「売り切れ」とマークし、検索結果に表示し続けるのだ。

そういうやり方にはリスクが伴うという人もいる。顧客に、よさそうだけれども売り切れている商品を見せたら、よそで探そうとするのではないか、もしくは魅力的な商品が売り切れなら、何も買わないことにするのではないか——というわけだ。しかしながら、「売り切れ」表示は、本当に売り切れるのだということを示し、ほかの「売り切れ間近」警告がウソでないことを証明する役割を果たしている。それが早く買わねばという気持ちを高めると思うのだ。

日替わり型の希少性

激増した、グルーポンなどの日替わり特売サイトもある意味では希少性を利用したものだ。ここでのオファーは、短期限定（通常24時間）のうえ、数量も限定されているというダブル効果で、消費者に急いで行動することを促している。

最近電子商取引のアパレル小売業者ルーララ・ドットコム（RueLaLa.com）から、セールを知らせるメールが届くようになった。ここも希少性を利用している。ルーララのセールは24時間限定なのだ。そしてオーバーストック・ドットコムと同じく、売り切れ商品もそのまま表示されている。ただここの場合、売り切れアイテムはリストの最後のほうにまとめられ「お取り扱いは終了しました」とマークされているが、ともかく、この時間限定と数量限定の効果で顧客が持つ「早く注文せねば」という気持ちを高める。

脳科学マーケティングの実践ポイント96

希少性を利用し、具体情報を示そう

信頼性を維持しながら希少性をアピールするベストの方法は、具体的な情報を出すことだ。**技術的に可能ならば、訪問客に残りの在庫数を知らせよう。「この価格でのご提供はあと２個」と言ったほうが、ただ「数量限定」するよりもはるかによい。**在庫数の変動が激しいビジネスなら、希少性を大胆に表示するとよい。最も効果的なのは「今１つ売れました！　残りあと１個」というようなメッセージではないかと思う。

これはすべての電子商取引サイトにふさわしい手法ではないかもしれないが、どんなサイトでも、上で述べたいずれかの希少性効果を使うことで売り上げが伸びるはずだ。

年配者にわかりやすい表示をする

No. 097

ベビーブーマーや高齢者を対象にしたマーケティングを行っているなら、カギは1つ。シンプルな広告だ。この秘訣は、だいたいどんな広告にも当てはまるものではある。

邪魔な情報を抑制する能力において、特に高齢者の脳は大きく異なることが脳スキャンで示された。その抑制能力の違いが、若い脳と年取った脳の記憶力の違いをもたらす重要な要因であることがアダム・ガザリー博士の研究によって判明した。

ガザリーは若い成人と高齢者に記憶課題を行なわせ、fMRIを使ってそのときの脳を調べたところ、若い脳も年老いた脳も、記憶を形成するための部位はちゃんと活性化したものの、年老いた脳は、無関係な情報を抑制する能力が著しく劣ることを発見した。現在審査中だが、脳波を使った同様の実験で、抑制能力の違いは神経処理のスピードが遅くなっているためであることが示されている。

高齢者に記憶されやすいメッセージ

ガザリーの最新の研究では、複数作業の際に高齢者の脳の機能が劣るのは、切り替わりの問題であることが分かっている。つまり、邪魔が入った際、記憶作業をやめてそちらのほうを処理してしまい、記憶が保存されないのだ。

脳科学マーケティングの実践ポイント97

広告はシンプルに

A.K.プラディープは、著書『マーケターの知らない「95%」消費者の「買いたい!」をつくり出す実践脳科学』でガザリーの研究に言及し、マーケターがベビーブーマーと高齢者に訴求するための次のような作戦を提案している。

- メッセージはわかりやすく。
- 文章と画像をごちゃごちゃ詰めすぎないレイアウトに。
- メッセージの周りに白い余白をつける。
- 動くスクリーンや音、アニメーションなど、注意をそらすものは避ける。

簡潔さは、私も常時心がけている永遠のテーマだ。シンプルなフォント、シンプルな保証システムなど、シンプルなやり方が最も有効だと思われる場面は多い。私は、原則的にいつも簡潔さを心がけることをお勧めする。それによって、若い脳もあなたのメッセージを処理しやすくなる!

顧客の想像力を刺激する

No. 098

12章では、モノを触ることによって所有意識が増すというジョアン・ペックとスザンヌ・シュー教授の実験を紹介した。その研究の別の実験では、インターネット販売に関係する発見もなされている。顧客が商品に触れられない場合でも、ペックとシューが呼ぶところの所有イマジネーションを使えば、所有者になった気分を高めることができるのだ。

両教授は被験者に「この商品を持ち帰ったことを想像してください。さてあなたはそれをどこに置きますか？　それで何をしますか？」といった質問をした。想像をさせた時間はわずか60秒間ほどだった。

想像によって所有者気分が高まったのも事実だが、もっと驚く結果が出た。商品を触ることはできなくても、所有イマジネーションをさせられた被験者は、別の影響も受けたのだ。

ペックとシューはこう結論づける。

「オンラインショップが見込み客に所有イマジネーションを促すことができれば、所有者気分もその商品の価値づけも高まる。触ることができない状況下では、所有イマジネーションが強く作用し、オーナー気分も、顧客がその商品に払ってもいいと感じる価格も高まった」

脳科学マーケティングの実践ポイント98

顧客の所有イマジネーションを促そう

顧客に商品を所有した自分を想像させることができれば、販売の確率が上がる。当然ながら、「ではどうしたらそんなことがウェブサイトや携帯アプリの中でできるのか」という質問が浮上するだろう。

シンプルで低コストな方法の１つは、実験で行われたような、**想像を促すフレーズを、商品のコピーに組み込む**ことだ。もちろん、対面の実験環境とは違い、あなたが顧客にさせられることは限られているし、相手が何にどの程度の時間を費やすかもコントロールできない。また、多くの商品を扱うサイトの場合、商品の１つひとつにビジュアライゼーションの指示が書いてあったらちょっと異様だろう。

写真と動画を効果的に組み合わせる

一部の電子商取引のケースには、そのようなコピーも有効かもしれない。インターネットショップの中には、１つの商品に１ページを割き、詳細な商品情報、その商品に満足している顧客の声、よくある懸念への解決策などを記載している。通常、そのページまでよく読んでいる顧客はすでにかなり関与が進んでいるということだから、所有イマジネーションもやってくれるかもしれない。

私がこれまでに見た中でベストの所有イマジネーションは、タイヤ・ラック・ドットコム（Tire Rack.com）という、自動車タイヤとホイールを全米に売っている小売業者だ。まず顧客に、タイヤ選びの最初のプロセスとして、自分の車のメーカー、車種、年式を入力させ、その車に適合するホイールとタイヤをすべて表示する。

顧客が、たとえば特定のホイールに興味を持ったら「装着ビュー」というボタンをクリックする。すると、顧客と同じ車種の写真がドロップダウンメニューとともに出てくるので、顧客はそこでマイカーの色を選択する。するとどうだろう。自分の今選んだホイールやタイヤを装着している美しいマイカーの、シミュレーション写真ができ上がる。

サイトによっては、商品の説明文に、所有イマジネーションを促す動画を添えても有効だろう。ネットショップは個々で異なるが、所有した気分を味わわせる方法を見つければ、顧客転換率と売り上げが上がるはずだ。

メッセージは中央に載せる

No.099

自社ロゴを配置するのに最悪のスポットはどこだろう？　また、たいていの広告主が印刷広告やテレビコマーシャル、ダイレクトメールでロゴを配置するのはどこ？

これらの質問の答えは実は同じ。右下のコーナーだ。このスポットのことを、顔の表情解読のエキスパート、ダン・ヒルは「死のコーナー」と名づけている。ヒルのコメントは、スティーブ・アウティングとローラ・ルールによる、興味深い視標追跡の結果を受けてのものだ。

知られざる広告のベストスポット

最近のある記事で、ヒルは、「右下のコーナーは人が最も注目しないスポットだ」と述べている。それどころか、ページをざっと読んでいる人は、そこまでたどり着くことすらないし、最初に読んだ内容にさえ反応していない。

このような結果が出ているにもかかわらず、どんな形態の広告においても、右下のコーナーにロゴやブランド商標を配置する人が圧倒的に多いのだとヒルは言う。

脳科学マーケティングの実践ポイント 99

ブランドは正面の真ん中に

視標追跡の研究結果で、ロゴやブランド商標の配置場所として一番消費者に見てもらえるのはどこだったのだろう？　ヒルによれば、ベストスポットは、ページの中央の下あたりだそうだ。その箇所に来るまでに、閲覧者はすでに広告の冒頭部分を見終わり、内容に感情的に関わっていて、ブランドを問題解決や消費者の欲求充足に結びつけるのだと言う。

親しみやすいキャラクターをつくる

No. 100

チューリング・テスト（訳注：コンピューターの考える能力を判定するためのテスト）など忘れよう（1950年に考案されたあのテストは、対象となっている装置が人工知能を持っているか判定するもので、人間とのやりとりを人間と変わらないほどうまくできれば、人工知能を有するとされた）。なにも人をだまそうとする必要はない。よくできた自動システムは、たとえ機械がやっているとわかっていても、人に、本物の人間とやりとりしているような感覚を与えることが研究でわかった。

では、コンピューターがやっていることでも「人間」らしさを感じさせるために、企業は何ができるのだろう。実は、人は、コンピューターを人間扱いする傾向があること、やりとりを変える changing the interaction とその傾向が一層強まることが明らかになったのだ。以下、自動システムに人間味を加える方法を挙げる。

人間が、何も言われなくてもすぐにチームに忠誠心を抱くようになることは周知の事実だ。それと同じように、人はコンピューターとも連帯感を持つことが研究で示された。スタンフォード大学教授、クリフォード・ナスは、被験者を任意に２つのグループに分けた。半分の被験者は、「君たちは青組だ」と告げられ、青いリストバンドをして、青い縁どりのモニターで作業をした。もう半分は、緑色の縁どりのモニターを使い、「君たちは青組だが緑のコンピューターを使ってもらう」と告げられた。

人間とコンピューターのかかわり方には2つのグループの間で違いが見られなかったが、コンピューターと同じチームだと言われたグループのほうが、コンピューターをより高性能で便利と評価した。また、そちらのチームのほうがコンピューターとの「連帯感」を築いたと見え、作業もより熱心にこなした。

さて、これをユーザーに応用することはできないだろうか。もしユーザーの個人情報を持っているなら、それを使って、たとえば、自社サイトを1人ひとりに合わせたインターフェースにできないだろうか（ささいな例をもう1つ挙げるとすれば、ユーザーの好きなスポーツチームがわかっていれば、インターフェースをそのチームのカラーで彩るなど）。

ナスは、人と人との相互関係に関する社会学説のほとんどすべてを、人とコンピューターの関係にも当てはめることができるとしている。

アンチを味方にする方法

パソコン史上最も嫌われたコンピューターのマスコットの1つが、マイクロソフトの「クリッピー」だろう。クリッピーは、クリップの形をした漫画のキャラクターで、（だいたいいつも）ムダな手伝いをするために、ユーザーがやっている作業についてとんでもない質問を繰り返すことをまるで楽しんでいるかのようだった。

あまりにもムカつくキャラだったため、アンチサイトだとか、ファングループ、アンチ動画などがウェブ上で次々に立ち上がった。ナスは、こうした感情を簡単に打ち消すことができると知った。

ナスの率いるチームはクリッピーを生まれ変わらせた。新しいクリッピーを、「それは腹立たしいね！　ヘルプシステムのダメさ加減をマイクロソフトに言ってやろう」などと、ユーザー側に立った発言をするようにしたのだ。ユーザーが苦情メールを作成すると、クリッピーが「おいおい！　もっとキツく言ってやらなくちゃ！」と煽り立てる。

こうした変更のおかげで、アンチクリッピーファンがクリッピーファンに変わった。テストでは、すべてのユーザーがクリッピーを好きになり、「彼は頼もしい味方！」と言う人さえいた。

フィードバック機能を使っているなら、クリッピー2.0のように、インターフェースを自社ではなく、ユーザーの味方に見せるような工夫をしよう。優秀なセールスパーソンならその作戦が有効なことをわかっているはずだ。彼らは、不都合が起きたとき、会社を代表して謝るのではなく、顧客の代弁者であるかのように振る舞うのだ。

コンピューターをパートナーにする

人は、特化した装置をより賢いと見なす。人は、テレビのニュース番組を純粋なニュース番組であると見なした場合、その番組を複数の要素においてより高く評価することを、ナスは発見した。

コンピューターのインターフェースを「専門家」らしくすると、信頼性が増す。「ビジネス・ノートパソコン設定ウィザード」と言ったほうが「オーダーフォーム」と言うよりも信頼してもらえるのだ。

脳科学マーケティングの実践ポイント100

コンピューターではなく、人なのだ！

顧客とコンピューターの相互関係を築こうとするなら、人はコンピューターを人間扱いするという前提で考えよう！

したがって、適切な社会的スキルを身につけさせなければいけない。新人（しかもちょっと鈍い）に顧客と心から接する方法を教え込むつもりになって、自動システムを構築しよう。

前記３点のアプローチを単独で使っても、あるいは組み合わせても、あなたの会社の自動システムに対する顧客の意識が劇的に向上するだろう。

おわりに
次は何が来るのか？

マーケティング、広告、そしてブランディングの未来が楽しみだ。私たちは、既存のノウハウを活用しつつ、これらの分野に足りなかった科学のエッセンスを加えてみる実験を始めたばかりなのだから。

マーケティングに携わる人は誰しも、売れない商品、効果の上がらないキャンペーンを生む数々の誤った判断を目にしてきたはずだ。崩壊した橋に向かって音を立てて走っていく汽車を見るように、失敗が予測できた商品やキャンペーンもあったろう。関係者全員がこれはうまくいきそうだと思えたのに、気まぐれな顧客に結局受け入れてもらえなかった商品やキャンペーンもあったろう。注ぎ込んだリソースはムダになり、キャリアは挫折、ときには会社そのものがつぶれてしまった例もある。

もちろんニューロマーケティングのテクニックは、マーケティングの失敗に効く万能薬というわけではない。ただ、莫大な費用をかけて問題の多い製品や効果のない広告を世に送り出すその前に、それらを認識する手助けにはなるだろう。さらに重要なのは、ニューロマーケティングのテクニックがマーケターに客観性のあるサポートを提供できることかもしれない。というのも、マーケターが顧客の気持ちを本当に理解していても、最終的に意思決定をするのは顧客だからだ。

脳の分析論やバイオメトリクスを活用するニューロマーケティングの研究は今後ますます低コストで手に入りやすくなっていくと思われるが、この種のアプローチを用いるほどでもないプロジェクトもたくさんある。たとえそのようなケースであっても、行動学的研究やもっと一般的な神経科学、神経経済学の研究によって得られる情報はマーケティングにかかわる決断に役立ってくれるだろう。

それこそが本書の言わんとするところだ。脳の働きを知れば、よりよい製品をつくり、より効果的なマーケティングを実施できる。お楽しみはこれからだ！

著者について

ロジャー・ドゥーリーは、マーケティング・コンサルタント会社、ドゥーリー・ダイレクト社の創設者であり、人気ブログ「Neuromarketing（ニューロマーケティング）」の執筆者でもある。大学進学を目指す学生向けのウェブサイトとして最多アクセスを誇る「College Confidential（カレッジ・コンフィデンシャル）」の共同設立者でもあり、同サイトは2008年にロンドンを本拠地とするＤＭＧＴ（Daily Mail and General Trust Plc.）（デイリー・メール・ゼネラルトラスト社）の一組織 Hobsons（ホブソンズ）に買収された。ドゥーリーはホブソンズのデジタル・マーケティング部門の副社長を務め、引き続き同社のコンサルティング業務を担当している。ベテランの起業家、ダイレクト・マーケターである。

カーネギー・メロン大学より工学の学位（1971年）、テネシー大学より経営学修士（ＭＢＡ）を取得（1977年）。現在はテキサス州オースティン在住。

脳科学マーケティング 100の心理技術

発行日　2013年11月25日　第1版第1刷発行
2022年 3 月25日　第1版第15刷発行

著　　者　ロジャー・ドゥーリー
装　　丁　渡邊民人(TYPEFACE)
本文デザイン　森田祥子(TYPEFACE)
編集協力　岩崎英彦
翻訳協力　ブレインウッズ株式会社
発 行 人　小川忠洋
発 行 所　ダイレクト出版株式会社

〒541-0052　大阪市中央区安土町2-3-13
大阪国際ビルディング13F
TEL06-6268-0850
FAX06-6268-0851

印 刷 所　株式会社光邦

Printed in Japan ISBN978-4-904884-52-2